本书获北京高校中国特色社会主义理论研究协同创新中心（首都师范大学）"唯物史观与文化发展研究"项目资助、首都师范大学青年燕京学者培养项目资助、北方工业大学社科基金出版资助

社会发展中个人与社群关系研究

王洪波　著

中国社会科学出版社

图书在版编目（CIP）数据

社会发展中个人与社群关系研究/王洪波著.—北京：中国社会科学
出版社，2015.12
ISBN 978 - 7 - 5161 - 7462 - 3

Ⅰ.①社…　Ⅱ.①王…　Ⅲ.①群体社会学—研究—中国
Ⅳ.①C912

中国版本图书馆 CIP 数据核字（2015）第 306657 号

出 版 人	赵剑英
责任编辑	朱华彬
责任校对	许晓徐
责任印制	张雪娇
出　　版	中国社会科学出版社
社　　址	北京鼓楼西大街甲 158 号
邮　　编	100720
网　　址	http://www.csspw.cn
发 行 部	010 - 84083685
门 市 部	010 - 84029450
经　　销	新华书店及其他书店
印　　刷	北京君升印刷有限公司
装　　订	廊坊市广阳区广增装订厂
版　　次	2015 年 12 月第 1 版
印　　次	2015 年 12 月第 1 次印刷
开　　本	710×1000　1/16
印　　张	13.25
插　　页	2
字　　数	215 千字
定　　价	49.00 元

凡购买中国社会科学出版社图书，如有质量问题请与本社营销中心联系调换
电话：010 - 84083683

序

郭　湛

个人与社群的关系构成人类社会生活中一个基本问题。这种关系的发生和发展是一个历史的实践过程,并且由此而形成了历史的发展着的社会制度形态。相应地,人们对于个人与社群的关系的理解,当然也是一个历史的认识过程。对于这种关系的认识首先有个"实然"的问题,即个人与社群的关系在现实中是怎样的;进而还有这种关系在理想中是怎样的,应该怎样改善或优化,即个人与社群的关系"应然"的问题。自觉地认识这些问题,从而在实践中有效地解决这些问题,无疑对当代中国社会的进步至关重要。

出于对当代中国社会生活变革的深切关注,洪波多年来一直在研究和思考个人与社群的关系问题。任何理论思考都有其思想史的背景和前提。以往东西方历代思想家关于个人与群体、社会关系的观点,特别是晚近西方学者关于社群主义的理论,为我们立足于现代社会理解个人与社群的关系准备了丰富的思想资源。洪波的博士论文《社会发展中的个人与社群》,副标题是"以社群主义为研究对象"。他由社群主义入手来考察个人与社群的关系,从学术上看是一个恰当的选择,事实表明这样做是成功的。理论、学术只有在继承前人已有成果的基础上,才能进一步批判、创新和发展。

但洪波所做的并非是对社群主义纯然客观的思想史研究,而是试图从马克思主义唯物史观的立场出发,借鉴社群主义的理论和方法,厘清和阐发社会历史过程中的个人与社群的关系。在原有的历史唯物主义理论中,包含着关于人与社会的关系的丰富内容,对于群体问题也从某些角度有许多论述。20世纪80年代初,中国人民大学萧前、李秀林、汪永祥教授在主编《历史唯物主义原理》教科书时,就曾特别重视个人与群体的关系的阐述,包括在论述社会意识问题时对个人意识与群体意识关系的说明。我因为参与修改那一部分书稿,所以留下了深刻的印象。当时的感觉是,在个人、群体、社会的关系中,从唯物史观高度对群体这一层面的研究尚属薄弱环节。借鉴社群主义的思想成果,显然有助于弥补这方面理论概括依据的不足。

其实,在本书第一章对个人和社群等相关概念的界定中,就已经鲜明地体现了这种开放式的马克思主义研究方法。此后几章对社群主义的思想渊源、理论内涵及其实践价值的讨论,都可以看到其中始终贯穿着的历史唯物主义的立场、观点和方法。作者运用马克思主义哲学中的共同体思想和个人与社会关系的观点,对社群主义进行批判性的、辩证的分析。这样,既加深了对社群主义的理解,又吸纳了社群主义的合理内核,这对于马克思主义哲学的丰富和发展是有益的。不仅如此,作者还以马克思主义为视角,借鉴社群主义的理论资源,反思中国传统文化中的个人与群体关系,力图探索一条可能的个人与群体之间良性互动的中国社会发展模式。这是一种"打通中、西、马"而又连接过去、现在、未来的理论思考。哲学是对特殊性中的普遍性的概括,在这种思考中,任何特定的时间、空间、形态都是可以并且应当被超越的。

所谓社群主义并不是一种孤立的思想现象。在西方学者的理论语境中,社群主义是针对个人主义或自由主义的问题而产生的,它力图矫正个人主义或自由主义的偏颇。在这种思想论争的背后,实质上是社会生活中的个人和群体、社群之间的矛盾关系。而在这种现实的矛盾关系中,极端的个人主义、个体主义、自由主义,或者极端的社群主义、集体主义、共同体主义,实践证明都是不可取的。具有合理形态的个人主义、个体主义、自由主义,或者社群主义、集体主义、共同体主义,实际上都不同程度地包含着对于对立方面的肯定。社群主义不过是在人们偏重于个人、个体的情况下,更强调社群、集体或共同体而已。

近代以来,总的来说,在西方资本主义世界占主导地位的是个人主义、个体主义、自由主义,它张扬了人的主体性、能动性,对社会发展有其积极作用,但其问题和负面作用也日渐凸显。与之相对立的趋势是社群主义、集体主义、共同体主义,其集中表现是几个世纪以来风起云涌的社会主义运动。社会主义运动由于种种原因,包括从思想上片面理解个人、个体与群体、集体的关系,未能处理好个人、群体、社会的关系,因而遭受了重大挫折。问题不在于社群主义、集体主义、共同体主义本身,而在于它的片面化、极端化导致个人、群体、社会的关系扭曲乃至分裂,进而造成矛盾的对抗和危机。

从思想倾向上看,与资本主义制度相比,社会主义制度是更倾向于社群主义、集体主义、共同体主义的。这与人的群体—社会本性是一致的。正如作者所言:"任何个人都生活在诸多的群体中,个人是具有群体性的个体,群体是个体内在融通后而合成的群体。同时,社群也不只是一个群体,更是一种具有感情意义的温暖的家园,在家园的群体生活内不仅给个体的生活以温馨的家园感和安全感,而且以群方式结合起来的个人是推进群体、推动社会进步的重要动力。"而一种主导的倾向总是存在着被片面化、极端化的危险。因此,在社会主义制度下,需要特别注意尊重个人、个性和自由,要使人的发展与社会发展内在地统一起来。

哲学的理论概括遵循从特殊性到普遍性的抽象化路径,而哲学的实际应用则相反,是从普遍性到特殊性的具体化。如果说,从实际到理论,是以特殊性为前提的普遍性对于原有的特殊性的超越;那么,从理论到实践,就是以普遍性为指导的特殊性对于原有的普遍性的超越。在社群主义等特定理解形态的基础上,本书所确立的唯物史观意义上对个人与社群的关系的理解,作为一种普遍性的认识,为理解和解决当代中国社会发展中具有特殊性的个人与社群的关系,提供了有意义的指导原则。正如洪波所说的:"当代中国正处在社会转型期,各种体制、制度、文化观念等都处在不断的冲突、碰撞和转轨的过程中。要实现个人和群体之间关系的良性互动,我们进行文化选择和整合,也要进行制度完善、创新。"为此,我们无论是在理论方面,还是在实践方面,都需要坚持不懈的努力。

洪波的研究取得了可喜的成果,在对社群主义关于个人与社群关系的研究和对唯物史观关于个人与社群关系的理解两个方面,都提供了颇具创新意义的看法。这是在相关的理论思想发展中不能不经历的历史阶段。人人都可以对一些理论问题表达自己的看法。但如果不能对这种看法给予充分的论证,并通过历史的和逻辑的检验,那么,充其量只能算作一种"意见"。洪波在本书中对社群主义理论的细致分析,在肯定其合理内核的同时,对其存在的问题的辩证批判,进而对马克思主义关于个人与社群关系的理论的阐述,超越了通常的"意见"的阶段而具有了理论的形态。对于力图深入认识这个问题的读者来说,本书作为系统研究的成果是值得重视的。

当然,一本书所能解决的问题总是有限的,而一个问题在解决的同时又会带来新的问题。如何在借鉴西方社群主义思想的基础上全面表述马克思主义关于个人、群体和社会的关系的理论,如何借助这种理论分析和解决当代世界与中国的现实问题,这是洪波在本书中试图回答而又不可能完全回答的。但本书毕竟为这种研究打下了坚实的理论基础。作者还比较年轻,只要继续努力,一定会做出更好的成绩。中国社会实践的发展需要及时的、深刻的理论概括与提炼,我们应该创造出无愧于自己国家和民族的哲学理论形态。

2015 年 7 月 30 日
于中国人民大学

目　录

导　论

一　个人与社群关系问题的提出

自人类从自然界走出并结成群体性的社会关系开始，个人与其所处的社会或群体就处于复杂的纠结和缠绕关系之中。与此相应，个人的本质是什么？个人应该过什么样的生活？以及在个人与群体间的关系中如何既保持个人的自由和独立而不受制或较少地受制于群体的限制，同时群体又为个人的自由和发展创设个人所无法创设的条件和环境？在社会关系和群体关系中，个人与个人之间的关系如何处理和协调？等等。这些问题经过提炼和升华，逐渐形成了以"个人与社会（社群）关系"为核心问题和焦点问题的重要社会哲学或政治哲学命题。历代思想家和哲学家被此问题吸引并力图给以自己的解答，其中社群主义的论述最具代表性。

社群主义是在批评以约翰·罗尔斯为代表的新自由主义的过程中发展起来的，它与新自由主义形成了当代西方政治哲学两相对峙的局面。它是一种强调社区联系、环境和传统的积极价值以及共同利益的理论思潮，旨在揭示人格自足的形而上学虚假性并遏制由自由主义带来的个人主义的极端发展。作为现代语境中话语论争的一方，社群主义对支撑并支配了西方社会的自由主义和个人主义及其所引发的社会问题进行了深刻的反思。

当代社群主义者的"社群"思想最先源于亚里士多德对"城邦"的界定。亚里士多德认为，城邦是个人应该追求的群体生活，这种群体生活是一种"善"的生活，而实现"善"的生活的途径就是成为城邦的公民，并参加城邦的政治活动。可见，亚里士多德在这里探讨的核心问题就是个人与城邦（政治社群）的关系问题。当然，他的思路是以

"城邦"的"善"为前提来指引个人实现"善"的生活，认为城邦（社群）先于个人。此后，这种思考和认识"个人与社群关系"的思路在西方思想史上就再也没有间断过。当代的社群思想家基本上是秉承了亚里士多德、滕尼斯、麦基文等人关于社群的基本思想，同时又根据当代西方社会已经变化了的具体实际，从不同的视角对社群给以各有侧重的界说。

在西方社会中，奠基于自由主义哲学之上的个人主义价值观的阴暗面日益凸显，人人都只从自身的利益考虑问题，相互整合和妥协的余地越来越小，个人权利与公共义务、个人自由与社会秩序之间在一定程度上已经失衡，自由主义日益陷入自身困境和无法克服的矛盾之中。正如黑格尔所言："主体的特殊性求获自我满足的这种法，或者这样说也一样，主观自由的权利，是划分古代和近代的转折点和中心点。"① "现代国家的原则具有这样一种惊人的力量和深度，即它使主观性的原则完美起来，成为独立的个人特殊性的极端。"② 所谓特殊性所指的也就是一个拥有个体权利的主体。它的凸显是与古代社会中特殊性被淹埋在整体中不能得到一个地位所作的对照。在这种社会中，人类会丧失许多社群式的价值。在更严重的情况下，社会会走向解体的可能。美国哥伦比亚大学教授罗伯特·尼斯贝这样说："个人主义使人想到形形色色在社会中被异化的人们：一面是孤独的胆怯的老人，一面是盗窃犯、恐怖分子的一幅广阔的图像。美国人终于像孔德、托克维尔和涂尔干那样，逐渐明白了，个人主义使社会组织分散瓦解成为一盘散沙，它使社会内人们共同的志趣和共同的利益汇集而成的社会团体，变成为充其量只不过是一个沙砾堆。若从最坏的方面看，个人主义是一片被孤独邪恶、以掠夺为生的人们所占据的热带丛莽。"③ 柏克利加州大学社会学教授罗伯特·贝拉等人认为个人主义在"今天已经发展得像癌症一样危险了"④。托克维尔曾认为，要靠社会组织，防止个人主义的破坏作用。现在则是

---

① ［德］黑格尔：《法哲学原理》，范阳、张企泰译，商务印书馆 1961 年版，第 126—127 页。

② 同上书，第 260 页。

③ ［美］R. 尼斯贝特：《个人主义》，李肃东等译，《世界哲学》1991 年第 2 期。

④ ［美］R. 贝拉等：《心灵的习性——美国人生活中的个人主义和公共责任》，翟宏彪等译，生活·读书·新知三联书店 1991 年版，第 3 页。

这种个人主义的癌症可能已在破坏着社会的肌肤，并且威胁到自由本身。"加拿大哲学家泰勒则认为，正是自由主义的过分增长，导致了"现代性的病症"。

现代社群主义的主战场在美国，代表人物包括迈克尔·桑德尔、阿拉斯太尔·麦金太尔、迈克尔·沃尔泽、丹尼尔·贝尔、戴维·米勒、查尔斯·泰勒等。应该说，在社群主义的家族内部，他们每个人的研究视角、方法、内容存在着极大的差异性，这种差异性使他们自己也不愿意被归为"社群主义者"的阵营。然而，学术界之所以给他们冠以"社群主义者"的标识，其主要原因可能不在于他们之间的诸多差异，而在于他们所共同反驳和批判的对手——以约翰·罗尔斯为代表的新自由主义。这些具体内容在文中有详细论述。

马克思和恩格斯的文本中没有出现过社群主义者所论述的"社群"概念，但这并不能说明他们不关注个人和群体的关系问题。实际上，个人和社会或个人与共同体的关系问题是马克思主义哲学所关注的重要理论和现实问题。也就是说，在马克思和恩格斯的唯物史观中，"社会"和"共同体"这两个概念与"社群"概念有着某种程度的相似性。然而，面对同样的研究对象和问题，马克思主义哲学和社群主义对"个人与社会"这一重要问题却给出了不同的解答方式。

社群主义以社群和历史传统所界定的普遍利益概念为武器，在不同的侧面上对占据主流地位的自由主义进行了深入的批判和辨析，并构建起以社群为基础的政治哲学体系。这一体系对于修正自由主义的理论缺陷及其所面临的难以解决的现实问题意义重大，然而，与新自由主义一样，它的分析方法和路径也是一种实体性的、单向度的思维方式。只不过它是把社群或社会作为其分析问题的逻辑起点和理论基础。这一进路的缺陷在于二难选择、机械循环和理论前提批判不彻底等，是用非关系性的思维思考关系性的对象和问题。

马克思的唯物史观中的交往实践理论实现了哲学观念的根本变革。在个人和社会之间找到了联结的现实中介。它论证了个人和社会相互同构、相互映照和不可相互归约的张力关系，坚持了人和社会相互追问、辩证批判的解释性循环和历史主义方法，说明了个人和社会辩证联结、交互作用的过程。

二　个人与社群关系问题研究的意义

任何个人都生活在诸多的群体中，个人是具有群体性的个体，群体是个体内在融通后而合成的群体。同时，社群也不只是一个群体，更是一种具有感情意义的温暖的家园，在家园的群体生活内不仅给个体的生活以温馨的家园感和安全感，而且以群方式结合起来的个人是推进群体、推动社会进步的重要动力。因而，如何认识和处理个人与社群关系就成为社会发展中的重要理论问题和现实问题而显得意义重大。

第一，个人与社群关系问题是社群主义与新自由主义理论论争的焦点和核心问题。在哲学形而上学层面，也即把个人归约为社群抑或把社群归约为个人成为西方哲学史上认识和处理个人和社群关系的重要分水岭。正是由于在这一根本性问题上的分歧才产生出政治哲学上两种抽象对立的实体性思维方式——个人原子主义和社会整体主义，本书所研究的社群主义就是社会整体主义这种传统思维方式的现代形态。虽然社群主义在认识和处理个人与社群关系上采取了不同于新自由主义的认识方法和路径，但是以批判和对立姿态而出现的理论必然会陷入新的理论困境。面对这种现实困境，必须跳出传统的实体性思维方式的认识框架，站在马克思主义哲学的高度上，以关系性的思维方式重新阐释个人与社会之间的辩证关系。本文力图在分析自由主义所引发的深刻社会问题的基础上，把社群主义置于广阔的马克思主义哲学视野内，运用马克思主义有关个人与社会关系的观点，对社群主义进行批判的分析，从而加深对社群主义和马克思主义的深刻理解而彰显出重要的理论价值。

第二，个人与社群关系也是处理和解决其他重大问题的逻辑起点和基础。当代中国正进行以科学发展观为指引的和谐社会的建构，从宏观方面来说，这种和谐包括人与自然之间、人与社会之间、人与人之间的和谐发展，如果我们继续追问，在社会发展中，这三种关系中何者更为根本的问题，也即社会发展中的根本问题是什么的问题，那么，我们得出的结论是：个人与社群（社会）的关系问题。因为，人和自然关系问题的合理解决，有赖于人和社会关系问题的合理解决；而个人与社群（社会）的关系又涵盖着人与人之间的关系。因此，这一关系的正确认识和处理自然成为处理和解决其他两种关系，甚至是和谐社会构建的逻辑起点和基础问题。不仅如此，关于作为指引和谐社会建构的科学发展观理论，也不是单纯为了解决人与自然的关系，更根本的问题在于处理好人与社会（社群）的关系，从而保证社会（社群）和个人在动态平衡的辩证关系中良性健康地发展。因此，对社群主义关于个人与社群关系的研究，可以借鉴其理论精华于当代中国和谐社会的构建，在社会发展中使我们摆正人和自然、人与社会的关系，保持人和自然、人与社会的和谐发展，使人逐渐从对自然的贪欲中走出，并找到自身的精神家园；期望个人在现代的社群中找到自我的归依，寻回失落的意义，从而让个人不致有无根漂泊的恐惧感。

第三，个人与社群关系问题是人们在实际生活中遇到的对自身和社群生存和发展具有根本意义的问题，这一问题既关系到个人的发展，也关系到社群的发展。从理论上来说，个体与社群始终处于一定的张力关系之中，其原因在于个人的私人性与社群的公共性之间的对立统一关系的存在。因此，如何面对现实生活，找到个人与社群之间辩证的动态联结关系，对个人自身与社群的生存和发展必将具有重要的意义。

第四，从现实的中国社会实践来看，个人和社群关系问题的理论探讨，也日益显示出它的现实意义。譬如，中国传统文化的主导方向是一种整体主义的文化样态，在这种文化下的社会整体被视为具有当然的合理性，而个人则只是实现社会整体目的的工具和手段，其主体性一直为社会整体所淹没和抹杀。近年来，随着改革开放和社会主义市场经济体制的深入发展，社会关系的基点又从社会转向个人，个人的主体性在社会整体面前充分凸显，甚至有走向极致的可能性。因此，在现实中国，个人和社群关系的良性互动机制仍然没有建构起来，需要进行深入探讨和研究。

第五，"社群"概念的提出不只是理论上的重要意义，同时还具有感情的意义。正是由于"社群"（community）一词所传达的情感意义，才引起了笔者最初对社群主义理论的持久关注。"社群"一词传达一种美好的感觉，一种预示着快乐的含义，而且这种快乐一般是我们想去经历或体验，但看起来又可能是因没有而感到遗憾的快乐。当某人说"我是某个社群的成员"、"置身于社群之中"，这总是一件让人羡慕的事情。英国思想家齐格蒙特·鲍曼在其《共同体》一书的序言中把"社群"这种共同体看作一个温馨的地方，一个温暖而又舒适的"家"

（roof）。在"家"的下面，可以遮风避雨，兄弟姐妹可以互相依靠。当然像"家"一样的"社群"并非已经成为我们实然性的拥有，她还是我们热切期望栖息、希望重新拥有的世界。

当然，我们每个人内心都有一种声音：我们想成为"社群"的一员。但是我们的理性告诉我们，想成为"社群"的成员，就要付出代价。因为"社群"给我们允诺了安全、温暖和秩序，但同时可能也剥夺了我们的部分自由。确定性（社群）和自由（个人）是两个同样珍贵和令人渴望的东西，它们之间的矛盾和冲突永远也不可能解决。但是我们的理性可以对存在的机遇和风险做出合理的评估，以使我们在确定性和自由、社群和个人之间找到最好的动态平衡点。正是这一点，在情感意义上给我研究个人与社群关系注入了精神上的动力。

·三 研究综述

本书的标题为"社会发展中个人与社群关系研究"，该问题的研究中轴线为"个人与社群关系"，研究的视域对象是"社群主义"，研究视角为马克思主义哲学。也就是说，把论题的内涵可以这样概括为：在"马克思主义哲学"的视角下探究"社群主义"理论中的"个人与社群关系"问题。明确了这一问题后，笔者尝试着具体检索和综述一下学术界对此问题的研究成果。

社群主义兴起于20世纪80年代的美国。经过大约30年的发展，在社群主义的阵营里，逐渐形成了包括以迈克尔·桑德尔为代表人物的早期社群主义者和以阿米泰·依左尼为领军人物的新社群主义者。关于桑德尔、麦金泰尔、沃尔泽等早期社群主义者的观点，本文后面将有详细的介绍，这里不再赘述。

美国乔治·华盛顿大学教授阿米泰·依左尼（Amitai Etzioni）在其主编的《社群主义精读》序言中公开使用了"新社群主义"这一名称，并且在其随后主编的《新社群主义式思维》一书中论述道，个人与社群间的关系比个人与集体间的关系更为复杂微妙：个人和社群相互联系在一起，彼此支持和加强，任何"举一废一"的做法都会损害到一些根本利益。他主张："社群的价值观既不能由外部群体，也不能由内部精英强加，而必须由社群成员的对话产生。世代相传的价值常常是出发点，但需要在环境变化和成员提出新问题时不断调整。社群价值只有在不与公认的核心价值相矛盾时才具有合法性，决不能同意某些社群主义者的这种看法，即只要社群在某些价值上观点一致，它们就是道德上合适的终极标准。"①

根据他的介绍，新社群主义的"新"体现在三个方面：一是形成于20 世纪 90 年代以后，伴随着社群主义期刊的创办而产生；二是实现了从理论到实践的转变，社群主义理论开始从大学校园向广大社会传播，在美国及全世界，社群的思想得到了公共部门、社群领导者及公民的广泛认同。三是新社群主义者关心的是在社会与个人、国家与自治、公益与权利、个人责任与社会责任之间寻找平衡；而老社群主义则更加强调社群、社会、国家、公益与责任的重要性。以桑德尔为代表的老社群主义者只是关注自由主义过分强调个人至上会危害社群，却没有对相反情境带来的危险加以研究，即社群也可能是压迫性的、权威主义的，从而也会危害个人。②

从上面的论述中可以看出，在西方学术界社群主义理论呈现为早期和晚近两种形态，这两种理论形态所关注的理论焦点是个人与社群的关系问题；前者关注的重心在于社群价值和国家利益的重要性，后者所关注的重心在于社群对个人压迫性所带来的危险；前者侧重于与新自由主义的批驳和论战；后者侧重于社群主义理论的内在调整和纠偏。对比早期和晚近社群主义的这两种形态，我们发现，与晚近的社群主义形态相比，早期的社群主义又是社群主义的理论重心，所以本书所选取的理论资源主要是早期社群主义代表人物的思想和观点。

总之，在西方学术界中的社群主义研究者对"社群主义"的研究主要是在西方语境中进行的，而且主要是在与新自由主义的批驳和论战中进行的。其中最具代表性的是美国著名学者丹尼尔·贝尔以对话体方式撰写的博士学位论文《社群主义及其批判者》一书，这部著作比较系统地研究了社群主义与以罗尔斯为代表的新自由主义的论争。其他对社群主义与罗尔斯的争论进行的研究还有 Avineri Shlomo 等人所著的《社

---

① Amitai Etzioni（ed.），*New Communitarian Thinking*，University Press of Virginia，Charlottesville and London，1995，pp. 16 – 18.
② 何霜梅：《正义与社群——社群主义对以罗尔斯为首的新自由主义的批判》，人民出版社 2009 年版，第 15 页。

群主义与个人主义》①；Bruce 从社群主义的立场对自由主义的理论危机
进行了阐述②，Kymlicka Will 对自由主义和社群主义也进行了详尽的分
析③。（转引自彭中礼《论社群主义对罗尔斯正义观的挑战与批判》，湖
南师范大学 2007 年硕士学位论文，第 5 页）

　　大陆学术界对英文 communitarianism 一词的译法林林总总，主要有
"社群主义"、"共同体主义"、"社团主义"这三种译法，本书采用
"社群主义"（译法广泛使用）这一译法。从 1979 年开始，到目前为止
（截至 2015 年 3 月），笔者在"中国期刊全文数据库"、中国期刊全文
数据库（世纪期刊）、中国博士论文全文数据库、中国优秀硕士论文全
文数据库四个数据库分别以"社群"和"社群主义"为关键词，可以
检索到论文共 2783 篇（其中以"社群"为关键词的约有 2017 篇，以
"社群主义"为关键词的约有 766 篇）。进一步以"个人与社群"为篇
名和关键词，可以检索到论文约有 19 篇。两项相加约有 2802 篇。在这
2802 篇论文中，与本论题直接相关的研究论文（以马克思主义哲学为
研究视角）的论文只有 3 篇。此外，笔者共收集到与本论题相关（论著
中存在关于"社群"或"社群主义"的内容）的研究著作约 157 部，
其中论著的书名中有"社群"或"社群主义"字样的研究著作约 26
部，这 26 部书中主要关涉 20 世纪 80 年代以来兴起的社群主义的研究
著作只有 6 部。到本书截稿时为止，未见以"社会发展中的个人与社
群"为研究对象的选题。

　　在收集和检索论文和论著的过程中，未见以马克思主义哲学为视角
对社群主义给以研究的著作，只见相关的研究论文 2 篇：

　　2005 年《长白学刊》第 5 期，贾中海发表了《个人与社群——马
克思主义对社群主义与自由主义的批判与超越》一文，认为"自由主
义和社群主义在认识人以及个人与社会关系问题上都存在弊端。自由主
义从原子主义的个人主义出发，认为个人是独立先在的、自足的，自我

---

①　Avineri Shlomo, and Pillard Richhard eds., *Communitarianism and Individualist*, Oxford U-
niversity Press, 1992.

②　Frolinen Bruce, *The New Communitarianism and the Crisis of Modern Liberalism*, Lawrenee,
Lniversily Press of Kansas, 1996.

③　Kymlicka Will, *Liberalism and Communitarianism*, Canadian Journal of Phylosophy, 1988,
2 - 18.

优先于目的，个人优先于社会。因为社会在他们看来只是个人的无方向集合，根本就不是一个有机整体，不具有独立价值。自由主义没有看到人的社会性，在那里人是一个抽象的人，而不是一个具体的社会的人，根本不了解社会的本质。而社群主义呢？它在一定程度上反对自由主义的抽象的人的概念，强调人的社会性，强调社群的价值，社群主义的社群不外乎家庭、社区、民族、国家等。强调人是处于社会关系的存在。然而，社群主义没有生产关系的概念，没有看到物质的生产方式、生产关系在社会关系中的基础性的决定性的地位，因而它也不可能真正理解人的本质以及个人与社群的关系"。进而，该文认为二者都未真正解决人的本质，以及个人与社群的关系问题。只有"马克思在对待个人与社会的关系上，克服了还原论的解释，既不把个人还原为社会，成为社会的一部分，也不把社会还原为单个人的无方向集合。同时，他不抽象地谈人与社会的关系，而是以物质生产形态和物质生产关系为基础及其历史发展来解释个人与社会的关系，因而不把二者的关系永恒化、抽象化，而是具体地历史地考察二者的关系。这种对人的解释，对人与社会的关系的解释，很显然是自由主义者和社群主义者所无法比拟的"。应该说，笔者研究此论题的初衷与该论文所给予的启迪有一定的关系，然而在对社群主义的研究中发现，马克思主义与社群主义之间不仅仅是简单的否定和超越关系，还有一致和互补的关系。

2009 年《铜仁学院学报》第 1 期，何中华发表了《自由主义与社群主义之争及其超越——从马克思的观点看》一文，认为"自由主义和社群主义不过是人的个体与类互为外在的对立基础上的意识形态修辞而已。因为它们作为两种对立的意识形态，直接决定于政治国家同市民社会的分裂，而政治国家同市民社会的分裂又内在地取决于人的个体与类之间的彼此外在的对立"。进而，该文分析道："在人的个体和类之间仍然存在互为外在的对立的历史条件下，社群主义的主张也是不可能真正落实的，相反，由于'类'只是'抽象共同体'的表现，把'社群'作为至上的和优先的规定，有潜在着走向剥夺个人的权利和利益的危险。这正是在异化的状态下，无法从根本上避免独裁和专制统治的社会原因和历史前提所在。既然自由主义和社群主义都是在现代性的语境下来讨论问题的，已经先行地预设了现代性的合法性，那么它们从现存秩序出发是不可能理解马克思的。马克思不是拘泥于在人的个体与类的互为外在对立的历史语境下讨论个体优先还是整体优先的问题，而是进一步追究这种冲突赖以确立的前提本身的历史暂时性问题。因此，从马克思的视野出发，就能够以超然的态度和姿态去看待自由主义与社群主义及其对立。今天看来，按照马克思哲学的立场去超越这种对立，乃是一种釜底抽薪式的超越，它不是拘泥于这二者之间的谁是谁非，而是昭示出克服它们发生对立的历史条件本身的可能路径。这正是马克思思想的深刻性和彻底性所在。"这一研究成果与前文的论证实质相似，但路径和方法有别。这种研究思路同样为本论题的深入研究打下了方法论基础。

客观地说，以上两文中的研究路径和方法与本论题的研究路线直接相关，但在学术界中不占据主流地位，甚至有学者会担心这种"脱离语境式"的研究方法会偏离或者歪曲对自由主义和社群主义的理解。所以，大陆学术界对社群主义的研究主要采取了非常谨慎抑或保守的态度。具体主要有以下几种研究路径。

第一类，在西方语境中对"社群主义"进行整体研究。这种研究把社群主义放在与新自由主义对比的理论框架内，从整体上对社群主义的概念界定、理论背景、对新自由主义的批驳和辨析、理论建构等方面给予全面介绍和阐释。这方面的代表性成果有：韩震《公共社团主义的兴起及其理论》（《中国社会科学》1995 年第 2 期）；俞可平《社群主义》（中国社会科学出版社 1998 年版）；应奇《社群主义》（扬智文化事业股份有限公司出版 1999 年版）；韩震《公共价值观——当代西方社群主义的主要观点》（《江海学刊》1998 年第 3 期）；常成宝《自由主义传统下的社群主义》（《南京师范大学学报》（社会科学版）2000 年第 5 期）；徐友渔《当代西方政治哲学中的若干新问题和新动向（上、下）》（《国外社会科学》2002 年第 6 期、2003 年第 1 期）；顾肃《当代自由主义对社群主义理论挑战的回应》（《哲学动态》2002 年第 11 期）；何霜梅、胡军《试论社群主义对新自由主义的批判》（《中共中央党校学报》2005 年第 1 期）；胡伟希《"社群主义"析义》（《新视野》2006 年第 1 期）；［加］贝淡宁、石鹏译《社群主义对自由主义之批判》（《求是学刊》2007 年第 1 期）；彭中礼《论社群主义对罗尔斯正义观的挑战与批判》（《时代法学》2008 年第 3 期）；刘化军《一种后自由主义的话语——当代西方政治哲学中的社群主义思潮的批判性分析》

（《国外理论动态》2009 年第 4 期）；等等。

第二类，对"社群主义"的某个具体理论或以某个问题为线索进行深入研究。这种研究往往分散于哲学、政治学、社会学和法学等多个科学领域，围绕平等、自由、共同体、公共利益、美德等社群主义关注的重要理论问题展开论述。这方面的代表性成果有：徐友渔《公共伦理：正义还是美德——自由主义和社群主义之争》（《江海学刊》1998 年第3 期）；顾肃《全面认识个人与社群的关系——评自由主义与社群主义的争论》（《南京大学学报》（哲学社会版）2001 年第 2 期）；姚大志《平等：自由主义与社群主义》（《文史哲》2006 年第 4 期）；王维先、郑炳心《个人优先还是社群优先？——评自由主义与社群主义之争》（《东方论坛》2006 年第 3 期）；姚大志《社群主义的两副面孔——评沃尔策的正义理论》（《天津社会科学》2007 年第 1 期）；龚群《自由主义的自我观与社群主义的共同体观念》（《世界哲学》2007 年第 5 期）；宁乐锋《社群主义与自由主义之间本体论差异的辨析——基于泰勒与柏林自由观的比较分析》（《四川大学学报》（哲学社会科学版）2008 年第 6 期）；应奇《正义还是德性——自由主义/社群主义之争的一个侧面》（《哲学动态》2000 年第 2 期）；姚大志《何谓正义：自由主义、社群主义和其他》（《吉林大学社会科学学报》2008 年第 1 期）；张天上《社群主义权力观研究》（吉林大学 2008 年博士学位论文）；李先桃《当代西方社群主义正义观研究》（湖南师范大学 2008 年博士学位论文）；蒋先福、彭中礼《善优先于权利——社群主义权利观评析》（《北方法学》2007 年第 5 期）；方群《社群主义伦理学考辨》（苏州大学2005 年硕士学位论文）；等等。

第三类，社群主义理论的延伸研究，也就是说，把社群主义的整体思想或社群主义中的某个理论与其他理论思想进行对比分析研究。这方面的代表性成果有：王中宪《试论社会与社群的概念界限》（《学习与探索》2000 年第 5 期）；韦森《个人主义与社群主义——东西方社会制序历史演进路径差异的文化原因》（《复旦学报》（社会科学版）2003年第 3 期）；王云萍《人的规定性：个人还是社群——评自由主义与社群主义的"人"概念之争》（《福建论坛》（人文社会科学版）2004 年第 9 期）；程立涛、曾繁敏《社群主义与集体主义之比较》（《河北师范大学学报》（哲学社会科学版）2005 年第 5 期）；李新娟《社群主义视野下的社区建设——焦作市解放区社区建设的个案研究》（2006 年硕士学位论文）；何霜梅《论社群主义与构建和谐社会》（《北京教育》（高教版）2009 年第 1 期）；陈占友、陈燕《西方社群主义与新型集体主义价值观的确立——以麦金太尔为例》（《求索》2008 年第 5 期）；等等。

当前，学术界对社群主义的研究已经形成了蔚为壮观的态势，主要包括对社群主义的整体研究和对社群主义的某个观点的具体研究。这些研究多从与新自由主义的对比这一角度作为切入点，通过对双方论争的阐述，分析社群主义的理论观点，得出自己的理论结论：或者认为社群主义无力冲击自由主义的统治地位，对社群与传统的强调只不过是一种怀旧的乡愁；或者认为社群主义与自由主义能够成为相互匹敌的对手，这种发展趋势的受益者将是整个西方政治哲学。当然，学术界也认识到"个人与社群关系"问题在社群主义理论中的基础性地位和作用，把这一问题看作社群主义与新自由主义理论论争的焦点问题，对这一问题的看法的不同导致理论的分野。然而，他们却没有把这一问题放到话语论争的中心或基础地位给以论述，且对这一问题的论述视角狭窄，往往只是把这一问题小心谨慎地放在西方社会背景中进行讨论，而没有放在马克思主义哲学的视野中给以具体的分析，视界的狭窄影响了社群主义本身的发展。正基于此，笔者认为对该问题的研究尚有广阔的拓展空间。

四　主要内容

本书共五章，其章节结构和内容如下：

第一章是关于个人与社群等相关概念的界定和理解。这一章系统地梳理了个人和社群两个概念的内涵特征及其逻辑生成，并对群体、社会及社区等相关或相近的概念进行具体的界定和学理上的区分。笔者认为，个人、社群和社会等概念都处在不断的生成和变化中，因而对每一概念本身、概念间相互关系的界定和把握都是历史的、具体的，而非一次完成的。

第二章考察了西方语境下的个人与社群。我们知道，当代西方的社群主义和社群思想最先可追溯到古希腊的"城邦"概念，此后这种思想就一直没有间断过。其中最具代表性的思想家是亚里士多德和费迪南德·滕尼斯。亚里士多德的"城邦"思想是当代社群主义的思想根源，其"城邦"概念也就是"政治社群"，在此种"政治社群"内有平等的公民，共同追求完善的生活。而滕尼斯则是西方思想史上第一次对社群思想给予了系统的阐释和论述的思想家。他从意志概念出发，把人们的群体生活划分为共同体（社群）和社会两种类型：共同体（社群）是亲切的、美好的、有机的，而社会是机械的、功利的。在滕尼斯看来，共同体（社群）不是为了共同的利益而聚集在一起的个人，个人只是由于生活在特定的社群中，才逐渐形成了共同利益的观念。基于此，考察亚里士多德和滕尼斯的"个人"与"社群"观就具有了理论上的必然性。

第三章考察了以"个人与社群关系"为理论基点或前提的社群主义理论体系。与新自由主义一样，社群主义也是以个人和社群的关系为理论前提和基点来建构其整个理论体系的。然而，与自由主义把社会还原为孤立的个人，主张个人原子主义相反，社群主义把个人看作从属于社会整体的，坚持社会整体主义。由于社群主义是在批评新自由主义的过程中建构起来的，因此，要想获得对社群主义的准确理解，就必须把社群主义置于其与自由主义的话语论争的语境中加以把握。具体来说，社群主义的理论主旨在于：以社会本原取代个体本原的哲学形而上学；以社群中心取代个体中心的政治哲学；以公共的善取代个体权利优先性的美德哲学。

第四章是站在马克思主义的视角上对社群主义给予辩证的分析。作为一种对理论和现实进行批判性反思和关照的社群主义理论，在哲学形而上学、政治哲学和美德哲学等层面建构起了属于自身的理论。应该说，这些理论在某种程度上确实击中了新自由主义理论的要害，使自由主义者在理论及其所主导的西方社会政治现实上做出适当的让步和调整。本章试图超越新自由主义与社群主义对比的理论框架，把社群主义置于广阔的马克思主义哲学视野内，运用马克思主义哲学中共同体思想、个人与社会关系的观点，对社群主义进行批判性的、辩证的分析。这既可以加深对社群主义的理解，又可以吸纳社群主义的合理内核于自身，这对马克思主义哲学的丰富和发展将不无益处。

第五章是考察中国语境下的个人与社群关系，探索建构现实中国个人与群体良性互动模式的可能性。当代社群主义虽兴起于美国社会，但这并不等于社群主义的作用领域只限于美国社会。在文化全球化的今天，社群主义理论的启迪和意义必然具有现代性和世界性。具体到当今中国，有这样几个现实背景：我们正在进行社会主义和谐社会的构建，其中的核心理念也是如何处理个人与群体的关系；中国传统社会的主导文化价值观是群体相对个体具有主导和优先地位；中国的主导意识形态是马克思主义。把这几个问题综合在一起思考就可以引发出这样一个现实问题：在转型的中国社会，如何建构起个人与群体的良性互动模式？本章围绕这一核心问题，以马克思主义为视角，借鉴社群主义的理论资源，反思中国传统文化中的个人与群体关系，力图探索一条可能的个人与群体之间良性互动的中国社会发展模式。

第一章 个人与社群等相关概念的界定

人类社会存在和发展的基点是现实的个人及其关系。个人与社群的关系是每个社会都必须面对的问题，也是每一个生活在社会中的个人必须给予回答的问题。因而个人与社群的关系在社会哲学或观念中占有极其重要的地位，甚至是社会哲学或观念中的核心问题。在哲学史上，各种社会哲学或观念的分歧聚焦都主要集中在个人与社群关系上。其中20世纪80年代开始并仍在延续的新自由主义和社群主义之争就是明显的例证。

我们知道，个人与群体是历史唯物主义中的一对重要范畴，这一问题的提出、延展及解决关系到社会哲学中诸多问题的提出方式和解决进路。简言之，个人是指处在一定社会关系中，在社会地位、能力、作用上相互殊异的有生命的现实的个人。群体指一定数量的个人在社会实践活动过程中通过特定的社会关系而结合起来的集合体，不同的原始氏族、部落，不同的民族，不同的阶级、阶层、党派、政治团体，不同的机构、部门、单位的人们，不同的身份、职业以至于不同的年龄、性别，等等，都可以构成不同的群体。个人和群体具有对立统一的辩证联结关系，每个人既以个体的身份而相对独立存在，又以具有群体中的成员资格而在群体中存在。若干个体组成群体，没有现实的单个个体，就没有群体。反之，具有群体成员资格的个体一旦被赋予群体性，个体就必然要受到群体的约束或规约。当然，由于每个个体社会实践方式的差异性和多样性，每个个体可以具有多个群体的成员资格。群体由个体结合而成，但群体并不是单个个体的简单堆积或机械相加。群体所产生的集体力量远远大于个体力量的机械的总和（如"7+1>8"），所形成的群体必须是有机性的社会群体（在后面还要论述）。

个人与群体之间不仅具有相互依存、相互联结、相互渗透的统一关系，而且还存在着相互排斥、相互否定、相互离异的对立关系。例如，个人价值与群体价值、个人意识与群体意识、个人利益与群体利益就存在着对立统一的辩证关系。从某种意义上说，正是由于群体内存在着不一致、不协调，甚至有限的对立，才是群体具有生命力的源泉所在。

第一节　个人与群体

在现实的社会生活中，个体个人都生活在诸多层级的群体中，离开群体无法维持自身生命的存在和发展，是具有群体性的个体；群体是个体内在融通生成的群体，离开个体的群体没有任何生命力，是具有个体性的群体。应该说，这种相互规定、相互贯通、相互依存的个人和群体关系贯穿在个人和群体发展的始终。

一　自然性的"自然"群体生活

在汉语中，"群"字的本义指羊群，后引申为兽群和人群。《诗·小雅·无羊》论道：三百维群。柳宗元《封建论》有云：故近者聚而为群。在西文中，"群"在德文中为 Rudel，在英文译为 Honde。因此，很难准确区分出它们的不同含义，但其大意指很多兽类或人相聚而结合成群。这里所指的"群"是一种自然性的"群"，其生活状态亦指自然性的"群"生活状态。这种以"群"的方式形成的生活样态是种遗传的表现，它是动物维持自身生存和发展所必需的。

应该说，"群"的原初意涵就是指动物生活方式之一。动物的群体生活特征是同自身的生命活动同一的。这些生活特征既能保证动物能获取维持自身生存的食物，同时还能降低自身被捕食的危险系数。苏联有一关于测试"猿猴条件反射"反应的影片，其中有几个场景与此问题相关。在一个原始森林的野外猿猴实验室里，实验员在不同时间用录音机播放了猿猴吃饭的口令和响尾蛇出现的恐怖声音，这两个实验所造成的结果是，猿猴们以出奇一致的"群"方式集体快速反应。可以说，猿猴的"群"活动方式主要是由其本能维系而成的，是在生物生存竞争、适者生存的法则制约下的动物生存形式。马克思认为："动物和自己的生命活动是直接同一的。动物不把自己同自己的生命活动区别开来。它就是自己的生命活动。"① 动物的单个个体就是一个物种，每一个物种的"群"生活都体现了整个物种的生活方式，动物的群生活只是一种本能活动。

同样，"群"的引申含义在原始社会的氏族组织生活中也能体现出来。在原始的氏族组织中，牢固的血缘纽带把氏族成员联结成群，并借助于群体的力量——把猛犸打进陷阱里——获取赖以生存的食物。因此，脱离群体就意味着自己的一切被剥夺，这对于一个原始人来说是最具恐怖意义的事情。当某个原始人的行为触犯了该群体的禁忌或威胁到该群体赖以存在的准则时，这个人就会被群体驱逐出去，而且不存在被其他氏族收留的可能。因为在当时的环境下，离开群的单个个人是无法生存的。这样对原始人来说被隔于"群"之外意味着归属感、自尊、安全感和生存需求的丧失和被剥夺。可见，驱逐出"群"的惩罚有这样一个特点，即它意味着一切需求的被剥夺，其最终结果是个体生命在饥饿、焦虑、恐惧中逝去。

到了原始社会末期，生产力发展到一定程度的时候，氏族和部落趋于瓦解的时候，人们即使被驱逐出群体也仍能生存的时候，这种"驱逐"的本来意义就会失去了存在的条件和前提。

二　有机性的"社会"群体生活

人是能合群的动物，不仅以自然性成群，更主要是以社会性成群并能在群体中生活的高级动物。因而"人是最名副其实的政治动物，不仅是一种合群的动物，而且是只有在社会中才能独立的动物。孤立的个人在社会之外进行生产——这是罕见的事"。② 这种以社会性组成的群体能部分地超越自然本能的需求，这是人类所具有的重要特质。马克思说："诚然，动物也生产。它为自己营造巢穴或住所，如蜜蜂、海狸、蚂蚁等。但是，动物只生产它自己或它的幼仔所直接需要的东西；动物的生产是片面的，而人的生产是全面的；动物只是在直接的肉体需要的支配下生产，而人甚至不受肉体需要的影响也进行生产，并且只有不受这种需要的影响才进行真正的生产；动物只生产自身，而人再生产整个

---

① 《马克思恩格斯全集》第 3 卷，人民出版社 2002 年版，第 273 页。
② 《马克思恩格斯选集》第 2 卷，人民出版社 1995 年版，第 2 页。

自然界；动物的产品直接属于它的肉体，而人则自由地面对自己的产品。"① 可见，动物组成的"社会"群体是在自然本能的支配下相对固定的，而人类则可以超越自然本能组成变化多样的、多层级的群体或群体系统。

人组成的群体不仅具有超越自然性的社会性，而且这种社会性是内含有机性的社会性。在日常的活动中，动物群体内部要素间也会呈现出一定程度上的有机性，即要素间的良好协调和协作关系。正是由于动物群体的这种特点，有时我们也称动物组成的群体为"社会"，虽然这种界定存在着诸多的争议。下面看一个有蚂蚁群的实验。

在一个科学实验中，科学家观察发现，在成群的蚂蚁中，大部分蚂蚁都争先恐后地寻找食物、搬运食物，可以说是相当勤劳，但有少数蚂蚁则什么活也不干，它们被科学家称为懒蚂蚁。

为了深入研究这些懒蚂蚁在蚁群中如何生存，科学家做了实验。他们在这些懒蚂蚁身上都做了标记，然后断绝蚁群的食物来源，并将蚂蚁窝破坏掉。在随后的观察中发现，在这种情况下，那些勤快的蚂蚁都不知所措、一筹莫展，而懒蚂蚁则挺身而出，带领伙伴们向自己侦察到的新食物方向转移，并顺利地建起新的蚁窝。接着，实验者把这些懒蚂蚁从蚁群里抓走，结果发现，剩下的蚂蚁都停止了工作，乱作一团。直到他们把那些懒蚂蚁放回去之后，整个蚁群才恢复到井然有序的工作和生活状态。

看来，绝大部分忙忙碌碌、任劳任怨的勤快蚂蚁，根本离不开为数不多的懒蚂蚁。懒蚂蚁善于运用头脑分析事物，把大部分时间都花在了"侦察"和"研究"上，能在环境变化时发挥行动引导作用，具有使蚁群在困难时刻存活下来的本领。显而易见，懒蚂蚁在蚁群中有着举足轻重、不可替代的地位和作用。②

从这个科学观察中可以看出，蚂蚁组成的这个"社会"虽有一定的自组织性，懒蚂蚁和勤劳蚂蚁之间具有很强的内部分工组织形式，但这种内部的分工主要是自发性的本能遗传分工，其自觉程度很低。从本质上来看，高级的、具有自觉分工协调能力的群体是人所特有的，是人类

---

① 《马克思恩格斯全集》第 3 卷，人民出版社 2002 年版，第 273—274 页。
② 李培德：《动物的生存之道》，《科学之友》2009 年 3 月。

从动物界走出后结成群体，从而以群的方式在与自然界的矛盾关系中不断形成和发展起来的。

应该强调指出的是，现实的诸多个人是组成群体的重要单位要素，没有单个的现实个人也就没有群体，这是显而易见的。然而，形成了群体后的个人，已经不仅仅是单纯的生物性个体，而是超越生物界经过社会锻造后的社会化的个体，个体的意义发生了明显的变化。

三　"个人"概念的逻辑生成

（一）关于"个人"概念的词源学规定

"个人"在西文中与 individual 一词相对应。从词源学来看，individual 源自拉丁文 individuus，本意为"不可分割的"。该词是波埃修斯用来翻译希腊词 atom（"不可切割的"或"不可分割的"）时所使用，其意为一个单一的、特定的存在物或单位，它不可能再现实地或从概念上加以划分。因此，individual 的基本内涵是指那些能够个体化，即在语言中得到指认或辨明，并因而与其他事物相区别的东西。而且，在道德、政治和社会思想中，一个个别是一个个人，相比较于群体与社会。①

用 individual 指涉一个人，意味着"个人"是不可分割、也不应该被分割的社会单位；"个人"是最低的社会构成单位，也是最高的社会构成单位。大约在 17 世纪，即西方现代社会诞生之际，用 individual 来表达个人观念，起源于寻找社会组织最小单元的过程。就是说，现代意义上的"个人"最初是西方政治思想中的核心观念，它是权利的主体，是社会组织的基本单位。②

从特定的意义来看，一部西方哲学史可以说就是一个不断发现、生成和凸显"个人"的过程。在这一过程中，人的权利、个性、地位和尊严等都得以确立。

在 19 世纪末期前后，Individual 一词进入中国。1885 年江南制造局出版傅兰雅翻译的《佐治刍言》，该书就涉及对 individual 的翻译。《佐治刍言》开篇在论述自主之个人如何组成社会时，individual 被译为

---

① ［英］参见尼古拉斯·布宁、余纪元编著《西方哲学英汉对照辞典》，人民出版社2001 年版，第 49 页。

② 参见金观涛、刘青峰《中国个人观念的起源、演变及其形态初探》，《二十一世纪》2004 年第 8 期。

"人"，society 被译作"会"。可见，individual 在最初进入中国之际，individual 被理解为具有普遍意义的类"人"，现代意义的具有主体性和个性的"个人"还没有与 individual 一词具有直接的明确的关联性。

日本在西方文化与中国文化的沟通交流中起到重要的"中间人"作用，现代意义的"个人"概念也于 1884 年在日本定名并传输到中国。学界目前的史料学记载，最早给"个人"一词赋予现代意义并加以诠释的是梁启超。他论道："国家不过人民之结集体，国家之主权，即在个人"，并在"个人"这个词下注明"谓一个人也"。①

（二）马克思、恩格斯哲学中的"个人"概念

在马克思、恩格斯的唯物史观和政治经济学的相关理论中，内含着一个重要的概念——个人，学术界普遍都认识到"个人"概念在马克思、恩格斯哲学中的重要地位，甚至把"个人"作为马克思、恩格斯哲学的理论出发点或逻辑起点。然而，学术界分析的"个人"主要是从社会性维度进行，认为"个人"是现实性的个人或社会性的个人。这种理解本身没有问题，但是对"个人"的理解有断裂化或习惯性的理解，对"个人"概念的自然性和关系性两个视角存在认识上的缺失。我们认为，把"个人"概念看作自然性、社会性和关系性三个依次展开的逻辑过程，将有助于对马克思、恩格斯"个人"概念的深入理解。

有生命的、自然意义上的个人，是马克思、恩格斯"个人"概念发展的第一阶段。马克思这样说："人直接地是自然存在物。人作为自然存在物，而且作为有生命的自然存在物，一方面具有自然力、生命力，是能动的自然存在物；这些力量作为天赋和才能、作为欲望存在于人身上；另一方面，人作为自然的、肉体的、感性的、对象性的存在物，同动植物一样，是受动的、受制约的和受限制的存在物。"② 这是从人的自然性视角，论述人的受动性和受制性，体现人的自然存在物性质。进而，马克思、恩格斯更明确地指出："全部人类历史的第一个前提无疑是有生命的个人的存在。因此，第一个需要确定的事实就是这些个人的肉体组织以及由此产生的个人对其他自然界的关系。"③ "我们首先应当

---

① 梁启超著《饮冰室合集》文集之十，中华书局 1989 年版，第 1 页。
② 《马克思恩格斯全集》第 3 卷，人民出版社 2002 年版，第 324 页。
③ 《马克思恩格斯选集》第 1 卷，人民出版社 1995 年版，第 67 页。

确定一切人类生存的第一个前提，也就是一切历史的第一个前提，这个前提就是：人们为了能够'创造历史'，必须能够生活。但是为了生活，首先就需要吃喝住穿以及其他一些东西。"① 从以上论述中我们可以得出这样的结论：自然性的需要是人的第一个历史活动，为了生活，首先应该进行物质资料生产以此来满足人的生存需要。

有生命的个人从自然界走出以后，以群体的力量和自然界发生物质、能量的交换，以此来维持自己肉体的存在。个体之间以血缘关系为纽带形成氏族、部落等群体，由于生产关系的简单原始性，这时人的生活主要通过血缘关系而非生产关系维系。这时的个人主要是一种自然性的存在，还是完成意义的具有独立性的"真实的个人"，个人的存在被其所属的群体遮蔽和掩盖，即个人的存在状态完全听命于自然必然性。"贵族总是贵族，平民总是平民，不管他的其他关系如何；这是一种与他的个性不可分割的品性。有个性的个人与阶级的个人的差别，个人生活条件的偶然性，只是随着那本身是资产阶级产物的阶级的出现才出现的。"②

现实性的、社会意义上的个人，是马克思、恩格斯"个人"发展的第二阶段。在原始社会末期，随着生产力的进一步发展，出现了可供交换的剩余产品，个人之间的血缘关系纽带日益松散并趋于解体。在这种情况下，人的生活逐渐从主要依靠血缘关系向依靠生产关系过渡。与"个人"发展的第一阶段相比，个人的独立性、自主性凸显出来。马克思、恩格斯在《德意志意识形态》中指出："前一种情况的前提是，各个人通过某种联系——家庭、部落或者甚至是土地本身，等等——结合在一起；后一种情况的前提是，各个人互不依赖，仅仅通过交换集合在一起。……在前一种情况下，所有者对非所有者的统治可以依靠个人关系，依靠这种或那种形式的共同体；在后一种情况下；这种统治必须采取物的形式，通过某种第三者，即通过货币。"③ 可见，随着个人之间的"共同体"结合方式向以"货币"为媒介的交换方式过渡，自然意义上的个人就把自己的舞台拱手让给了社会意义上的现实的个人。

---

① 《马克思恩格斯选集》第 1 卷，人民出版社 1995 年版，第 78—79 页。
② 同上书，第 119—120 页。
③ 同上书，第 103 页。

　　此外，马克思、恩格斯还论及"现实的个人"、"从事实践活动的人"，以别于"自然人"或"人本身"。他们指出："我们开始要谈的前提并不是任意提出的，不是教条，而是一些只有在想象中才能撇开的现实前提。这是一些现实的个人，是他们的活动和他们的物质生活条件，包括他们已有的现成的和由他们自己的活动创造出来的物质生活条件。"①"这里所说的个人不是他们自己或别人想象中的那种个人，而是现实中的个人，也就是说，这些个人是从事活动的，进行物质生产的，因而是在一定的物质的、不受他们任意支配的界限、前提和条件下活动着的。"②因此，"现实的人"不是生活在想象的天国中的"抽象的人"，而是在一定的社会历史条件下活动着的"活着"的人。

　　"个人存在"与"社会存在"相互连接、相互渗透关系下的"个人"，是马克思、恩格斯"个人"概念发展的第三个阶段。在马克思看来，作为人类社会具体成员的个人总是处于一定的社会关系中，这些个人既以其个性化的生存方式表现出"个人存在"的状态，又以社会化的生存状态生活在各种社会群体中，从而呈现出"社会存在"的样态。马克思说："人是一个特殊的个体，并且正是他的特殊性使他成为一个个体，成为一个现实的、单个的社会存在物，同样他也是总体，观念的总体，被思考和被感知的社会的自为的主体存在，正如他在现实中既作为对社会存在的直观和现实享受而存在，又作为人的生命表现的总体而存在一样。"③认识到个人是"个性存在"的"个体"和"社会存在"的"总体"的辩证统一，对于深入理解马克思"个人"概念的逻辑展开进路具有重要的理论价值。

　　马克思认为，关系维度下的个人才是真正意义的个人，但这一具有真实自我的个性个人的形成不能仅仅依靠理论自身的逻辑推演，也还要依靠消灭社会分工、消灭私有制，形成"自由人的联合体"。"在这个共同体中各个人都是作为个人参加的。它是各个人的这样一种联合（自然是以当时发达的生产力为前提的），这种联合把个人的自由发展和运动的条件置于他们的控制之下。而这些条件从前是受偶然性支配的，并

---

① 《马克思恩格斯选集》第1卷，人民出版社1995年版，第66—67页。
② 同上书，第71—72页。
③ 《马克思恩格斯全集》第3卷，人民出版社2002年版，第302页。

且是作为某种独立的东西同单个人对立的。"①

在这种共同体下的个人摆脱了个人存在的抽象性和偶然性，共同体的生活颠倒了从前的个人的自由发展和他们运动的条件之间的关系，生活在共同体中的个人逐渐摆脱单调、片面、机械、被束缚的状态，从而走向一种真正属人的、全面的、丰富的自我。

通过以上分析，我们可以看出马克思、恩格斯"个人"概念的逻辑和历史发展进路："自然个人"—"现实个人"—"关系个人（个性个人）。""个人"概念发展到"关系个人"阶段，个人的丰富性、全面性、自由性才具体地彰显出来，这时，"个人"概念才真正找回自我，回到自身，并获得完全的实现。

第二节　社群与社会

社群和社会是社会哲学或政治哲学建构其自身体系的重要概念。然而，学术界对两个概念及其关系的解释不够清晰，尤其是在西文 Community 一词的翻译上，还出现了"社区"这一译法，几个概念纠缠在一起增加了辨别的难度。为此，我们试图从概念的词源出发，对比社群、社区和社会几个概念，重新厘清它们之间的相互关系，为后文的顺利展开作基础理论上的铺垫。

一　"社区"的词源学考量

社区的英文词汇是 community，其词义有几种解释：（1）由同住一地区或一国的人所构成的社会；（2）团体、社团；（3）公众；（4）国家间的共同体，如欧洲防务共同体（European Defence Communities）；（5）共有；共享；共同责任；（6）共同性；相同性；一致，如利益的一致（community of interests）；（7）社交活动；群居状态。此外，community 也可作形容词之用，如同社会的、公众的、团体的，如社区活动中心（a community house），社区教堂（a community church），指各教派的联合教堂。②

---

① 《马克思恩格斯选集》第 1 卷，人民出版社 1995 年版，第 121 页。
② 参见陆谷孙主编《英汉大词典》（上卷），译文出版社 1989 年版，第 633 页。

可以看出，"社区"一词在英文中包含多种含义，这种含义的多样性是西方社区实践的现实内容多样性的表现和反映。因而，辨析"社区"概念的确切内涵及其所包含的具体内容，回归西方社区历史的考察是可靠的路径。

西方这一领域的学者在追溯社区发展的历史时，会联想到欧洲的一些思想传统和历史实践。如休伯特·坎普芬斯（Hubert Campfens）认为在欧文、蒲鲁东和克鲁泡特金等的空想社会主义、无政府主义思潮中都包含有社区建设的一些指导思想。现代的一些社区发展原则不能说与历史传统毫无关系。如罗伯特·欧文（Robert Owen，1771—1858）作为空想社会主义者，他在英国拉纳克郡开办的工厂以及在美国印第安纳州举办的"新和谐"社区对以后的社区发展都有先驱意义。他的实践以教育、道德以及慈善为宗旨，试图为受苦人建设一个理想社会。但是，他的社区是空想的、封闭的，与当时整个社会的发展阶段是相脱离的，最终必遭失败。

坎普芬斯也谈到无政府主义者蒲鲁东（1809—1865，法国社会主义者，第一个称为无政府主义的人）和克鲁泡特金（1842—1921，俄国民粹主义革命家，国际无政府主义的理论家和活动家）。蒲鲁东和克鲁泡特金都是无政府主义者。他们激烈地反对任何形式的权威。他们相信通过对基层民众的动员，以及后者的参与，通过和平的合作手段，可以建立一个在互助和自助原则上的公平交换的和自治的社区。在蒲鲁东看来，理想的社会应具有以下的特征：互助主义和公平交换的社区的传统、无政党政治的国家、不同层次的社会组织按联邦形式组合在一起、私人的或公共的、个人的或集体的利益能集中到一处、每个人自愿地与他人结成社团时能完全自治。克鲁泡特金则进一步发挥了蒲鲁东的学说。他提出互助论作为理论根据，认为人类和一切动物一样都具有互助的本能，它是人类社会进化的要素，也是人类道德发展的基础。他也发展了无政府主义，反对任何国家，排斥一切权威，认为未来的理想社会应当是没有任何权力支配的各种团体的自由联合。他特别推崇群众的自发性和首创精神。[1]

---

[1] Hubert Campfens, *International Review of Community Development: Theory and Practice*, in Hubert Campfens ed., *Communitly Pevelopment Around World* Toronto, 1997, pp. 29 - 33, 转引自姜芃《社区在西方：历史、理论与现状》，《史学理论研究》2000 年第 1 期。

西方学者在追溯社区发展的历史时，之所以会联想到欧洲的一些思想传统和历史实践，其原因在于这些思想传统和历史实践与英文中"社区"内涵的相近之处。如罗伯特·欧文的新和谐思想；蒲鲁东和克鲁泡特金的自治的社区、互助和公平交换的社区、各种团体的自由联合等。这些社区理论对以后的社区发展具有先驱意义。

何为"社区"？菲力浦·塞尔兹尼克认为：社区是一群人，其外延包含范围广泛的活动和利益。"参与"指的是全体人的参与，而不是部分人的利益和行动。因此，可以说社区是一种变化着的群体经历，也可以说是具有同一种信念和利益的人的一种组织，是一系列不同的群体和行动所借以依托的单位。所有的社区都是用契约联系在一起的，社区中的人具有共同的信念和命运，具有个人的同一性、归属感以及支持其行为和关系的结构。其成员参与和相互利益接触的途径越多，社区的经验就越丰富。社区是一种综合性的组织，在这里有一种共同的、多样性的生活。①

爱德华和琼斯则把"社区"定义为：有一群人，居住在一定的地方，在组织他们的社会生活时行使一定程度的自治；他们组织社会生活时以地方为基础来满足他们各方面的生活需要。对于这种提法，有人不同意，认为过高地估计了社区的控制能力。上述的定义包括人、地理空间、社会的相互影响以及相互联系。在社会的相互联系这点上，这个概念没有把阶级、种族和性在一些社区内造成的分离情况考虑在内。②

罗斯的定义更为扩展，他所说的"社区"包括一群人，他们享有共同的利益或功能，如福利农业、教育、宗教，这些利益并不包括住在社区地域内的每一个人，只包括那些在公共事务中有着特殊利益和功能的人。③

中文的"社区"一词，是1933年费孝通等燕京大学的青年学生，从英文 Community 翻译而来的。他们的翻译把原文中的"社群性"（社）和"地域性"（区）两个意义融合起来。这种翻译保留了英文的

---

① Philip Selznick, *In Search of Community*，转引自姜芃《社区在西方：历史、理论与现状》，《史学理论研究》2000年第1期。

② *Community Organizing Canadian Experiences*, p. 5.

③ Ross M. B. Lappin, *Community Organization: Principle and Practice*, New York, 1967, in ibid., p. 6.

要义和德文 Gemeinschaft 的基本含义，即"社区"既是地域社会，又是具有共同归属感的共同体社会。

学术界普遍认为，首次将"社区"这一概念运用于社会学研究的，是德国社会思想家 F. 滕尼斯。1887 年，他的成名作《共同体与社会——纯粹社会学的基本概念》出版。德文 Gemeinschaft 一词是中文"社区"的原型，它指一个人生于斯长于斯的特定场所，这一场所是血缘和地缘的融合体，个人不能后天选择的场所。费孝通在《略谈中国的社会学》一文中写道：我们称这种注重实地调查和比较研究的社会学称为"社区研究"。

综观以上理论家对社区所进行的视角颇多的界定，我们认为很难给"社区"一个普遍意义的界定。只有以英文"社区"一词的词源学内涵为依据，并结合具体的社会现实情境，才有可能对"社区"概念有一个基本的理解和把握。在中国的学术界，"社区"更多的是一个地域性特征明显的社会学范畴，是社会基本结构的核心概念；而"社群"更多的是被当作一个哲学或政治学的概念来使用。

在 14—17 世纪，"在英语中的社区或社群含义相近，主要确立了以下五种意义：一是相对于有身份地位的人；二是一个国家或有组织的社会；三是同一个地区内的人；四是指一种共同的性质；五是指一种共同的身份认同和特质。19 世纪，社区或社群在复杂的工业社会中更凸显一种在地性和一种立时可见、伸手可及的实在性质。"[①]

二 "社群"概念及源流探究

社群主义的英文为 Communitarianism，它的词根是 Community，其词源是希腊语 Koinonia。Community 通常译为"社群"、"社团"、"社区"、"共同体"等。但在政治学和社会哲学等领域，英文 Community 一词多被翻译成"社群"。追根溯源，社群思想最早见于亚里士多德的政治思想中。亚里士多德把社群界定为为达到某种共同的善的目的而组成的关系或共同体，他在《政治学》的开篇就指出："我们见到每一个城邦（城市）各是某一种类的社会团体，一切社会团体的建立，其目的总是

---

① 参见黄平等主编《当代西方社会学·人类学新词典》，吉林人民出版社 2003 年版，第 138 页。

为了完成某些善业——所有人类的每一种作为，在他们自己看来，其本意总是在求取某一善果。既然一切社会团体都以善业为目的，那么我们也可以说社会团体中最高而包含最广的一种，它所求的善业也一定是最高而最广的：这种至高而广涵的社会团体就是所谓的"城邦"，即政治社团（城市社团）。"① 亚里士多德这里所说的"城邦或政治共同体"，也就是"政治社群"。在此种"政治社群"内有平等的公民，共同追求完善的生活。可以说，当代西方兴起的社群概念从根本上就是导源于亚里士多德对"城邦"的界定。

西方政治思想史上第一次系统地对社群思想给予系统论述的是德国社会学家费迪南德·滕尼斯，他在《共同体与社会——纯粹社会学的基本概念》一书中指出，社群是基于自然意志，如情感、习惯、记忆等，以及基于血缘、地缘和心态而形成的一种社会有机体，包括家庭、邻里、村落和城镇。滕尼斯进而把社群区分为血缘性社群、地域性社群和精神性社群三种类型。而与这三种社群类型相对应的具体例子则为亲属关系、邻居关系以及友谊或同志关系。对这些社群组织的功能，他这样说："共同体是持久的真正的共同生活……因此，共同体本身应该被理解为一种生机勃勃的有机体。"② 可见，社群是具有内聚力、向心力、持久力的社会有机体，而不是一盘散沙式的随意组合，因为社群的建立是以个体的自愿结合为基础的。此外，社群内的每个人都拥有自己的成员资格，并扮演着不同的角色，在这些社群中寻求各自的归属感。因此，在滕尼斯看来，社群显然不是为了共同的利益而聚集在一起的个人，个人只是由于生活在特定的社群中，才逐渐形成了共同利益的观念。因此，社群的主要标志不是利益，而是人们的出身、地位、习惯和认同。

英国社会学家麦基文（R. M. Maclver）对社群的系统研究在许多方面超过了前人。他在1917年发表的《社群：一种社会学的研究》一书中指出，社群是人类在其中共同生活的区域，它的形成和发展必须建立在其成员的共同利益之上，它的主要特征则是共同善和公共利益。他认

---

① ［古希腊］亚里士多德：《政治学》，吴寿彭译，中国人民大学出版社1965年版，第3页。

② ［德］滕尼斯：《共同体与社会》，林荣远译，商务印书馆1999年版，第54页。

为，社群不是个人利益的简单集合，它还需要一种组织作为载体，小到家庭、村庄、小镇，大到城市、国家乃至整个地球都可以被看作一个社群。

从以上的论述可以看出，社群是由诸多个人构成的，群体内成员间不仅关系密切，还存在着某种道德上的义务。同时，社群表现在一定程度上的以"群"价值为指引的向心力和凝聚力，而且这种向心力和凝聚力可以带给群内个体成员以更多的家园感和安全感，从而有助于个人依靠"群生活"找到自身精神家园和价值皈依。

当代的社群思想家基本上秉承了亚里士多德、滕尼斯、麦基文等人上述关于社群的基本思想，但他们又根据当代西方社会已经变化的具体实际，从不同的视角对社群给予各有侧重的界说。

迈克尔·桑德尔（Micheal Sandel）认为，那些具有共同自我认知的诸多参与者构成社群，并且通过制度方式得以体现出来。可以看出，他所定义的"社群"具有的显著特征就是参与者拥有一种一致的认同，如家庭、阶级和民族等。他提出"工具"、"感情"和"构成"三种不同意义和性质的社群，但他重点强调的是"构成意义上（constitutive）的社群"：个人的自我、目的不可能凭空独自实现，而必须在与其他参与者追求共同的理想中才能成为现实。也就是说，个人的自我无法独立于其属性、目的、利益诉求等因素，而且恰恰是这些因素构成了自我，形成了自我的认同，回答了"我是谁"。

当然，他所论及的善和目的（构成自我的因素）并非先天形成，它们是社会的、历史的和社群的产物，并随着社会、历史及社群语境的变化而变化；同样，自我也是随着形成自身的善和目的等因素发生相应的变化。"他们的身份——既有他们情感和欲望的主体，又有情感的欲望的对象——在一定程度上被他们身处其中的社会所规定。对于他们来说，共同体描述的，不只是他们作为公民拥有什么，而且还有他们是什么。"① 因此，是社会的规定和共同体的描述决定了个人的认同和属性，从而使个体的自我变成社会的产物。

迈克尔·沃尔泽（Micheal Walzer）强调从成员资格的视角谈及社

---

① ［美］迈克尔·桑德尔：《自由主义与正义的局限》，万俊人等译，译林出版社2001年版，第150—151页。

群参与者。他指出，社群的参与者通过自我约定的方式进行分工和交换，从而形成利益共享的社群生活状态。在社群中分配的首要的利益，最重要、最基本的是参与者的成员资格，成员资格决定参与者选择谁、服从谁及分配给谁等。在任何地方，没有成员资格的人就是无家可归的、流浪性的人，其生活状态可想而知。他说："失去了成员资格的男男女女们，只是一些无国籍的人。虽然这些人可以自由地参与市场的分配。但这些'非社群成员'们是脆弱无力的和得不到保护的人。"① 因为个人只有具有社群所给予的成员资格，他才有可能享有安全、秩序、财富、荣誉、职位和权利等相关的社会利益，这些社会利益才能保证个人的社会生活成为现实。

戴维·米勒（David Miller）被称为民主社会主义社群观的重要代表，他非常重视社群参与者的政治信仰。在他看来，拥有共同信仰的个人组成社群，社群间因信仰差异而相区别。每个社群成员都能忠心于他所属的社群，并愿为了社群的整体价值或利益而牺牲个人的价值或利益。米勒还认为，民族国家是社群的基本形式，而民族认同是实现分配正义的道德基础。而且，只有统一的民族认同才是成员参与者牺牲自身目标的唯一理由，否则，一切都无从谈起。他说："谈论那种无人称的忠诚，或对……全人类的忠诚是毫无意义的。"② 由于社群因种族、宗教及历史背景的不同而相区别，因而，每一社群都是具体的、历史的。忽视每一社群的具体性和历史性而空谈普遍的正义、责任和义务是没有意义的。

此外，丹尼尔·贝尔在他的《社群主义及其批评者》一书中把社群划分为地域性社群、记忆型社群和心理性社群三种社群类型。

从以上的论述中我们可以看出，桑德尔、沃尔泽、米勒及贝尔等人对社群的界定各有侧重点，这说明"社群"概念的包容性极大，它包含了感情、信仰、政治归属、民族性等诸多的领域。实际上，在当代西方政治哲学中，"社群"这一术语是作为一个规范概念而使用的，从这个意义上说，社群是一个拥有某种共同的价值、规范和目标的实体，其

---

① Shlomo Avineri and Avner De-shalit, *Communitarianism and Individualism*, Oxford University Press, 1992, p. 65.

② David Miller, *Community and Citizenship*, *from Communitarianism and Individualism*, Oxford University Press, 1992, p. 88.

中参与者都把社群的共同目标作为自己的目标，把社群的价值理想作为自己的价值理想。这样的社群不仅是必要的，而且也是善的。

尽管社群主义者对社群的界定不尽相同，但归纳起来，学术界一般认为社群大致具有如下四个基本特征：（1）社群的参与者都以其"成员资格"而享有完整的生活方式，社群不是为了分享利益而结合成群；（2）社群的参与者是一种面对面的关系；（3）社群是其参与者自我认同的核心，社群的目的、利益、关系、义务、习俗、规范和传统对成员有着决定的意义，而不是相反。实际上，社群主义者心目中的典型社群类型，即是亚里士多德所说的，为了达到最大和最高的善而组成的人类团体或人类关系，它是以"善"为最高目的和最高理想的"城邦"式社群。

三 社会与社群的概念殊异

人类从自然界走出后，人们之间必须结成多样的社会关系以维持自身的生存和发展。正是从这一刻起，个人就开始了自己一系列的社会化过程并逐步获得了其属人的各种规定性。社会成了关系个人生存和发展的重要生活领域。

那么，到底什么是"社会"呢？德国社会学家诺贝特·埃利亚斯也产生过这样的疑问，他说："每个人在听到'社会'这个词语时，都知道或至少以为知道，它意指的是什么。这个词不断地被一个人说给另一个人，就好像一枚硬币，我们知道它的价值，并且不必再去细查其内涵了。"① 为了把握"社会"一词的准确内涵，有必要进行如下的考察。

从语源学的角度看，"社早于会，社与会尚有一定的区别。但在中国古代，每当民间社日举行春祈秋报之时，时常会举行一些迎神赛会的仪式，此时，社与会可并称，随之就有了'社会'这样的称呼。"② 南北朝时期，宗懔在《荆楚岁时记》中说："社日，四邻并结综，会社牲醪，为屋于树下，先祭神，然后飨其胙。"社，意指土地之神社会，原来意指人们以祭祀为中心而进行的集会。"社与会，其起源虽有不同，但涵义实可归趋于一。"③

---

① ［德］诺贝特·埃利亚斯：《个体的社会》，翟三江等译，译林出版社2008年版，第3页。

② 陈宝良：《中国的社与会》，浙江人民出版社1996年版，第1页。

③ 同上书，第5页。

西文世界中，"society"一词出现于 14 世纪，取自法语词"société"，这个法语词源又来自拉丁语"societas"。在拉丁语中，"societas"一词的本义为友好地与他人协作、合作或结合等。可以看出，"society"一词暗含社会成员之间能够分享彼此间的关怀或利益、能够分担共同的目标或共同的特性之意。

社会学用"社会"表达一大群人所属机制与关系被型塑的状态（结构的或文化的）。这是整体视角的社会或广义的社会观点，是与自然界相互对立的客观存在，是涵盖经济、政治、文化以及环境领域在内的有机整体。在这里，"社会"一词是个文化与结构概念，与人类社会同义。有学者认为，社会就是界分于国家和市场之间的那块宽敞的领地，在与国家和市场的双向博弈中扩大或缩小自己的地盘。这种界定是对社会的狭义理解，特指当下人们所称的"公民社会"或民间社会，或曰处于国家的自由结社的自治领域。人们在对社会的理解上，以实体客观结构或平面的人际关系或自主自治的社群或作文化符号等方面的理解是带有片面性的，要么是以整体的社会吞噬了自治的社群，要么是以自治的社群表征了整体的社会，要么以文化符号使社会的生存根基被遮蔽。[①]

国内也有学者选择"社会"作为 community 的译名，而 society 的译名选择"社群"一词。这种译法虽有一定的理论意义，但其与"社会"与"社群"的本义相去甚远。让我们试着来分析这两个概念。

所谓社会，就是在一个相对固定的地域范围内世世代代共同生存与活动的或大或小的人群的总称。在绝大多数社会自然形成的漫长历史过程中，社会成员因世代繁衍而血脉相承，又因适应同样的地理气候条件而生成了某些共有的生物特征；社会成员在长期的共同生活中，基于相互模仿而具有类似的举止动作，并出于相互交往与沟通的需要而创造出言语和文字。在社会不断走向文明的进程中，社会成员共同创造并认可的某些文化现象世代流传，并成为社会成员共同恪守的传统习俗。

这一"社会"概念包含两个核心观点：其一，自然性：社会的形成因血缘、地理环境等生物性的自然特征为依据，并形成相对固定的地域

---

① 池忠军、刘立柱：《社会建设的人学考量和推进路径——基于个人、社会与国家关系的思考》，《理论探讨》2008 年第 3 期。

范围的或大或小的群体。其二，社会性：社会在交往、沟通中形成言语、文字等文化现象，形成社会的传统习俗或规范。

社群是在社会内部由于人们之间的相互作用而形成的一种特殊的活动方式。它的特殊之处在于，社群把人们联合和结合起来从事各种各样的社会活动，不是出于社会成员的生物和心理方面的原因，而是以生产实践为基础，基于社会成员的某种共同需要，以契约方式联合起来，或者通过统一的意志结合起来，使他们能相互依存又分工合作地从事社会活动。在近代，社群把个体的社会成员分化在发生相互作用的各个社群构成体之中，并使他们成为各自隶属的某一社群构成体的需要和利益的体现者，使社会出现了"人以群分"的局面。这样，在社会的生物层面和心理层面之上，又出现了一个更高的层面——社群层面。①

这一"社群"概念也包含两个观点：其一，社群形成于社会内部，在范围上小于社会，它是以社会实践而非以自然或心理为基础把人们结合起来。其二，社群成员因其某种共同需要，以契约或统一意志相结合，是超越社会的更高层次。

我们认为，这一对"社会"和"社群"的界定存在着理论误区，并可能使概念之间的关系更加模糊不清。总的来说，上述界定存在着这样的问题：（1）把自然性和社会性两个平行视角看作"社会"形成的重要原因，没有主次之分，没有突出"社会"形成的社会性；（2）从亚里士多德和滕尼斯对"社群"的界定中，因血缘、地缘、心理等因素在社群形成中起到重要的作用。但上述界定确认为"社群"的形成是以社会实践而非以自然或心理为基础。这种论述难以理解。（3）就我个人的理解，"社会"或国家应该是成员"为了"某种共同需要而以契约或统一意志结合而成；而"社群"当然不是"为了"共同的需要而聚集在一起的诸多个人，个人只是由于生活在特定的社群中，才逐渐形成了共同利益的观念。（4）在理论自身的论述上也存在矛盾。既然"社群"是形成于"社会"内部的一种相互作用的特殊活动方式，那么相对于"社会"而言，"社群"应该是小于"社会"概念的多个群体。但在论述"社群"概念时，又把"社群"作为超越社会的生物层面和心理层面的更高层面。

---

① 王中宪：《试论社会与社群的概念界限》，《学习与探索》2000 年第 5 期。

作为马克思哲学的重要范畴之一，"社会"概念在他的哲学变革中占有重要的基础性地位。在某种程度上说，没有"社会"概念的革命变革，就没有马克思的唯物史观。然而，由于这一概念在马克思的经典文献中出现的频率、含义及用法颇多，他本人又没有对"社会"概念进行过专门而系统的界定，这就为我们准确理解马克思的"社会"概念带来了挑战。

分析整理马克思主义经典著作中关于"社会"概念的有关论述，我们可以大致总结出几种内涵：（1）社会是人们相互作用的产物。马克思说："社会——不管其形式如何——是什么呢？是人们交互活动的产物。"① 因为单个人的肉体局限性，必须通过交往和相互作用共同创造出物质财富和精神财富，以维持自身的生存和发展。（2）生产关系总和构成所谓社会关系，构成所谓社会。"社会不是由个人构成，而是表示这些个人彼此发生的那些联系和关系的总和。"② 也就是说，社会的形成不是由机械的个人相加组合而成，而是在生产中结成的关系。（3）社会是一个不断在变化的有机结合体。马克思在《哲学的贫困》中首次明确提出"社会机体"的概念。他指出："谁用政治经济学的范畴构筑某种思想体系的大厦，谁就是把社会体系的各个环节割裂开来，就是把社会的各个环节变成同等数量的依次出现的单个社会。其实，单凭运动、顺序和时间的唯一逻辑公式怎能向我们说明一切关系在其中同时存在而又互相依存的社会机体呢？"③ 在《资本论》第一版序言中，马克思更明确指出："现在的社会不是坚实的结晶体，而是一个能够变化并且经常处于变化过程中的机体。"④ 马克思认为，社会有机体是由社会体系的各个环节、要素构成的。这些环节、要素之间不仅具有相互依存、相互联结、相互协调的密切关系，而且它们的协同行动促进了社会有机体的发展。（4）社会是由经济基础和上层建筑所组成，社会内部生产力与生产关系、经济基础和上层建筑两对矛盾共同构成社会发展的动力之源。马克思说："人们在自己生活的社会生产中发生一定的、必然的、不以他们的意志为转移的关系，即同他们的物质生产力的一定

---

① 《马克思恩格斯选集》第4卷，人民出版社1995年版，第532页。
② 《马克思恩格斯全集》第46卷（上），人民出版社1979年版，第220页。
③ 《马克思恩格斯选集》第1卷，人民出版社1995年版，第143页。
④ 《马克思恩格斯全集》第44卷，人民出版社2001年版，第10—13页。

发展阶段相适合的生产关系。这些生产关系的总和构成社会的经济结构，即有法律的和政治的上层建筑竖立其上并有一定的社会意识形式与之相适应的现实基础。物质生活的生产方式制约着整个社会生活、政治生活和精神生活的过程。"①

如果进一步分析上述四种关于"社会"概念的理解，我们可以把它归结为关系思维下的"社会"。也就是把"社会"概念放在关系语境下进行理解和把握，摆脱了旧哲学的形而上学思维或实体性思维的局限性。我们知道，实体性思维方式是旧哲学分析问题的重要方法，其主要缺陷在于：一是找不到具有对立性的范畴关系统一的现实基础，二是历史主义的方法论的缺乏。马克思把物质生产实践的观点作为社会概念的核心，提出了交往实践的理论。这一理论既反对社会原子论，又不支持社会整体论，而是在个人主体能动的社会活动与社会构成的意义上理解"社会"概念的形成与发展。

至此，我们从词源学、社会学及唯物史观等多个视角考察了"社会"概念的内涵，并对学术界关于"社会"概念的误读进行了分析。在这一过程中我们发现，"社群"与"社会"两个概念有一种相即相离的复杂关系。因此，有必要对这两个概念给予必要的界定和厘析。

德国著名社会思想家费迪南德·滕尼斯（F. Toennies）曾区分过Gemeimschaft（社群/共同体）和 Gesellschaft（社会/结合体）两种社会类型。前者立基于人类的"自然意志"，表现为亲切但狭隘的生活方式；后者则代表人类"理性意志"的发展，它促成了西方工业化之后出现的大都市生活，人与人疏离但无法分开。马克斯·韦伯沿用了这组概念来界定两种不同的社会关系：当参与者主观感受到彼此间有相互隶属关系，并建立在情感性或传统的基础上时，这可以说是"共同体关系"；当个人在群体或组织中只寻求利益的平衡与结合，那么这便是"结合体关系"。可以看出，这种在关系中对"社群"与"社会"两概念进行区分的方法包含着一定的合理性，但同时也具有明显的混杂性和模糊性。

"社会"（Society）是在一定物质生产活动的基础上形成的相互联系

---

① 《马克思恩格斯选集》第 2 卷，人民出版社 1995 年版，第 32 页。

的生活共同体。马克思说："社会，即联合起来的单个人。"① 这种联合不是单个人的机械相加，而是人们交互作用的产物。马克思主义哲学认为，劳动是人类社会生存和发展的基础，劳动在人和人类社会形成的过程中起了决定性的作用，"由于随着完全形成的人的出现又增添了新的因素——社会。"② 从此，物质资料的生产成为社会存在的根本条件。

通过对以上"社群"与"社会"两个概念的比较分析，我们可以得出以下结论：

1. 社群与社会都是"共同体"概念，"共同体"的主体是面对面交往（网络共同体就不在这个范围）的现实的人，个体在"共同体"内相互联系、相互作用，并且个体的行为规范要受"共同体"内的道德、习俗、规范或制度等的制约。

2. 在自然经济条件下，社群与社会两概念的内涵基本一致。在古希腊的城邦社会，城邦就是政治社群的范围，其内有平等的公民，他们积极参与政治，共同追求善的生活。城邦与外界基本上"老死不相往来"，城邦内的公民利益与共、休戚相关。因此，在自然经济下，个体所在的社群也就是社会。

3. 在市场经济条件下，政治经济文化等领域的状态从合一走向分离，社会政治生活与经济生活发生分化，这时"社群"与"社会"两概念呈现出显著的差异。首先，从存在和发展的条件来看，"社会"以物质资料的生产为自己存在的根本条件，以其内部的矛盾为推动自己发展的动力；而"社群"则以群体内成员间的情感、语言、信仰和种族等为其生存和发展的条件。其次，从范围上说，"社会"的范围较"社群"广阔得多。"社会"是同自然相区别而存在的，即打下人类活动印记的地方；而社群主义者所说的"社群"，如家庭、邻里、社区、城市和国家等都在"社会"这一概念所涵盖的范围内。一个人只能生活在一个"社会"里，但可以是多个"社群"的成员。再次，"社群"与"社会"两共同体内的个体间关系不同。由于利益是市场经济的驱动者，"社会"内的个体更多地表现为焦虑、不安、寂寞，个体间疏离、竞争，彼此间缺乏情感的联系，因而，"社会"主要是一种工具意义上

---

① 《马克思恩格斯全集》第 46 卷（下），人民出版社 1979 年版，第 20 页。
② 《马克思恩格斯选集》第 4 卷，人民出版社 1995 年版，第 378 页。

的存在，与"社群"相比，"社会"是一个空洞的名词或概念。"社群"内的个体则更多地表现为奉献、利他、互助、友睦和宽容，相互间利益与共，因此，"社群"主要是一种价值意义上的存在，与"社会"相比，"社群"是一个更具有感情意义的家园。最后，从组成上看，"社会"有自己的生产方式和政治、法律等制度，而且非常完备；"社群"没有自己的经济基础和上层建筑，有的只是零碎的、不系统的习俗和规则等。

第三节　个人、社群与社会的相互关联

每个人都生活在特定的群体中，不是孤立的，群体生活是个人的一种必要和必需的生活方式。如果个人离开了社群、社会等群体组织，他就无法维持自身的生存和发展。应该说，个人、社群和社会作为相互关联的群体单位或要素，处于复杂的辩证联结关系中。要想对三者的关系给予准确的辨析，马克思的唯物史观是重要的理论维度。

一　宏观视野：个人和群体的关系

在上一节对"社群"和"社会"的关系辨析中，我们认为，在自然经济条件下，社群与社会两个概念的内涵基本一致。在古希腊的城邦社会，城邦就是政治社群的范围。城邦内的公民利益与共、休戚相关。因此，在自然经济下，城邦所在的社群也就是社会。正是在这个意义上，我们首先把社群和社会两个概念整合在一起，形成"群体"概念。以此从宏观的意义上论述"个人"与"群体"的关系。

在一般的意义上，社群和社会都是群体性概念，都可以视为某种共同体，即这种共同体的形成多以某种共同价值和共同利益为联系的纽带。尤其是当人类刚刚走出狭义的动物界时，人们之间结合成群，以"群"的方式从自然界进行物质和能量的交换，这可能是原始人唯一可能生存和发展方式。

总的来说，群体是由现实的、具有主体能动性的个人组成的。而形成后的群体，其最显著的特征是群体的整体性，而"为了保持群体的整体性，就需要保持群体的凝聚力……造成一个群体的凝聚力的因素是多方面的。除了群体组织、结构的完整和合理，其功能正常、有效的发挥

是首要的因素以外，群体成员利益、需要、目标、思想、情感等的一致性，群体中不同的甚至是矛盾的因素的平衡、协调和互补，群体外部的物质环境和精神环境，包括其他社会群体的压力或刺激等，都能成为保持或强化群体凝聚力的重要因素。这种凝聚力使群体真正成为整体"。①

因此，探讨真实而非虚幻的"群体"和"个人"的关系，至少有三个视角：其一，"群体"视角下的个人和群体；其二，"个人"视角下的个人和群体；其三，"关系"视角下的个人和群体。与以"关系"为视角的考察方式相比，前两个视角是属于实体性思维方式或形而上学思维，使用这种思维方式所造成的结果就是"主客二分"的范畴对立、僵化。

从哲学史上看，旧哲学的根本缺陷就在于非此即彼的抽象对立的思维方式，即一定要在对立的范畴间划出分界线，脱离矛盾统一体中与自己对立的对方而去空洞地论证自己存在的合理性，必然造成理论的偏颇和不足。

在哲学史上，部分哲学家坚持社会整体本位的思维方式，以此来解决个人和群体的关系。他们认为，只有群体的真实性是毋庸置疑的，群体对个人具有绝对的优先性，个人的需要、利益必须服从于群体。黑格尔在《法哲学原理》中论述家庭、市民社会和国家的关系时说："国家是绝对自在自为的理性东西，因为它是实体性意志的现实……这个实体性的统一是绝对的不受推动的自身目的，在这个自身目的中自由达到它的最高权利"，而"个人本身只有成为国家成员才具有客观性、真理性和伦理性"。② 可见，在黑格尔的哲学中，国家与家庭、市民社会相比具有自在的绝对权威性，而个人、家庭和市民社会等只不过是实现国家目的的手段和工具。此外，孔德也说："生物科学按其性质基本上是整体论的科学，它不象化学和物理学那样从孤立的元素开始，而是从有机整体开始。"③ 因此，当孔德把生物学方法运用于社会问题的研究时，就只能是整体本位的思维方法。

---

① 郭湛：《论社会群体及其主体性》，《社会科学战线》2001 年第 6 期。

② ［德］黑格尔：《法哲学原理》，范扬、张企泰译，商务印书馆 1961 年版，第 253—254 页。

③ ［英］艾伦·斯温杰伍德：《社会学思想简史》，陈玮、冯克利译，社会科学文献出版社 1988 年版，第 41 页。

　　美国人类学家怀特（Leslie Alvin White）也阐述了其整体主义思想。他说："文化学的解释彻底改变了有关个人、单独个体的整个说法。我们不再把个人视为第一推动力、首要推动者、文化过程的创造者和决定因素，不再认为文化产生于人的头脑，不再认为人对整个文化富有使命，等等。现在，我们把个人看成是整个庞大的社会文化系统的一个组成部分，一个渺小的、相对不太重要的组成部分，而社会文化系统，无论在什么时代，哪怕是遥远的洪荒时代都包含着众多的个人。"当然，人"是文化得以存在的载体——没有这些继往开来的个人，文化就不能持续发展。但我们根本没有必要从人——无论是整个人类、种族还是个人——的角度去解释文化演变。为了对文化作出科学的解释，文化过程可以当做自成一类、独立自足的事物；文化可以用文化自身来解释。在这个伟大的社会文化系统内，个人是：（1）使得相互作用的文化过程成为可能的催化剂，（2）文化过程得以表现的媒介"。① 这是从个人与文化的视角论述整体主义思想，他把个人看成文化系统中一个微不足道的载体、催化剂或媒介，而社会文化系统则是可以独立存在的发展过程。

　　与坚持社会整体本位的实体性思维方式相反，还有相当一部分学者力图以个人本位的思维方式建构其理论体系，而且这种思维方式在某种程度上占据着社会的主流阵地。此种观点认为，只有自由个人才是真实的存在，社会不过是抽象的、虚构的个人集合体。当代英国社会理论家吉登斯对个体原子主义的主要观点作了如下概括："（1）主张只有通过分析个体的行为，才能解释社会现象，这是不言而喻的自在之理。（2）认为所有关于社会现象的判断……都可以被还原为对个体性质的描述，而不至于损失什么意义。（3）认为只有个体是真实存在的，似乎所有指涉集合体或社会系统（还可以加上'结构参数'）的概念都是一些抽象的模型，是理论家的建构之物。（4）宣称社会科学不可能有什么法则，要说有，也就是个体的心理倾向（psychological dispositions）所具备的法则。"② 同样，德国社会学家马克斯·韦伯这样定义社会科学："试图对社会活动作出解释性理解的科学。"而这个解释性理解的

———————

　　① ［美］怀特：《文化科学——人和文明的研究》，曹锦清等译，浙江人民出版社1988年版，第171—172页。

　　② ［英］吉登斯：《社会的构成》，李康、李猛译，生活·读书·新知三联书店1998年版，第327—328页。

主旨则是理解由个人附加到他的行为上的主观意义。只要"活动的个人把一种主观意义加诸于它，行动就是活动，只要个人考虑他人的活动，行为就是社会的"。① 著名人类学家拉尔夫·林顿宣称："个人是所有社会和文化现象的基础。社会是个人的集合体，文化归根结蒂无非是社会成员有组织的、重复的反应。由于这一理由，个人是任何较大整体结构研究的逻辑出发点。"② 从他们对社会科学的理解中看出，要想理解社会生活或文化生活，最重要的前提或逻辑出发点就是理解个人行为的主观意义。

此外，罗尔斯抽象的、孤立的个人前提，诺齐克的"个人权利优先"，弗洛伊德的个人原始情欲以及洛克的"守夜人"理论等，都是坚持个人本位的实体性思维方式，把群体简单地归约或简化为抽象的、没有现实性的个人。

总之，这两种实体性思维方式分别从相反的逻辑基础或起点来构筑自己的理论大厦。它们或者确认个人为本体，或者设定社会为本体，形成各执一端的社会观念。前者从个人出发，主张个人优先于社会，社会依赖于个人。这虽然指出了社会受个人制约的一面，但说明不了社会又制约人、人又依赖于社会的一面；后者从社会出发，认为社会优于个人。这虽然指出了社会制约个人的一面，却又无法说明个人对社会能动作用的一面。它们都陷入了两难选择的理论困境。这两种观念虽然相互对立，但都是单向度的思维方式，都是以其中的一方为基点去说明另一方。由于这种思维方式是在没有对方制约的条件下说明对方，因而，它对对方的说明也是失之偏颇的。③

由于各执一端的单向度的实体性思维方式的局限性，关系性思维（辩证思维）就成为分析"个人和群体"辩证关系的重要向度。

实际上，个人是群体中的个人，群体是由个人构成的群体，二者是对立统一的辩证关系。因此，对矛盾对立面中一方的理解必然要以认识

①　转引自阎孟伟《论社会有机体的性质、结构与动态》，天津人民出版社1995年版，第75页。
②　[美]怀特：《文化科学——人和文明的研究》，曹锦清等译，浙江人民出版社1988年版，第153页。
③　陈晏清、李淑梅：《个人和社会的关系问题是社会观念的核心问题》，《天津大学学报》（社会科学版）1999年第1期。

其对立面为前提和基础。这种关系性思维的显著特点是没有确定的理论前提，也即理论前提的确定要在个人与群体的双向追问中确立。

这种双向追问的关系性思维方式体现了唯物辩证法的彻底批判精神。个人和群体互为对方存在的前提和条件。其一，群体作为既定的、客观的条件制约甚至决定个人。因为每个人所属群体及其在群体中地位等因素的差异性存在，使个人的发展必然受到某种程度的外在制约或限制。其二，由于个人具有能动的主体性，所以人可以把制约人的环境、条件改变为"为人"的环境和条件。所以，个人和群体的关系是群体决定人和人改造环境的双向交互作用过程，是人和群体的相互形塑、相互追问。

当然，关于个人与群体关系的追问是变化的、没有止境的，是螺旋式上升过程中的辩证追问。因为个体和群体都在不断生成和变化，是没有完结的。关系性思维下的追问就是要随着个人的发展、群体的发展不断进行、总结、提升，而现实的话语语境和现实语境的变化，是这种追问存在的前提。我们认为，只要个人及其所构成的群体存在，这种具有开放性的关系性追问方式就会永远进行下去。

二 微观领域：个人、社群、社会的三维互动

社群和社会虽然都为共同体概念，但是历史的发展使我们认识到社群和社会概念在内涵上的诸多区别：共同体存在和发展的条件的差异；共同体范围的差异；共同体内个体间的关系的差异，等等。正是由于两个共同体概念的这种差异性，因而有必要在个人、社群、社会三维结构互动中把握三者间对立统一的辩证联结关系。

个人是组成社群和社会的基本单位，没有现实的、具有主体性的个人，也就没有具有活的有机体性质的社群、社会。反之，社群和社会的存在应该是不同层级的现实性的个人的存在，如果社群和社会由现实性的存在走向超现实的存在，就失去了它们存在的根基和基础。

应该说，个人、社群和社会几个层级是不能独立存在、抽象发展的。个人和社会是三维层级结构的两端，与社会相比，个人是更具现实性的逻辑起点和逻辑归宿点。而作为"个人之间关系总和"或"相互作用的产物"的社会在某种程度上具有一定的"虚幻性"。（因为个人确实生活在社会中，但不能确切地说明生活在什么样的社会，由于社会

系统的复杂，所以给个人的感觉是"社会不可捉摸"，从这一个意义上，社会具有某种程度的"虚幻性"。）然而，与社会相比，社群（大到国家、民族、阶级、阶层，小到社群、团体、家族、家庭）在三维的层级结构中处于中间的位置，与两端直接相连，它的存在意义重大，可以在某种程度上填补个人和社会之间产生并在继续加深的裂痕和鸿沟。因为个人的力量较小，面对庞大的社会系统，常常会产生无奈和无能为力的消极情绪。而社会站在三维结构的另一端点也无力关照现实的每个个人。我们认为，本书中所研究的源于古希腊政治城邦的"社群"，其原初的意义恐怕就在于起到联结个人和社会两级的桥梁和纽带作用。

当然，由于个人、社群、社会三个层次各自都处于不断的生成和变化之中，因而对贯穿在三维结构中的同一性和斗争性关系的把握也应该是具体的、历史的，而不是一次完成的。这种包含差异甚至对立的同一性，也不是僵化的、固定不变的。这三个结构层次的动态矛盾性大体可以这样描述：现实的个人归属不同的社群，社群的性质适合个人本质的多样性，从而满足个人本性的多方面需求。而各种社群作为中介性的系统组织，可以把现实个人的多种需求以整合后的"群"方式作用于社会，社会作为三维结构中的一端，对社群的价值目标和利益需求进行再整合。这种再次的整合结果成为社会一般的价值目标和利益需求，逆向反馈于社群和个人。这种"个人—社群—社会"的正向和逆向的螺旋式作用和反作用，形成三维层级结构的常规互动机制，这种互动机制的正常运行是保证个人、社群和社会所组成的更高级别的大层级系统具有活着的有机体性质的必要前提和基础。

从人类历史的实际进程来看，个人、社群和社会处在复杂的矛盾交织的关系中，也即个人、社群和社会三个层级结构的任何两者或三者中的任何一个与其自身同类的他者间都处在复杂的对立和统一的辩证关系中。在一定的界限内，它们的矛盾、对抗甚至冲突也就是它们之间的联系、交往和融合（斗争性即同一性）。总的来说，随着全球化进程的推进，这种矛盾和斗争正在被交流、对话和合作所代替，或者说，这至少将会是一种历史的趋势。

第二章　西方语境下的个人与社群

　　当代西方的社群主义和社群思想最先可追溯到古希腊的"城邦"概念，此后这种思想就一直没有间断过。其中最具代表性的思想家是亚里士多德和费迪南德·滕尼斯。亚里士多德是当代社群主义的思想根源，其"城邦"概念也就是"政治社群"，在此种"政治社群"内有平等的公民，共同追求完善的生活。为此，亚里士多德得出"城邦"优于"个人"的政治社群观。而滕尼斯则在西方思想史上第一次对社群思想给予了系统的阐释和论述。他从意志概念出发，把人们的群体生活划分为共同体（社群）和社会两种类型：共同体（社群）是亲切的、美好的、有机的，而社会是机械的、功利的。在滕尼斯看来，共同体（社群）不是为了共同的利益而聚集在一起的个人，个人只是由于生活在特定的社群中，才逐渐形成了共同利益的观念。因此，共同体（社群）的主要标志不是利益，而是人们的出身、地位、习惯和认同。正是基于亚里士多德、滕尼斯与当代西方社群主义在社群观上存在着紧密的逻辑联结关系，所以，准确地把握和理解社群主义，就需要首先考察亚里士多德和滕尼斯等人的个人与社群观。

第一节　亚里士多德政治哲学中的个人与城邦

　　古希腊文明是西方文明的发源地，"言必称希腊"就代表了希腊文明在世界思想文化中所具有的重要地位。"在希腊哲学的多种多样的形式中，几乎可以发现以后的所有观点的胚胎、萌芽。因此，理论自然科学要想追溯它的今天的各种一般原理的形式史和发展史，它也不得不回到希腊人那里去。"①同样，源远流长的社群思想最早就可以追溯到亚里

---

① 《马克思恩格斯选集》第4卷，人民出版社1995年版，第287页。

士多德对"城邦"（政治社群）的界定。

一　以"善"为最高价值的"城邦"或社群

国内著名学者顾准在《希腊城邦制度》中说："城邦制度既是希腊的传统，也是希腊政治思想的不可违背的潮流，是希腊政治学的既存前提。离开了城邦制度就没有政治学。柏拉图（Plato）的《理想国》，无论他的'理想'内容如何，他所理想的国家是一个城市国家，即城邦。亚里士多德（Aristotle）的《政治学》把城邦规定为'至高而广涵的社会团体'，他的政治学，不折不扣是城邦政治学。"① 可见，"城邦"不仅是亚里士多德政治哲学得以建构的基础性范畴，而且也是古希腊哲学的重要范畴。因而，我们有必要先从"城邦"的内涵、形成及功能等方面入手进行理论探究。

（一）"自然"的内在目的性的城邦

我们知道，希腊城邦是许多独立的城邦国家的总称。这些城邦规模小（疆土和人口），但各自相对独立。希腊城邦源自家庭，并经由村坊、部落发展而成，"是具有相似结构的组织，通过联合而依次产生。应该看到，这些团体的结合并不妨碍各自保持自身的特性和自主。"而且"作为一种联合体，城邦须尊重各家庭、各胞族及各部落的宗教信仰，它无权过问这些小团体内的内部事务"。② 相对独立的古希腊城邦是这样构成的："希腊各城邦除为数甚众的奴隶外，自由公民社会一般可分为少数和多数两层。（一）'上层少数'主要为'富户'（资产阶级），另有'贤良人士'和'著名人士'（贵要阶级）或'高尚人世'。（二）'下层多数'，'群众'，即'平民'；平民群众内，有些是'穷人'（贫困阶级），还有些是失产失业的'群氓'。所谓'高尚人士'为持平公正的人，能弥补法律的遗漏，排解社会的纷扰，也可列在这两层公民中间。"③

在理想城邦的规模上，亚里士多德也有自己独特的考虑。他认为，

---

① 顾准：《希腊城邦制度——读希腊史笔记》，中国社会科学出版社1982年版，第6页。
② ［法国］库朗热：《古代城邦》，谭立铸等译，华东师范大学出版社2006年版，第117—118页。
③ ［古希腊］亚里士多德：《政治学》，吴寿彭译，商务印书馆1965年版，第144页，注释②。

理想的城邦是适度规模的小城邦。因为大城邦人群过多，邦内的人们互相不熟悉，难于维持城邦的政治秩序和管理。亚里士多德认为小城邦能更好地实现其政治职能：根据功德裁定和分配公职，需要公民之间相互熟悉对方的品质。

应该说，希腊城邦政体和政治制度多种多样，每邦都有鲜明的个性。全体公民都可以参加城邦的政治生活，城邦的政治生活成为个人生活的重要组成部分。城邦是最高的社会组织，任何个人必须属于某个城邦，并融合于城邦的政治生活中。

亚里士多德在《政治学》开篇就对城邦给予界定："我们见到的每一个城邦（城市）各是某一种类的社会团体，一切社会团体的建立，其目的总是为了完成某些善业——所有人类的每一种作为，在他们自己看来，其本意总是在求取某一善果。既然一切社会团体都以善业为目的，那么我们也可说社会团体中最高而包含最广的一种，它所求的善业也一定是最高而最广的：这种至高而广涵的社会团体就是所谓'城邦'，即政治社团（城市社团）。"① 可以看出，他的城邦是为了达到某种善或至高的善而结成的关系或团体，这一关系或团体就是城邦或政治社团（社群）。

亚里士多德认为，作为一种社群组织形式，城邦是从家庭、村落逐步发展而形成的。人类为了繁衍后代，男女出于生理本性而自然结合，形成"家庭"。"由于男女同主奴这两种关系结合，首先就组成'家庭'。"② 男女的自然本性使得家庭作为一个基本单位而具有自然的属性。亚里士多德进一步论证道，由于繁殖使家庭人口增多，单个家庭就产生了分化。随着人们对多样性的生活自然需求增加，多个家庭联合而形成村坊（家庭组合形成的村坊具有自然性质）。最初的村坊一般是由具有相同血缘关系的后代所组成。村坊的进一步联合，形成一个自足性的社群，也即城邦。亚里士多德认为，"家庭—村坊—城邦"的依次分化和联合就是城邦形成的一般过程。而社群组织形式发展到城邦阶段，就实现了自身的本性，达到了至善。从亚里士多德对城邦形成过程的设想就可以看出他的自然目的论倾向：城邦是自然形成的，它是社群的最

---

① ［古希腊］亚里士多德：《政治学》，吴寿彭译，商务印书馆 1965 年版，第 3 页。
② 同上书，第 5 页。

终目的以及社群本性的自然显现和展开。

"自然"（nature）是亚里士多德经常使用的概念，表明的是自然而然，而非人力所为，即自然发生的东西，或者说是按自身本性发生的东西。亚里士多德在论述城邦时所使用的"自然"并不是物质宇宙意义上的概念，而是指涉社会生活领域里的具有自然生发意义事物的功能。"用海德格尔的话，'自然'就是自身的绽开、显现与升起，是自己显现的力量。简单地说，'自然'不是指先于人的自在的物理和生物世界，而是人的生活世界的全体。"① 正是在自然目的性的意义上，城邦才得以形成，而贯穿在城邦发展过程中的正是人寻求合乎至善目的的过程。

（二）"政治性"的城邦及其功能

如前所述，亚里士多德的城邦形成过程实际上是人的自然的、追求目的性的"至善"的过程。在《政治学》中，亚里士多德认为"人类生来就有合群的性情"②，即合群是人之为人的本性所在。进而，他又提出："人类自然是趋向于城邦生活的动物（人类在本性上，也正是一个政治动物）。"③ 在《尼各马可伦理学》中他也曾论述道："人是政治的存在者，必定要过共同的生活。"④ 这些论述表现出，亚里士多德是从人的本性出发来论证"合群"、"过共同的生活"或"趋向于城邦生活"的自然和心理依据。

亚里士多德认为城邦生活就是政治生活，积极地参与政治生活也就是在关心城邦事务。不仅如此，他还坚持认为，城邦是依自然而存在的。城邦存在的目的不只是为了生活，而且还是为了过良好的生活——实际上是一种政治的生活、行动的生活。对人而言，要想过一种以"至善"为引导的生活，就必须要参加城邦的政治生活。因此，"城邦之于希腊人就如同共和国之于罗马人，它首先为他们提供了抵制个体生命无益性的保证，它是一个使希腊人摆脱生命的无益性、专为凡人的相对长

① 转引自洪涛《逻各斯与空间——古代希腊政治哲学研究》，上海人民出版社 1998 年版，第 142 页。

② ［古希腊］亚里士多德：《政治学》，吴寿彭译，商务印书馆 1965 年版，第 9 页。

③ 同上书，第 7 页。

④ ［古希腊］亚里士多德：《尼各马可伦理学》，廖申白译注，商务印书馆 2003 年版，第 278 页。

存（如果不是不朽的话）保留的空间。"① 可见，为了摆脱"个体生命无益性"，城邦的政治生活对于希腊人来说就成为一种必需的存在方式。

亚里士多德认为，公民只有在城邦中，才能实现幸福或"至善"的生活。因为依自然而存在的城邦能为公民的良好生活（与真正的善一致的）提供所必需的法律和教育或善的选择。他说："政治团体的存在并不由于社会生活，而是为了美善的行为。"② 可见，人类之所以能依自然而追求"美善"的生活，其最重要的原因就是参加政治生活，也即城邦生活。

汉娜·阿伦特对亚里士多德的"人天生是一种政治动物"这句话作出了自己的阐释。她指出，不能把"zōon　politikon（政治的动物）"一词翻译成"animal socialis（社会的动物）"。因为这样一来，亚里士多德使用社会性置换了政治性。"这种无意识的置换比任何精心建构的理论都更加明确地透露出，希腊人对政治的原初理解在很大程度上已经丧失。"当然，"并非柏拉图和亚里士多德不明白或不关心人不能离群索居这个事实，而是他们根本没有把这个条件列为人类的独有特征。恰恰相反，这是人类生活与动物生活的一个共同条件，仅仅由于这个缘故，它就不能成为人的某种根本性的东西。"而只有"行动（praxis）和言语（lexis）"这两种活动具有政治性，从而"构成亚里士多德所说的政治生活"。同样地，"在拉丁语里，这个术语 zōon logon ekhon（会说话的动物）被译成 anmimal rationale（理性的动物）。这个译名'social an-mimal'（社会的动物）一样也源自一种根本性的误解。亚里士多德无意于给一般的人下一个定义，也不想指明人的最高级能力。"而"仅仅表述了城邦关于人和政治生活方式的流行意见"。③

应该说，在亚里士多德的城邦哲学中，城邦的真正的公民是具有政治性的动物，城邦的生活是具有政治性的生活。而这种真正的具有政治性的城邦生活的存在，才是城邦的公民走向"至善"幸福生活的可能路径。

---

① ［美］汉娜·阿伦特：《公共领域与私人领域》，参见汪晖、陈燕谷主编《文化与公共性》，生活·读书·新知三联书店 2005 年版，第 87 页。
② ［古希腊］亚里士多德：《政治学》，吴寿彭译，商务印书馆 1965 年版，第 143 页。
③ ［美］汉娜·阿伦特：《公共领域与私人领域》，参见汪晖、陈燕谷主编《文化与公共性》，生活·读书·新知三联书店 2005 年版，第 57—61 页。

　　进而，亚里士多德认为，城邦的目的有三："（一）单纯地为人类的生存——军事和经济生活。（二）进一步为满足人类乐于群居的自然性情——经济和社会生活。（三）再进一步，以政治机构协调各人的功能，导致人类的优良生活——道德生活。"①

　　我们应当先考虑一个城邦所必需的事物和业务。依据这些考虑，我们可列举："粮食供应为第一要务。其次为工艺，因为人类的日常生活不能没有许多用具。第三为武备，为了镇压叛乱，维持境内秩序，同时为了抵御任何外来的侵略，一邦的诸分子必须各备武装。第四为财产（库藏），这应有相当丰富的储存，以供平时和战争的需要。第五——就其品德而言，应该放在第一位——为诸神执役的职事，即所谓祭祀。列为第六而实为城邦最重大的要务，是裁决政事、听断私论的职能（即议事和司法职能）。"② 在亚里士多德看来，上述这六项事物和业务对每一个城邦来说是不可或缺的。只有这样，城邦在生活上才能达到自给自足。

　　（三）城邦的"善"

　　亚里士多德认为，一切社群的建立都是以实现某种"善"为目的。城邦作为较家庭、村坊等更高的社群，其所追求的目的应该是最高的"善"。亚里士多德把城邦所应追求的"善"概括为三个方面，即外物诸善、躯体诸善和灵魂诸善。把这几个方面进行具体解释，就是使城邦的每一个成员都具有适中的财富、健强的身体和高尚的灵魂。亚里士多德进而论证道："一般都公认惟有幸福（至乐）的人生才完全具备所有这些事物（诸善）。有些人听到蝇声掠过身边就突然惊惧，有些人偶感饥渴便饕餮纵饮，有些人为了两个铜元而不惜毁伤他平素最相好的朋友，有些人心志愚昧像小儿或迷惑像疯子：一个人要是没有丝毫勇气、丝毫节制、丝毫正义、丝毫明哲（智慧），世人决不称他为有福（快乐）的人。"③

　　接着，他用了大量的篇幅论证三种"善"的关系：灵魂诸善越多越好，而外物诸善和躯体诸善则适可而止。人的优良的生活首先必须是有

---

　　① ［古希腊］亚里士多德：《政治学》，吴寿彭译，商务印书馆1965年版，第134页，注释①。

　　② 同上书，第370—371页。

　　③ 同上书，第345页。

高尚的道德的生活。有人认为，外物和躯体诸善多多益善，没有限度，而灵魂诸善适量就可。亚里士多德对这一观点进行批评："请注意事实，事实不难帮助你的明悟而了解问题的真相，灵魂诸善之所以能够形成并保持德性，无所赖于外物。反之，外物的效益就必有赖于灵魂诸善而始显露。你也可以看到，人们虽于外物的充裕和人性的完美两者都可获致幸福，两者结合起来也可获致幸福，然而凡德性不足而务求娱乐于外物的人们，不久便知道过多的外物已经无补于人生，终究不如衣食才能维持生活，而虔修品德（情操）和思想（理解），其为幸福毕竟更加充实。"①

除了通过这种以人生的经历来证明三种善的关系外，亚里士多德还从思想上进一步求解和论证。他说："外物诸善，有如一切实用工具，〔其为量〕一定有所限制。实际上，一切应用的事物〔包括外物诸善和躯体诸善〕，在这里情况完全相同；任何这类事物过了量都对物主有害，至少也一定无益。〔至于灵魂诸善，情况就恰好相反。〕灵魂的各种善德愈多而愈显见其效益——这里我们的确应该不仅称颂每一善德，还须指明它的实用（效益）。"②

"我们如果较量事物之间的优良程度，就能知道每一事物的最好情况（境界）都符合于其所以表现这个最好情况（境界）的本质。那么灵魂之为物，要是在本质上以及它在人生所表达的境界上，比我们的财产或躯体为更可珍贵，最高尚的灵魂也一定比我们最富饶的财产或最健壮的躯体为更可珍贵。又〔我们还要注意〕，所有这些外物〔财产和健康〕之为善，实际都在成就灵魂的善德，因此一切明哲的人正应该为了灵魂而借助于外物，不要为了外物竟然使自己的灵魂处于屈从的地位。"③

通过这种分析，亚里士多德把财富和健康等诸善认为是通过偶然的机会并幸运地得到，而灵魂诸善则是人获得幸福和快乐的源泉和依据。他的结论是：无论对个人还是对城邦，都应具备更多的灵魂诸善及适当外物诸善和躯体诸善，从而立身立国以形成具有善德的生活，而且这才

---

① 〔古希腊〕亚里士多德：《政治学》，吴寿彭译，商务印书馆 1965 年版，第 345—346 页。

② 同上书，第 346 页。

③ 同上。

是最优良的生活。

二　以政治生活为指向的"公民"或个人

在简单探究了亚里士多德的城邦概念、功能及其目的之后，接下来就是关于组成城邦的成员，即公民的问题。什么样的人可以称为城邦的公民？成为城邦的公民需要具备什么样的资格？公民在城邦中如何发挥作用？

（一）公民及公民资格

在希腊文中，"公民"（Polites）一词由"城邦"（Polis）一词衍化而来，原意为"属于城邦的人"。这里的"公民"完全是一个具有浓厚政治色彩的概念，既不是生物意义上的人，也不属于社会意义上的人。正如梅因所说："在早期共和政治中，所有公民都认为，凡是他们作为其成员之一的集团，都是建筑于共同血统上的。"① 由此可见，共同的血统或血缘关系在早期集团或城邦的形成中具有重要作用。

亚里士多德认为，城邦是由许多公民组合而成的。那么，什么样的人可以称为公民呢？亚里士多德首先从权利的角度对公民进行了界定，他说："凡有权参加议事和审判职能的人，我们就可说他是那一城邦的公民。"② 并且他又说："这个定义，对于一切称为公民的人们，最广涵而切当地说明了他们的政治地位。"③"人们如果一旦参加城邦政体，享有了政治权利，他们就的确是公民了。"④ 显然，他的"公民"指的是具有参加城邦议事和审判职能等政治性的权利的人。

要理解亚里士多德从政治性视角对"公民"进行界定的原因，可以从上一节关于城邦所具有的目的性找到一些根据。因为他的"城邦"是按自然目的生成的，所以城邦的目的性存在对其成员的良好生活有重要的影响，甚至是具有决定性的作用。也就是说，城邦的成员中必须是作为政治性的存在或具有政治权力的人，才能成为城邦的公民。

接着，为了消除别人对其"公民"概念的误解，亚里士多德又界定

---

① ［英］梅因：《古代法》，沈景一译，商务印书馆 1959 年版，第 74 页。
② ［古希腊］亚里士多德：《政治学》，吴寿彭译，商务印书馆 1965 年版，第 116—117 页。
③ 同上书，第 115 页。
④ 同上书，第 118 页。

了"公民资格"概念。所谓"公民资格使一个人能够享有成员资格，即参与政治活动或参加公共事务的某种最低限度的权利"。①

首先，他从理性思维能力方面对公民的成员资格进行了限定。为此，亚里士多德给出了一个全称的公民概念，即凡得参加司法事务和治权机构的人们。他说："可以在民主政体中作为公民的人，在寡头政体中常常被摒于公民名籍之外。这里，对于因偶然的机会而获得公民称号的人们，例如特许入籍（归化）的公民，我们姑置不论。一个正式的公民应该不是由于他的住处所在，因而成为当地的公民；侨民和奴隶跟他住处相同［但他们都不得称为公民］。仅仅有诉讼和请求法律保护这项权利的人也不算是公民；在订有条约的城邦间，外侨也享有这项法权——虽然许多地方的外侨还须有一位法律保护人代为申请，才能应用这项法权，那么单就这项法权而言，他们还没有充分具备。这些人只有诉讼法权或不完全的诉讼法权，好像未及登籍年龄的儿童和已过免役年龄的老人那样，作为一个公民，可说是不够充分资格的。以偏称名义把老少当作公民固然未尝不可，但他们总不是全称的公民，或者说儿童是未长成的公民，或者说老人是超龄的公民，随便怎么说都无关重要，总之须给他们加上些保留字样。我们所要说明的公民应该符合严格而全称的名义，没有任何需要补缀的缺憾——例如年龄的不足或超逾，又如曾经被削籍或驱逐出邦的人们；这些人的问题正相类似，虽都可能成为公民或者曾经是公民，然而他们的现状总不合公民条件。"②

这一"公民资格"的界定至少包含以下几层意思：其一，公民与政体具有密切的关联。亚里士多德说："政体有好多种类，公民也就有好多种类；不担任官职的被统治公民，其种类更多。在某种政体中，工匠和佣工都是公民：在另一些政体中，他们却不得为公民。譬如那种号称'贵族政体'的城邦，其中职位都凭功勋和品德来分配，以手艺和苦力为生的人们既无缘完成他们的品德，就不可能成为这种城邦的公民。在寡头（财阀）政体中，情况又相异。这里各种官职定有很高的家产条件；于是佣工就永远不能成为公民，而艺匠常能致富，就有时可以获得

　　①　［美］乔治·霍兰·萨拜因：《政治学说史》上册，盛葵阳译，商务印书馆1986年版，第24页。

　　②　［古希腊］亚里士多德：《政治学》，吴寿彭译，商务印书馆1965年版，第113—114页。

公民资格。"① 亚里士多德认为，公民的存在是有条件的，并非在任何政体之下都有公民的存在。他对"公民"的界定最适合于民主政体而非寡头政体。其二，公民不以住处所在、仅仅享有诉讼和请求法律保护这项权利为充分条件。在古希腊，奴隶是作为主人的财产而存在的，他们在法律上是物而不是人。而侨居者人身和财产受到城邦的保护，享有一定的诉讼权利；而奴隶则没有最基本的诉讼权利。因而，奴隶和侨居者都不具有成为公民的充分条件。其三，公民在性别和年龄上存在界限。亚里士多德认为，成为公民，参加城邦的议事和审判等权力，这要求公民必须具备理性判断能力。作为工具的奴隶没有理性判断能力；妇女有理性判断能力但权威性差；儿童和老人由于年轻不成熟或糊涂也无法正确运用自身的理性能力。所以他们应被排除在公民之外。当然，在亚里士多德《政治学》的其他论述中，也曾谈到过儿童和妇女成为公民的前提条件。

其次，亚里士多德认为，对公民资格给予考察，除了要从人的理智能力的视角进行外，财富和出身也是极其重要的。"就财富而言，一方面，由于公民都必须投身公共事务，因此他们必须要有保证生活无忧无虑的经济基础；另一方面，财富可以使公民在战时自我武装，保卫国家。而出身则可以保证公民的品德和他们对国家的忠诚。"②

亚里士多德对出身的看重还表现在他将不大可能具备"既能被统治也能统治"这一良好的公民品德的工匠、"忙于田畴"的农民和"从事贱业"的商贩等也排除在他的理想城邦范围之外，"希腊人极为重视人的身体和灵魂的和谐发展，美的灵魂置于美的身体之中是他们追求的理想，而有些职业是有碍于美的灵魂与美的身体的圆满结合的，他们要么因劳动所累而有碍体格的健美，要么为生计或生意所忧而有损灵魂的安宁。"③ 可见，亚里士多德认为，从事贱业的工匠、农民和商贩不可能培育出公民所需的美德，因此，理想的城邦必须把他们排除在外。

通过对亚里士多德"公民资格"包含范围的论述可以看出，城邦中只有少数人能够获得"公民资格"。成为公民要具备形式上和实质上的

---

① ［古希腊］亚里士多德：《政治学》，吴寿彭译，商务印书馆 1965 年版，第 130—131 页。

② 吴玉章：《亚里士多德论公民》，《读书》2000 年第 11 期。

③ 余涌：《道德权利研究》，中央编译出版社 2001 年版，第 120 页。

条件规定，而且后者尤其重要。因为亚里士多德认为，公民的本质不在于其在形式上所具有的名义和资格，而在于他们的政治行为和政治实践，这是区分公民与非公民的重要标准。

（二）公民的德性

亚里士多德的城邦是一个自然性和目的性相统一的存在，其目的在于成就城邦的公民的优良生活，培育公民的德性。因而，探究城邦公民的德性问题就成为亚里士多德城邦政治哲学的具有必然性的逻辑展开。亚里士多德主要从以下几个角度对公民的德性进行研究：好人与好公民之间德性是否一致；好公民应该具有的德性；具有德性的公民间的关系，等等。

亚里士多德首先提出了好人和好公民的德性之相同和相异问题。他首先通过类比的方式论证道："作为一个团体中的一员，公民［之于城邦］恰恰好像水手［之于船舶］。水手们各有职司，一为划桨（桡手），另一为舵工，另一为瞭望，又一为船上其他职事的名称；［船上既按照各人的才能分配各人的职司］每一良水手所应有的品德就应当符合他所司的职分而各不相同。但除了最精确地符合于那些专职品德的个别定义外，显然，还须有适合于全船水手共同品德的普遍定义：各司其事的全船水手实际上齐心合力于一个共同目的，即航行的安全。与此相似，公民们的职司固然各有分别，而保证社会全体的安全恰好是大家一致的目的。现在这个社会已经组成为一个政治体系，那么，公民既各为他所属政治体系中的一员，他的品德就应该符合这个政治体系。倘使政体有几个不同的种类，则公民的品德也得有几个不同的种类，所以好公民不必统归于一种至善的品德。但善人却是统归于一种至善的品德的。"① 进而，亚里士多德从最良好的政体角度继续论证这个问题。他指出："倘使一个城邦不可能完全由善人组成，而每一公民又各自希望他能好好地恪尽职分，要是不同的职分须有不同的善德，那么所有公民的职分和品德既不是完全相同，好公民的品德就不能完全符合善人的品德。所有的公民都应该有好公民的品德，只有这样，城邦才能成为最优良的城邦；但我们如果不另加规定，要求这个理想城邦中的好公民也必须个个

_____

① ［古希腊］亚里士多德：《政治学》，吴寿彭译，商务印书馆 1965 年版，第 123—124 页。

都是善人，则所有的好公民总是不可能而且也无须全都具备善人的品德。又，城邦是由不同的分子构成的。有如生物由灵魂和身体组成，或如灵魂由理性和情欲组成，或如家庭由夫妇组成，庄园由主奴组成，城邦也是由不相类似的分子组成的——其中不仅包容有上述的夫妇主奴等人，还有其他各不相同的分子［例如官吏、士兵等］。在一个合唱队中，领队（乐师）和随从演员（歌者）的品德总是各不相同，城邦亦然，全体公民既为各种职分相别的组成分子，他们的品德就不能是单纯的同一品德。"①

　　前面这两点论证的是好公民和好人的德性之间的不一致性，那么它们之间有没有可能在局部有一致性呢？亚里士多德认为，虽然好公民和好人的德性之间存在不一致性，但是在作为统治者和政治家这一特殊的公民部分，好公民与好人的品德就应该是一致的。他这样说："我们当说到一个优良的执政就称他为善人，称他为明哲端谨的人，又说作为一个政治家，他应该明哲端谨。还有些人竟认为统治者的教育从小就应该同其他公民采取不同的方式；大家也的确见到王室的诸子都曾经受到骑术和战术的特殊训练。例如，欧里庇得［剧本中，一位君王为他的儿子们的教育吩咐］说：'我毋需那些琐碎的机巧，但愿能受到治国的要道。'这样他明示了轨治者的驯练应该不同于一般公民的教育。由以上这些论证，可知统治者的品德有别于一般被统治公民的品德。那么，以统治者来说，其品德就相同于善人的品德；好公民和善人的品德虽不是所有的公民全然相同，在［作为统治者］这一部分特殊的公民，就的确相同。"②

　　通过以上的分析，亚里士多德得出关于好人和好公民的德性是否具有一致性问题上的两个结论：其一，在有些城邦中，好人和好公民的德性相同或一致，在另一些城邦中，则两者有别。其二，在任何的城邦中，并非所有的好公民全都是好人，只有执行公务的人们，即政治家们，才必须既为好公民而又是好人。

　　那么，需要对政治担当起责任的城邦公民应该具备什么样的德性呢？

―――――――――――

　　①　［古希腊］亚里士多德：《政治学》，吴寿彭译，商务印书馆1965年版，第124—125页。

　　②　同上书，第125—126页。

亚里士多德认为，城邦的公民要通过拥有德性而获得幸福。应该说，德性对公民幸福的获得起着关键的作用。因而，为了探究公民的德性的相关问题，亚里士多德从德性的分类、德性的内涵以及合乎德性的行为等方面进行了研究。

亚里士多德认为，德性是一种合乎幸福的现实活动，因而对德性的研究刻不容缓。

按照亚里士多德的分析逻辑，他首先进行的是对德性的简单分类。他认为，德性分为理智上的德性和伦理上的德性，前者包括智慧、谅解以及明智，而后者包括慷慨和谦恭。他说："德性分两种：理智德性和道德德性。理智德性主要通过教导而发生和发展，所以需要经验和时间。道德德性则通过习惯养成，因此它的名字'道德的'也是从'习惯'这个词演变而来。"① 可见，亚里士多德认为这两种德性都不是天赋而成，而是通过社会的教育和训练而得到的，是在行为中形成正确选择的习惯的结果。亚里士多德说道："这就像技艺的情形一样。对于要学习才能会做的事情，我们是通过做那些学会后所应当做的事来学的。比如，我们通过造房子而成为建筑师，通过弹奏竖琴而成为竖琴手。同样，我们通过做公正的事成为公正的人，通过节制成为节制的人，通过做事勇敢成为勇敢的人。"② 可见，亚里士多德是从潜能与现实的关系角度论证两种德性形成的基础，而在潜能转化为现实的过程中，他强调了教育和习惯在德性养成中所起到的重要的作用。

那么，什么是德性呢？

在拉丁语中，"德性"被写作 virtū。这个词与它的希腊语渊源有类似的构词法：vir 意为男子（man），所以 virtū 的本义也是男子汉气概。现代英语中的 virtue，就是从这个拉丁词演变而来的。

亚里士多德认为人的灵魂由三者生成，即感受、潜能和品质，德性肯定属于三者之一。他通过排除法进行论证，认为德性既不是感受也不是潜能，而只能是品质。"品质，我指的是我们同这些感情的好的或坏的关系。例如，如果我们的怒气过盛或过弱，我们就处于同怒的感情的

① ［古希腊］亚里士多德：《尼各马可伦理学》，廖申白译注，商务印书馆 2003 年版，第 35 页。

② 同上书，第 36 页。

坏的关系中；如果怒气适度，我们就处于同这种感情的好的关系中。其余感情也可类推。"① 可见，亚里士多德所说的"品质"，并不是一种实体性的存在，它是一种状态性概念，即一个人在处理和对待自身的情感过程中所呈现的状态。而"德性"就是指那种最适中的状态呈现。

既然德性是一种品质，那么是什么样的品质呢？亚里士多德这样论述："每种德性都既使得它是其德性的那事物的状态好，又使得那事物的状态完成得好。"② 他举了眼睛和马的德性来说明这一问题，眼睛的德性不但要能使眼睛明亮，而且还要使它具有良好的功能；马的德性在于，它不仅要使马成为一匹好马，还在于要使这匹马善于奔跑。通过这两个例子，亚里士多德得出结论：人的德性不仅使人成为善良之人，而且要使人具有成为优秀之人的品质。

此外，亚里士多德还从个别的德性——勇敢、节制、公正、明智等诸多视角对德性进行进一步探究，这里我们只以"勇敢"这种个别的德性为例。他认为，勇敢意指"出于适当的原因、以适当的方式以及在适当的时间，经受得住所该经受的，也怕所该怕的事物的人"。③ 即勇敢指如何对待坚定和恐惧，勇敢的意义就在于能经受痛苦。进而，他还认为，一个勇敢的人要善于把握有利的时机，在理性的指导下采取行动；一个勇敢的人的全部现实活动的目的与其品质是相吻合的。由于勇敢是高尚的，所以高尚就是目的。勇敢的人应该为了高尚和美好而坚持，并采取勇敢的行动。勇敢的人应该在可怕的事情或者看起来可怕的事情面前坚定不移，在突发的灾祸面前镇定自若，临危不惧。

亚里士多德通过对比在战争中公民和雇佣兵之间德性的差异，进一步论述勇敢这种高尚的德性。他说："当危险过大或者对方在人数和装备上过于占优势时，职业士兵就会变得怯懦。因为他们总是最先逃跑，而公民士兵则战死在岗位上，就像赫尔墨斯神庙战斗中的情形。"④ 因为公民战士认为逃跑是可耻的，他们宁愿去死也不逃跑。而雇佣兵则不一样，他们在危险到来时就逃跑了，因为他们惧怕死亡更甚于耻辱，这

---

① ［古希腊］亚里士多德：《尼各马可伦理学》，廖申白译注，商务印书馆 2003 年版，第 44 页。

② 同上书，第 45 页。

③ 同上书，第 80 页。

④ 同上书，第 84 页。

种人不具备任何勇敢的德性。这表明，亚里士多德把在战斗中死亡的人看成最勇敢的人，因为他们经历了最伟大、最高尚的危险。所以，勇敢就是无所畏惧地面对高尚的死亡或生命的危险，而最伟大的危险莫过于战斗。

亚里士多德在论述公民的德性问题时，还提到"中道"这一德性伦理的重要特征。他的"中道"是对人的德性活动的一种要求，即在人的活动中把持在过度和不及之间的中间性，这种"中道"才是善的德性。亚里士多德首先论述了他所讲的中道不是绝对的，即两个极端的距离绝对相等的中间状态。他举了关于自然物体的分割和数学比例来说明这一问题。他论述道："在每种连续而可分的事物中，都可以有较多、较少和相等。这三者既可以相对于事物自身而言，也可以相对于我们而言，而相等就是较多与较少的中间。就事物自身而言的中间，我指的是距两个端点距离相等的中间。这个中间于所有的人都是同一个 1。相对于我们的中间，我指的是那个既不太多也不太少的适度，它不是 1，也不是对所有的人都相同的。例如，如果 10 是多，2 是少，6 就是就事物自身而言的中间，因为 6 - 2 = 10 - 6，这是一个算数的比例。但是相对于我们的中间不是以这种方式确定的。"① 可以看出，亚里士多德所讲的中道是一种具有相对性的中道，是随人随事，因时因地变动不居的。我们只是尽量避免过多和过少，寻求和选取中间。这个"中间"不是事物自身的中间，如前面讲的 2 和 10 中间的 6，而是对我们而言的中间。

接着，亚里士多德就谈到伦理德性中的"中道"问题。他认为，既然德性是关于我们的感受和行为的，那么这里就存在着过度、不及和中间三个状态。首先，在感受中，例如一个人有恐惧、勇敢、欲望、愤怒和怜悯等情感，即感到痛苦和快乐，过多和过少都是不好的，而中间是最好的，它属于德性。其次，在行为中，也存在着三种感受，同样，过度和不及产生失误，而中间就会受到称赞。可见，亚里士多德认为德性就是中庸，中庸就是德性，是对中间性的命中。

虽然亚里士多德提出了"德性即中庸"这一命题，给人们追求德性提出了目标，但由于德性的中间性是因"我们"而存在差异，所以命

---

① ［古希腊］亚里士多德：《尼各马可伦理学》，廖申白译注，商务印书馆 2003 年版，第45—46 页。

中中间性也是困难的事情，因人而异，没有统一的标准。所以，亚里士多德说，在每一件事物中找到中间，是需要技巧和熟练的事业。例如，并非所有的人都能找到一个圆的中心，而拥有知识的人就能找到。所以，亚里士多德认为命中中间性是难得的、高尚的和值得称赞的。行为和感受都存在着中间性，不过我们可能有时偏向于过度，有时又偏向不及，我们很难命中中间，行为优良。

最后，亚里士多德强调在运用中道时的几点要求。其一，并非全部行为和感受都有中间性，例如恶意、歹毒、无耻、奸淫、偷盗、谋杀等行为，因为它们本身即恶，理应进行谴责，无所谓过度和不及。其二，在寻求中道的过程中，对于两个极端，首先应当避免其中与中道最为相反的一个极端。其三，在中道寻求过程中，尽量"悬置"个人偏好，以便努力背着偏好而行，才容易走上中道。其四，在特殊情况下，有时偏于过度或不及也是必要的，矫枉必须过正，这样反而容易走向中道。

苗力田先生对"中道"给予这样的评价，他说："这一准则的发现，在西方伦理史上比那著名中道，实具更重大的意义，首先把伦理判断简化了。在这里人们不必再细去推敲中间和两极之间种种对立，可以判定凡是应该的行为，就是合乎中道的活动，过度和不及都是不应该的。其次，怎样才算应该，虽然同样没一个确定衡度，属人的事务中就不应要和数学同样的确切。但进行判断过程中，到底有了更多的、较为确定的参照系。在快乐和痛苦的感受中，人们可以就对象、时间、地点、数量、目的和方式等诸多方面作出选择。如果对一个应该的人，在应该的时间，从应该的地点，以应该的数量，为应该的目的，用应该的方法去忍受痛苦，他就有了勇敢的行为，是一个勇敢者。同样，他以同样的种种应该去感受快乐，他就有了节制行为，是一个节制者。最后，就应该来判断，虽然仍不具备像数学那样的确定性，但在思维层次上却是更深了，把伦理德性的领域拓宽了。正因为应该这一范畴的提出，增强了伦理思维学的活力，在这一基础上康德筑起德性伦理学的大厦来。"①

三　"城邦"优于"个人"的社群观

在《政治学》中，亚里士多德这样论述城邦和个人之间的关系。他

---

① 苗力田：《思辨是最大的幸福——亚里士多德》，《尼各马科伦理学》新版译序，《哲学研究》1998 年第 12 期。

说："我们确认自然生成的城邦先于个人，就因为［个人只是城邦的组成部分］，每一个隔离的个人都不足以自给其生活，必须共同集合于城邦这个整体［才能让大家满足其需要］。"① 他进一步论证道："城邦［虽在发生程序上后于个人和家庭］，在本性上则先于个人和家庭。"② "凡人由于本性或由于偶然而不归属于任何城邦的，他如果不是一个鄙夫，那就是一位超人，这种'出族、法外、失去坛火（无家无邦）的人'，荷马曾卑视为自然的弃物。这种在本性上孤独的人物往往成为好战的人；他那离群的情况就恰恰像棋局中的一个闲子。"③ 亚里士多德之所以认为自然生成的城邦先于个人，其原因在于每一个隔离城邦的人都无法自给其生活。亚里士多德这样论道："我们不应假想任何公民可私有其本身，我们毋宁认为任何公民都应为城邦所公有。每个公民各成为城邦的一个部分。"④

在亚里士多德看来，优良的城邦在于组成城邦的优良的道德，这才是善的城邦。然而相对个人善而言，亚里士多德更为强调城邦善的优先性和重要性。在《尼各马科伦理学》中，他也坚持这样的观点："这种善于个人和于城邦是同样的，城邦的善却是索要获得和保持得更重要、更完满的善。因为，为一个人获得这种善诚然可喜。为一个城邦获得这种善则更为［高贵］，更神圣。"⑤ 可见，亚里士多德自始至终都坚持"城邦先于个人"、"城邦的善优于个人的善"等观点。而这些观点与我们研究的当代社群思想家（麦金太尔、桑德尔、瓦尔泽）的观点有极大的相似性。

关于亚里士多德"城邦优于个人"的思想，我们可以从以下几点进行分析。其一，个人是城邦的人，个人离开城邦将无法自给生活。因为亚里士多德认为人是城邦之中政治性的动物，因而城邦的生活是一种自然性的需求。也就是说，个人一出生就已经与城邦相连，具有了自然的社会性和政治性。这种与城邦的关联是个人无法自主决定的，因而，作为城邦中的个人，必须在城邦的社群中才可能实现自足而至善的生活。其二，从公民的德性形成和实现机制来看，城邦相比个人具有优越性。

---

① ［古希腊］亚里士多德：《政治学》，吴寿彭译，商务印书馆 1965 年版，第 9 页。

② 同上书，第 8—9 页。

③ 同上书，第 7—8 页。

④ 同上书，第 413 页。

⑤ 同上书，第 6 页。

因为公民的德性形成依赖于城邦的生活或环境。亚里士多德的德性包含理智的和伦理的两类：第一类是通过教育而养成，第二类是风俗习惯的沿袭。可见，从公民德性的形成机制来看，自然天赋只为人们提供了一种可以接受德性的能力，而德性的养成却主要来自城邦的教育和风俗习惯等因素。同时，由于德性是一种具有现实活动性的品质，因此德性的获得和实现也要归于现实活动。亚里士多德所论述的勇敢、节制、公正、明智等"善德"及"中道"思想实际上都是在城邦的生活中获得和实践的。其三，从上面的论述可以看出，亚里士多德的城邦应是一个有机性的整体，从整体和部分之间的关系来说，整体优于部分。亚里士多德说："以身体为例，如全身毁伤，则手足也就不成其为手足，脱离了身体的手足同石制的手足无异，这些手足无从发挥其手足的实用，只在含糊的名义上大家仍旧称之为手足而已。"① 他将城邦比做人的身体，个体公民好比身体的一小部分，部分与整体之间有极其密切的联系，因此在公民与城邦间的关系上，亚里士多德强调城邦与公民相比具有优先性，公民离不开城邦，否则就成为"弃物"或"闲子"。

通过对亚里士多德"城邦"社群的考察，可以看出，他所真正认可的"社群"具备如下几个特征：其一，社群是由具有差异性的平等公民所组成。由于成员间关系平等，所以互不从属，相对独立。而地位的不平等则无法构成真正意义的社群，例如，主人和奴隶之间。其二，社群成员必须有共享的利益或价值，才能形成真正的共同体。如血缘、地缘、信仰及风俗习惯等。其三，友爱和公正德性是维系社群存在的纽带，是构成社群的支柱。亚里士多德说："在每一种共同体中，都有某种公正，也有某种友爱。至少是，同船的旅伴、同伍的士兵，以及其他属于某种共同体的成员，都以朋友相称。他们在何种范围内共同活动，就在何种范围内存在着友爱，也就在何种范围内存在公正的问题。"② 因此，每个人在处理与城邦中其他人的关系时都有着毫不掩饰的友爱，相互友爱的人们都希望对方过得好，因此他们组成具有"友爱性"的社群。

---

① ［古希腊］亚里士多德：《政治学》，吴寿彭译，商务印书馆 1965 年版，第 9 页。
② ［古希腊］亚里士多德：《尼各马可伦理学》，廖申白译注，商务印书馆 2003 年版，第 245 页。

总之，由于历史的变迁，古希腊的城邦制度虽然已经湮灭了，但以亚里士多德为代表的城邦国家思想却给我们诸多的思考和启示。我们可尝试着对他的城邦国家思想进行理论的辨析。

首先，亚里士多德更多的是从城邦社群内探究城邦的形成原因。在《政治学》中，他认为城邦源于家庭，而家庭的形成又是分工的产物。我们知道，马克思也是从经济基础和生产力发展水平角度论述国家的产生。可以说，亚里士多德的城邦的产生与马克思的国家的产生有形式上的相似，具有一定的辩证合理性。

当然，如果深入亚里士多德的城邦起源的本质深处，历史就被亚里士多德的逻辑掩盖了。因为，亚里士多德的城邦的本性是"自然"，同时，他又认为"至善"目的是产生城邦的唯一根源。而在马克思看来，亚里士多德所谓的"至善"目的只不过是人以理性化的方式对自身的认识和把握。国家不是自然形成的，其逻辑路径为家庭——市民社会——国家。这是从市民社会这个现实基础出发来论证国家的产生。马克思、恩格斯说："正是由于私人利益和公共利益之间的这种矛盾，公共利益才以国家的姿态而采取一种和实际利益（不论单个的还是共同的）脱离的独立形式，也就是说采取一种虚幻的共同体的形式。"[①] 可见，马克思、恩格斯认为国家是利益冲突和阶级矛盾的产物，是生产力有了发展而又发展不充分的产物。在这一问题上，亚里士多德是缺乏唯物主义的。

其次，在亚里士多德的《政治学》和《尼各马可伦理学》等著作中，随处可见"城邦"这一概念，而"社会"这一概念却从未提及。可见，在亚里士多德的政治哲学思想中，"城邦"和"社会"两个概念还没有被区别开，它们可能是同一的。然而，马克思却非常重视这两个概念之间的本质区别和内在联系。马克思在《黑格尔法哲学批判》中得出了这样的结论：市民社会是全部历史的发源地和舞台，是市民社会决定国家而不是相反。这一重要结论的提出就是得益于黑格尔对市民社会和国家的区别和分析。因此，由于亚里士多德在"城邦"和"社会"概念上未加以区别，就使得他的城邦哲学缺乏辩证性。

最后，虽然亚里士多德把城邦描述为具有诸多美德的最高政治理

① 《马克思恩格斯选集》第1卷，人民出版社1972年版，第38页。

想，但是这样的城邦可能缺少现实性。而且，其城邦生活也不一定都是具有美德的公民，可能也是道德败坏的温床。就像乔治·霍兰·萨拜因所说的，由于城邦林立，战争不断，城邦"很容易成为派系争吵和党派抗争的牺牲品，而这种抗争之激烈只有在亲友之间的斗争才能达到那样严重的程度"。①

此外，由于亚里士多德的公民权和公民身份问题，也已经危及到了城邦大厦的安危。他认为，人是政治性的动物，参加政治活动是人的自然生活状态也是唯一的生活方式。而为了获得公民资格和享受公民权利，你就需要参加城邦的政治事务，也即拥有政治职位。然而，他又给出严格的公民资格标准，坚决拒绝承认普通劳动者拥有公民资格并享受公民权。他认为，劳动只是城邦存在的工具而不是目的。"实际上，社会不能分成两半，其中一半仅仅是达到另一半的福利的手段。每一个人都能够过一种对自己有价值的生活，国家的责任正是在于保证其最有教养的和最卑贱的成员的权利。……任何把人简单地分成国家的部分和国家存在条件的纯条件的做法都是不公正的。"② 这样大量的奴隶、妇女、工匠、外来侨民等被排除在公民的范围之外。设想一下，一个城邦，有半数以上的人没有公民资格和公民权，这样的城邦如何维系呢？为了更好地化解城邦社群内部的矛盾，亚里士多德就着力强调公民美德、公民德性。从古希腊城邦制的现实来看，亚里士多德所构筑的城邦理想可能只具有理论上的价值和意义。随着现实的城邦矛盾的加剧，城邦的衰落和灭亡也就是必然的了。

当然，瑕不掩瑜，亚里士多德的城邦哲学的归宿不在于满足公民的需要，而在于实现公民的"至善"。他的"至善"思想对现代公民社会及公共生活的建构具有重要的理论和现实意义。而且，他所阐述的各种公民美德也应能在现代社会的公共道德实践中发挥自己应有的作用。

第二节　滕尼斯哲学中的社会与共同体

滕尼斯是德国社会学的创始人之一，其代表作《共同体与社会》一

---

① ［美］乔治·霍兰·萨拜因：《政治学说史》，盛葵阳等译，商务印书馆1990年版，第36页。

② ［英］W. D. 罗斯：《亚里士多德》，王路译，商务印书馆1997年版，第275页。

书是社会学、政治哲学等理论文献中的经典。他最主要的贡献是发现并阐明人类在群体生活中相互区别的两种结合类型，并用二分法的观念把人类社会理性化，从现实的人类群体的结合方式中，概括出共同体和社会两种基本的类型模式。围绕这一中心问题，滕尼斯主要从概念的一般界定、人的本质意志和选择意志等视角展开论述。

一　共同体与社会的根本性差异

共同体与社会是滕尼斯建构其理论体系中的两个重要的基础性概念。他首先从多个视角对这两个概念进行界定和阐释。在《共同体与社会》一书的开篇，滕尼斯论道："通过这种积极的关系而形成族群，只要被理解为统一地对内和对外发挥作用的人或物，它就叫做是一种结合。关系本身即结合，或者被理解为现实的和有机的生命——这就是共同体的本质，或者被理解为思想的和机械的形态——这就是社会的概念。"① 可见，这是从肯定的结合关系角度对共同体和社会的界定：共同体是现实的和有机的生命整体，而社会则是思想的和机械的形态，是相互独立的个人的一种纯粹的并存。

为了避免对共同体和社会两概念不加区分、任意混淆的现实，滕尼斯从几个方面阐述了两个概念之间的区别。

首先，共同体是一切亲密的、秘密的、单纯的共同生活，而社会是公众性的、开放性的生活。滕尼斯这样说："人们在共同体里与同伙一起，从出生之时起，就休戚与共，同甘共苦。人们走进社会就如同走进他乡异国。青年人被告诫别上坏的社会的当；但是，说坏的共同体却是违背语言的含义的。"② 可见，他的共同体是单纯的、充满感情的温暖的家园，而社会则是精神意义上的背井离乡。进而，滕尼斯认为，家庭作为共同体的类型之一会对人的精神产生持久的影响，每一个家庭成员都能切身地感受到。比如，人们说语言的、习俗的、信仰的共同体，但是却说职业的、旅行的、学术的协会。对商业公司而言，人们几乎不能说有商业共同体，尽管在主体之间也有某种亲密和共性。如果说组成股份共同体，也是难以接受的。

---

① ［德］滕尼斯：《共同性与社会》，林荣远译，商务印书馆 1999 年版，第 52 页。
② 同上书，第 53 页。

其次，共同体是古老的，而社会是新的。不管作为事实还是作为名称，都是这样。滕尼斯认为，共同体主要是在自然的基础之上的群体（家庭、宗族）里实现的。此外，它也可能在小的、历史形成的联合体（村庄、城市）以及在思想的联合体（友谊、师徒关系等）里实现。他认为，共同体是建立在有关人员的本能的中意或者习惯制约的适应或者与思想有关的共同的记忆之上的。血缘共同体、地缘共同体和宗教共同体等作为共同体的基本类型，它们不仅仅是它们的各个组成部分加起来的总和，而且是有机地浑然生长在一起的整体。共同体是一种原始的或者天然状态的人的意志的完善的统一体。在人类的发展史上，共同体这种结合的类型早于有的放矢建立的、人的结合的"社会"类型。

与此相反，社会则产生于众多的个人的思想和行为的有计划的协调，个人预计从共同实现某一种特定的目的会于己有利，因而聚在一起共同行动。作为一种目的的联合体，社会也像"在共同体里一样，以和平的方式相互共处地生活和居住在一起，但是基本上不是结合在一起，而是基本上分离的"。① "社会应该被理解为一种机械的聚合和人工制品。"② 我们知道，社会的基础是个人、个人的思想和意志。在人类的发展史上，社会的类型要晚于共同体的类型。在近代的资本主义社会里，社会的类型得到了最完美的表现。

最后，共同体是持久的和真正的共同生活，社会只不过是暂时的和表面的共同生活。由于共同体的形成有着深厚的自然情感基础，所以共同体内成员间形成的是亲密的、互相熟悉的、互相信赖的关系。共同体的生活代表一种感情的归属，具有家园的亲近感。而且，成员间的这种亲密关系具有相对的稳定性。

与以自然情感为基础而形成的共同体相反，社会是以交换为目的建立起来的。社会内的成员间以契约、合同和章程等方式保持着"联系"。当然这里所说的"联系"不只是表面的和暂时的，联系的建立可以在任何人之间建立，甚至互为对立的人与人之间也可以建立联系。而且，加入社会的成员都能认识到成员间具有互相利用的用处或价值，所以，必然的情况是成员间是在表面的亲近下掩盖着疏远和陌生。由于每

---

① ［德］滕尼斯：《共同性与社会》，林荣远译，商务印书馆1999年版，第95页。

② 同上书，第54页。

个社会成员都抱着各自的目的被动或主动进入社会，所以，社会实际上是一个功利性组织。滕尼斯认为，社会中的成员会有陌生和孤独感，只把社会作为维持自己生存和发展的一个工具性而非家园性存在。因此，共同体本身应该被理解为一种生机勃勃的有机体，而社会应该被理解为一种机械的聚合和人为产物。就如滕尼斯所说："涉及人时，不是围绕着种族、民族、部落作为生物的统一体，而是社会学的意义展现在我们眼前，按照这种意义，人的关系和结合设想为活生生的或者相反，设想为纯粹的人工制品。"① 这里的"活生生的"人的关系和结合是指有机的共同体，而纯粹的人工制品则指机械的社会。

从以上滕尼斯对共同体与社会两概念的界定可以看出，滕尼斯本人对共同体类型给予极高的评价，而对社会类型则采取排斥或批判的态度。

二　共同体几种形式及其规律

在对共同体和社会两种类型给予严格的区别之后，滕尼斯在《共同体与社会》一书的第一章开始系统地探究共同体的相关理论。

他首先阐述了共同体的理论出发点。共同体的理论出发点是人的意志完善的统一体，这种统一体就是一种原始的或自然的状态。他论述道："尽管经验上的分离，而且由于这种分离，原始的或天然的状态仍保持着，根据受不同条件制约的个人之间形形色色关系的必然的和既定的性质，保持这种状况。这些关系的一般根源是与生俱有的无意识的生命的相互关系；只要当任何一种人的意志与一种身体的体质相适应时，由于身世和性别，人的各种意志就是相互结合在一起的，而且保持着相互结合，或者必然会变成相互结合；这种结合以最强有力的方式，通过三种关系表现为直接的相互的肯定，即：1.通过一个母亲和她的孩子之间的关系；2.通过丈夫和妻子作为夫妻之间的关系；这个概念必须从天然的或一般的一动物的意义来理解；3.通过作为兄弟姐妹之间的关系，也就是说，至少作为同一个娘胎出生的后代相互认识的人之间的关系。"②

---

① ［德］滕尼斯：《共同性与社会》，林荣远译，商务印书馆1999年版，第57页。
② 同上书，第58页。

可见，滕尼斯是从人的意志完善的自然统一体的视角论证其共同体的理论出发点。他认为，只要人的各种意志由于身世和性别等原因而处于相互的结合关系中，这种结合关系就有结合为共同体的倾向和力量，即使有经验上的分离。他给出三种最强有力的结合关系：母子间关系；夫妻间关系；兄弟姐妹间关系。这几种关系是最强有力的共同体的萌芽或胚胎，而其中每一种结合关系都有自己特殊的发展方式。

接着，滕尼斯就开始具体划分共同体的几种形式：宏观视野中的血缘共同体、地缘共同体和精神共同体；微观视野中的亲属、邻里和友谊共同体。

首先，滕尼斯认为，从宏观的视野来看，存在血缘共同体、地缘共同体和精神共同体三类，而且它们之间有着密切的关系。他认为，血缘共同体是人的活动所创造的财产本身，地缘共同体主要是建立在占有共同的土地的基础上，而精神共同体是被视为神圣的场所或被崇拜的神。这是从共同体中成员的活动方式及共同体给其成员的意义角度上所做的区别。此外，他还论述道："血缘共同体作为行为的统一体发展和分离为地缘共同体，地缘共同体直接表现为居住在一起，而地缘共同体又发展为精神共同体，作为在相同的方向上和相同的意向上的纯粹的相互作用和支配。地缘共同体可以被理解为动物的生活的相互关系，犹如精神共同体可以被理解为心灵的生活的相互关系一样。"[①] 可见，不论是在人类文化及其历史中，还是在具体的现象及其发展中，这三种共同体之间都处于密切的相互联系之中。而且，滕尼斯的三种共同体是按照"血缘—地缘—精神"这一方向序列上形成并发展的。因此，由于精神共同体处在发展序列的最后一个层级，它可以被理解为真正的、属人的和最高形式的共同体。

在微观的意义上，滕尼斯主要论述了亲属、邻里和友谊三种共同体形式。他认为："凡是在人以有机的方式由他们的意志相互结合和相互肯定的地方，总是有这种方式的或那种方式的共同体，因为从前的方式包含着后来的方式，或者后者变成相对独立于前者。因此可以观察到这些原始的方式的各种很容易理解的名称相互并存：1. 亲属；2. 邻里；

---

① ［德］滕尼斯：《共同性与社会》，林荣远译，商务印书馆 1999 年版，第 65 页。

3. 友谊。"①

　　第一种共同体形式：亲属共同体。滕尼斯所说的"亲属"相当于现代意义的"家庭"概念。他认为，亲属之间由于共享共同的生活场所，并共同生活在同一屋檐下。因此，亲属之间共同占有和享有好的东西，例如，从同一库房中得到粮食，坐在同一张桌子吃饭。而且，在亲属共同体内，死者也作为精神上的圣灵而被崇拜和尊敬。滕尼斯说："死者被视为看不见的圣灵加以崇拜，仿佛他们还大权在握，还在他们的人的头上庇护着，统治着，因此共同的畏惧和崇敬就更加可靠地维系着和平的共同生活和劳作。"② 而且，在亲属共同体中，亲属的意志和精神并不受地缘的约束和限制，也能结成最亲密的关系。"亲属的意志和精神并不受房子的限制和空间上近距离的约束，而是凡在它很强烈和生机勃勃的地方，因此也包括在最亲近和最密切的关系上，它可以仅仅通过自身，纯粹依靠记忆来滋养自己，尽管遥隔天涯，相距万里，都能感到或臆想到近在咫尺，在一起活动。"③ 可见，亲属共同体因血缘关系而难分难舍，因为这种在亲属间的爱的感情能使亲属共同体得以维持和发展。因此，一个人如果有更多的时间是生活在家庭的氛围中，那他将会感受到最大的舒适和最多的快乐。

　　第二种共同体形式：邻里共同体。这一共同体也就是现代意义的"邻居"概念。由于"邻里"是共同生活在同一个村庄的，住所相近或相邻，并有共同的田野或仅仅具有农田划分的边界。所以，在这一共同体内，人们之间频繁接触，相互习惯，相互熟悉。正因为邻里共同体内的人们具有这些共同性，所以必须有共同的劳动、秩序和管理来维持邻里共同体的存在和发展。由于邻里共同体生活在同一个村庄，所以人们又有共同的土地和水等诸神或圣灵的崇拜和敬畏，他们共同祈祷，祈求神和圣灵能带来恩惠和福祉。与亲属共同体一样，即使邻里共同体的某个成员脱离了村庄这一地缘的约束和限制，也可能仍然保持着亲密的关系，尽管比亲属共同体要困难得多。因此，为了更好地维持邻里共同体内的亲近关系，人们在聚会时的特定的习惯及风俗就起到非常重要的支

---

① ［德］滕尼斯：《共同性与社会》，林荣远译，商务印书馆 1999 年版，第 65—66 页。
② 同上书，第 66 页。
③ 同上。

撑作用。

　　第三种共同体形式：友谊共同体。友谊共同体是共同献身于同一种职业或同一种艺术的共同体形式。与前两类共同体相比，友谊共同体的建立不是以血缘或地缘为基础，而是以同心协力工作的职业或共同的精神信仰为基础。滕尼斯说："友谊作为同心协力工作和一致的思想条件和作用，并不取决于亲属和邻里；因此，由于职业或艺术的相同和相似，最容易产生友谊。但是，这种纽带必须通过容易的和经常的联合来联结和维系，如在一个城市里，最有可能有这种联合，而且在这里，通过共同的精神所创建的、被庆贺的神，对于保持联系具有十分直接的意义，因为只有或者主要是神给这种纽带以一种生动的和持久的形态。因此，这种善的圣灵，也不固定在它的位置上，而是居住在它的崇拜者们的良心里，而且陪伴着他们漫游四方，走到异国他乡。这样，如同艺术上和等级上的志同道合者一样，相互认识的人实际上也是信仰上的教友，他们到处都受到一种精神纽带的约束，为一项共同的事业而工作。"① 因此，精神性的友谊是一种看不见的地方，这种共同体最不具有一种有机的和内在上必然的性质：友谊共同体内的成员不受自然本能而是受习惯或邻里关系的制约或约束。因此，与亲属和邻里共同体相比，友谊共同体似乎是建立在偶然或者建立在自由选择的基础之上的。

　　滕尼斯认为，友谊共同体是三种形式的共同体中最难以维持的。在友谊共同体中，"记忆发挥着感激和忠诚的作用，在相互信赖和信任中，必然会特别真实地表现出这种关系。但是，建立关系的原因不再是天生的和不言而喻的，个人更加确定无疑地相互知道和捍卫自己的愿望和才能，因此，这些关系最难维持"。②

　　总之，共同体或者靠相互中意，或者靠习惯，或者靠精神信仰才得以维持和发展。在任何共同体内，由于持久地接近和经常的接触，必然会出现争吵或冲突，这都在所难免，也是共同体所最不能忍受的情况。不过，滕尼斯认为，只要共同体的成员间相互提携和肯定与相互障碍和否定现象相比占据优势，就可以把这种共同体看成真正的共同体。

　　在阐述完共同体的几种形式后，滕尼斯从"默认一致"的理论前提

---

① ［德］滕尼斯：《共同性与社会》，林荣远译，商务印书馆1999年版，第67页。
② 同上书，第68页。

出发，提出了共同体的大的、主要的规律。

滕尼斯认为，"相互之间的—共同的、有约束力的思想信念作为一个共同体自己的意志，就是这里应该被理解为默认一致的概念。它就是把人作为一个整体的成员团结在一起的特殊的社会力量和同情。"① 可见，"默认一致"就是指共同体的成员间具有的共同的、有约束力的思想信念。当然，这种"默认一致"唯有在血缘或混血中才能最直接地表现出人的共同意志的统一性，因为在血缘或混血的关系中既有空间的接近，又有精神的亲近。

滕尼斯认为，共同体存在着三个主要规律：其一，亲属间的相亲相爱，或者容易相互习惯：往往乐于一起说话和思考，共同商量，一起切磋，亲密无间。邻里乡党和其他的朋友也一样；其二，相爱的人之间存在着默认一致；其三，相爱的人和相互理解的人长时间地生活在一起。这三个规律其实就是我们前面所论述的亲属、邻里和友谊共同体所具有的共性特点。在这里，他使用"共同一致"或"和睦"概念把几种共同体形式统一起来。他说："默认一致与和睦是同一回事：在其基本形式里的共同体的意志——在其各个具体的关系和作用方面看作是默认一致，在其整体的力量和本质方面看作是和睦。"② 可见，"默认一致"就表示出具有真正意义的共同生活、共同居住和共同工作的内在本质。

三　人的本质和选择意志

滕尼斯非常重视对意志的分析，他认为，之所以把人类的群体生活划分为相互区别的两种结合类型，其原因在于把人们联结在一起的意志的差异。"人的意志的概念应该从双重意义上去理解。……因为整个精神的作用被称之为由于参加思维而引起的人的作用，所以我这样区分：意志，只要在它之中包含着思维，就是意志；思维，只要其中包含着意志，就是思维。人人都想像着一个相互关联的整体，各种各样的感情、欲望的冲动和渴望，在整体中有它们的统一。然而这种统一在第一个概念（指意志的概念）里必须理解为一种现实的或者自然的统一；在另一个概念（指思维的概念）里必须理解为一种思想的或者人为的统一。

---

① ［德］滕尼斯：《共同性与社会》，林荣远译，商务印书馆 1999 年版，第 71—72 页。
② 同上书，第 74 页。

在前者意义上的人的意志，我称之为人的本质意志；在后者意义上的人的意志，我称之为人的选择意志。"① 滕尼斯认为，社会群体都是人的意志的创造物，而人的意志又具有双重意义，所以，意志的不同联结方式也就决定了人类相互联系的不同类型。

滕尼斯上述对意志的二分法中引进了"思维"的概念。作为现实的或生命的统一的原则的本质意志包含着思维，就像有机体包含着大脑细胞一样。因而，它是建立在过去的基础之上的，而且必须从中解释事情如何而来；而作为思想的或人为的统一原则的选择意志是思维本身的产物，这一意志只有在同思维的主体（人）的关系上，才被赋予本来的真实性。因而，它只能通过与它自己相关的未来本身来理解。

进而，滕尼斯认为，本质意志是人们在传统的和自然的感情纽带基础上形成的一致性和亲切感，其建立在情感动机的基础之上。而选择意志则是建立在思想动机的基础之上的一致性，它主要是从个人的目的性出发的，考虑的是人与人之间的利益关系。应该说，两种意志都被设想为活动的原因或者对活动的支配，但在目的和手段的关系上存在着明显的区别。对本质意志而言，目的即手段，手段即目的，目的和手段是自然性地结合在一起，没有你我的区别。而在选择意志中，手段是为目的服务的，或者说是从属于目的的。也就是说，在选择意志中，人们是否采取行动以及如何采取行动的出发点完全在于个人和个人利益，如果个人的行动对个人的利益没有任何有用性，那么应该果断停止这种行动。我们通过滕尼斯的一段话来进一步理解两种意志中不同的目的与手段之间的关系。

"社会的理论构想出一个人的群体，他们像在共同体里一样，以和平的方式相互共处地生活和居住在一起，但是，基本上不是结合在一起，而是基本上分离的。在共同体里，尽管有种种的分离，仍然保持着结合；在社会里，尽管有种种的结合，仍然保持着分离。于是在这里并不存在着派生于首先和必然存在的统一体的行动，因此，只要行动是由于个人而产生的，也在个人身上表示着这个统一体的意志和精神。所以行动的发生与其说是为了与个人结合的人们，不如说是为了他自己。在这里，人人为己，人人都处于同一切其他人的紧张状况之中。他们的活

---

① ［德］滕尼斯：《共同性与社会》，林荣远译，商务印书馆1999年版，第146页。

动和权力的领域相互之间有严格的界限，任何人都抗拒着他人的触动和进入，触动和进入立即被视为敌意。"①

"这种消极的态度是这些权力主体相互之间的正常的和总是基本的关系，而且表明社会处于安宁的状态。没有人会为别的人做点儿什么，贡献点儿什么，没有人会给别人赏赐什么，给予什么，除非是为了报偿和回赠。他认为，报偿和回赠予他给予的东西相比，至少要同等。而且报偿和回赠甚至必须比他所能保留的东西更有诱惑力一些，因为得到的似乎会更好的东西，才能促使他把好东西给出去。"②

从以上论述中，我们可以看出，有机性的"共同体"是本质意志的表达，个人意志根植于共同体的意志之中，目的与手段同一。机械性的"社会"是以个人意志为出发点的选择意志的表达，正是由它建立起诸多的社会产物，手段从属于目的。

滕尼斯认为，由本质意志所支配的共同体关系才是人类关系的真正意义上的本质。这种关系表现为一种自然性的关系，符合人的生命本性，共同体的成员具有利他的道德情感和思想。以强烈的情感精神为特征所构成的共同体，由合作、习俗和宗教构成，其典型表现是家庭、村落和小镇的群体等；而选择意志支配的人为或人造社会，只是一种虚假的表象。在社会里，好像成员间也拥有相近或近似的情感和意志的道德准则，但是由于它所呈现的关系是一种非自然性的关系，与人的生命本性相距甚远，共同体的成员强调的是更多的权利和个人利益。也即它是建立在外在的和合理利益基础上的机械结合，是基于常规、政策、公众舆论和特殊利益的联系。股份公司、大城市、民族国家以及整个市民经济社会和正发展的工业社会都是社会的形式。

纵观滕尼斯的共同体和社会思想，可以看出，意志概念在滕尼斯的思想中占有一个基石性的地位，是最具本质性的概念。他深入探究人的意志的本质，然后从意志的相互肯定和结合关系出发给人们的群体生活关系进行社会化的、理想化的理论分型：本质意志是自然的、有机的、生命的、整体的意志，选择意志是非自然的、机械的、呆板的、独立的意志；本质意志是内在情感动机驱动的行动，选择意志是外在欲求的行

①　[德] 滕尼斯：《共同性与社会》，林荣远译，商务印书馆1999年版，第95页。
②　同上。

动；本质意志产生共同体，而选择意志产生社会。

可见，滕尼斯的理论进路中内含着一种历史进化的思想，他试图通过历史对立的方法，说明欧洲社会历史发生的重大变迁：传统的自然共同体纽带已经破裂，而人人追求自己的目的并以别人为手段的社会正在形成。但他的论述更多的是对共同体的怀念和赞扬及对社会的批判和否定，而没有看到这是历史发展的必然，也没有试图寻找其中的社会原因。同时，他在论述共同体和社会两概念时具有明显的价值倾向：共同体是亲切的、美好的、有机的，而社会是机械的、功利的。但是这种论述却忽视了两个重要的维度：共同体中也存在着冲突和对立，而他的共同体主要是肯定和结合；社会中存在着和谐和统一，而他的社会主要是否定和离异。这种不仅有理论上的偏颇，恐怕还与社会现实有大的偏差。而且，他把"意志"概念作为建构自身理论的基石，恐怕也有问题。虽然他多处强调意志和思维之间、意志和理智之间的相似之处，但以这样一个主观精神性的因素为理论起点，推论出现实社会中的共同体和社会的理想化的理论分型，这在方法论上也具有唯意志论的倾向。

第三章　个人与社群关系的社群主义理论建构

社群主义是当代西方政治哲学的最新发展。与新自由主义一样，社群主义也是以个人和社群的关系为理论前提来建构其整个理论体系的。然而，与新自由主义把社会还原为孤立的个人，主张个人原子主义相反，社群主义把个人看作是从属于社会整体的，坚持社会整体主义。由于社群主义是在批评新自由主义的过程中建构起来的，因此，要想获得对社群主义的准确理解，就应把社群主义置于其与自由主义话语论争的语境中。具体来说，社群主义的理论要旨有三：社会本原取代个体本原的哲学形而上学；社群中心取代个体中心的政治哲学；公共的善取代个体权利优先性的美德哲学。

第一节　政治哲学主题的逻辑演进

当代西方社群主义是对以约翰·罗尔斯为代表的新自由主义的批评性反应，而新自由主义又是对以杰里米·边沁和约翰·斯图亚特·密尔为代表的功利主义的批评性发展。因而，"功利主义——新自由主义——社群主义"就构成了一个理论推演的逻辑链条。可以说，不理解功利主义，就不能真正理解新自由主义；而不理解新自由主义，也就无法真正理解社群主义。所以，在考察社群主义理论之前，首先对功利主义、新自由主义及其内在的逻辑连接路径进行简略的考察就有了理论的必要性。

一　功利、功利主义及辨析

作为自由主义的表现形式之一，功利主义与功利思想在西方具有悠久的历史，它萌芽于古希腊，经中世纪的压抑、启蒙时代的复苏，18

世纪在杰米里·边沁和约翰·斯图亚特·密尔那里形成了较系统的功利主义理论体系。

（一）功利与功利主义

功利主义（utilitarianism）一词出自拉丁文 utilitas，相当于英文 usefulness（有用性、实利）、advantage（利益）、profit（利润、赢利），因此又称其为功用主义、乐利主义、实利主义。功利主义是近代西方根基甚深、颇具影响的重要伦理学流派之一，古希腊德谟克利特、伊壁鸠鲁等人所主张的快乐主义对后来的功利主义有着重大的影响，被看作是功利主义的理论先驱。17 世纪的英国经验论者和 18 世纪法国唯物论者的伦理思想，也都具有功利主义的倾向。功利主义作为伦理思想史上的一种学说，产生于 18 世纪末 19 世纪初的英国，代表人物是边沁和密尔。边沁从抽象的人性论出发，认为人的行为完全以快乐和痛苦为动机，合乎道德的行为不过是使个人快乐的总和超过痛苦总和的行为。他给功利原则下定义说："功利原则是这样一个原则，它根据增加或减少当事人的幸福的倾向，来认可或拒绝任何一种行为；我指的是任何一种行为，不仅包括任何私人的行为，也包括政府的任何措施。"[1] 他所说的"当事人"是指一切和该行为有利害关联的个人。因此行为所造成的后果应该根据这些人所感受到的快乐和痛苦的总量来计算。如果快乐的总量大于痛苦的总量，那么这一行为便是善行，反之便是恶行。按照功利原则，道德便是取得最大限度的快乐总量的行为。为了计算快乐的总量，边沁设计了快乐计算法。具体来说，他的快乐计算法要考虑这样七个因素：（1）快乐的强度，行为所带来的快乐的感觉的强烈程度；（2）快乐的持续性，即快乐感觉延续时间的长短；（3）快乐发生的概率，快乐的感觉是真实的还是虚假的；（4）快乐发生的时间，快乐的感觉是眼前可以获得的还是从长远的时间看可以得到的；（5）快乐的繁殖性，即一个行为所带来的快乐感觉是否能派生出其他的快感；（6）快乐产生有益后果的概率，即行为带来的快乐和痛苦相比能否占绝对的优势；（7）快乐发生的范围，即行为是否同时给大多数人带来快乐。边沁认为，每一个健全的人都有能力根据这些因素去计算出快乐的总量，以此来对其行为的善恶进行评价、判断，从而作出合理的选择。

---

[1]　赵敦华：《当代英美哲学举要》，当代中国出版社 1997 年版，第 312 页。

由于边沁的功利原则重量不重质，因而常被看作是伊壁鸠鲁的享乐主义的变种。有些道德家曾指责享乐主义为"猪的哲学"，这种指责被用来批评边沁。密尔继承了边沁的思想，并根据当时英国的社会现实，对其给予进一步的修正，并以"功用主义"一词对其学说体系给予概括。进而，他于 1863 年发表了《功用主义》一书，更系统、严整地阐释了功利主义的伦理学说，标志着功利主义伦理学说发展到了一个崭新的阶段。为了弥补边沁功利原则的缺陷，密尔试图从质上界定"快乐"这一概念。他说："做一个不满足的人要比做一个满足的猪要好；做一个不满足的苏格拉底要比做一个满足的傻瓜要好。"① 这即精神上的快乐高于肉体上的快乐。密尔知道，如果他不能具体地限定精神快乐，他所说的快乐也会首先被理解为肉体快乐。他提议用民意测验的方法来决定不同类型快乐的等级。他说："具有鉴定资格的人们将会判定，通过较高的官能所获得的快乐比之那些由动物本能而来的快乐更为可取。"② 这种和理智相联系的高尚的快乐，虽有明显的幼稚成分，却使功利主义在一定程度上摆脱了"猪的哲学"的批评。

20 世纪初，功利主义在西方受到了普遍的反对，只有少数英美哲学家在旧功利主义的基础上对功利主义原则重新给予论证。从而出现了以澳大利亚哲学家 J. J. C 斯马特为代表的行动功利主义（act utilitarianism）和以理查德·布兰特为代表的准则功利主义（rule utilitarianism）。行动功利主义主张行为的道德价值必须根据其最后的实际效果来评价，道德判断应该是以具体境况下的个人行为的经验效果为标准；准则功利主义认为道德判断不应以某一特殊行为的功利结果为标准，而应以相关准则的功利效果为标准。应该说，现代功利主义的理论变化反映了西方社会生活的变化，其目的在于挽救社会的道德危机。可以说，行动功利主义和准则功利主义的分歧在于理论形式和风格上，而其实质却是相同的。

功利主义作为典型的英国式学说，从经济背景看，功利主义是英国工业革命的产物，它反映了新兴资产阶级发展资本主义的强烈愿望，从而制定新的道德规范以适应新的生产方式和生活方式。从政治背景看，

---

① 赵敦华：《当代英美哲学举要》，当代中国出版社 1997 年版，第 313 页。
② 同上书，第 313 页。

它是在大不列颠自由主义传统的环境中孕育和成长的。可以说，功利主义是自由主义的一个产物，而自由主义则构成了功利主义的社会政治理论基础。功利主义者基于现实和理论的需要，构建起了自己的理论体系。其理论要旨在于：

1. 趋乐避苦的理论基础。功利主义是通过对人性的考察和描述经验中的事实来探索人性的基本动因的，是以自然主义的人性论为其理论的基石、以感觉和感觉经验作为其理论的出发点的。它认为，人生来就具有追求幸福和逃避祸害的本性，人都是生活在能够引起人的快乐或痛苦这种环境中的。边沁在其《道德与立法原理导论》一书中开宗明义就说："自然把人类置于两个至上的主公——快乐与痛苦——的主宰之下，只有它们才指示我们应该干什么，决定我们将要干什么。"① 由此可见，趋乐避苦是人的天性使然。人所愿意努力追求的是能够使人产生利益，感受到幸福的外物；而人所竭力逃避的是能够使人产生痛苦，感到不幸的外物。这种趋乐避苦的目的论是功利主义伦理学的基础。

2. 个人主义的理论出发点和归宿点。在功利主义看来，个人的存在是真实的存在，社会只不过是个人的简单相加。边沁说："社会是一种虚构的团体，由被认作其成员的个人所组成。那么社会利益又是什么呢？——它就是组成社会之所有单个成员的利益之总和。"② "个人利益是唯一现实的利益。"③ 密尔虽对边沁的学说进行了部分修正，强调了义务应该是个人行为的动机，但同时却又说："没有什么伦理学系统要求我们一切行为的动机应该只是义务的意识；其实我们行为之百分之九十九是发生于别的动机。""大多数好的行为不是要利益世界，不过是要利益个人。"④ 这些阐述可以鲜明地体现出功利主义在个人利益和社会利益关系上的立场，他们从抽象的个人出发去规定社会的伦理模式。根据这种逻辑，公共利益是由个人利益所组成的，离开了个人利益也就失去了公共利益。个人利益是社会利益的基础，损害个人利益也就是损害公共利益。这样，边沁就把个人利益推到了至高无上的地位：唯有个

---

① ［英］边沁：《道德与立法原理导论》，时殷弘译，商务印书馆 2000 年版，第 57 页。

② 周辅成编：《从文艺复兴到十九世纪资产阶级哲学家政治家有关人道主义人性论言论选辑》，商务印书馆 1966 年版，第 582 页。

③ 《马克思恩格斯全集》第 2 卷，人民出版社 1957 年版，第 170 页。

④ ［英］约翰·密尔：《功用主义》，唐钺译，商务印书馆 1957 年版，第 19—20 页。

人利益才是现实的利益，不能为了他人的幸福而牺牲个人的幸福。所以，政府的基本职责便是保证个人充分自由地实现其个人利益。

3. 效果和效率的评价标准。功利主义认为，道德标准不是存于主观领域而是存于客观事实的效果中。就如边沁所述："行善是恶，全看其结果如何；其为善，是因其倾向于引起愉快或排除痛苦；其为恶，是因其倾向于引起痛苦或排除愉快。"① 密尔提出区分道德行为和行为者的主张。他指出，对人的评价有两个方面：其一是行为的善恶，其二是动机与思想状况。但他又认为，对一种道德行为进行评价，确定行为责任，则只能看其结果而不考虑其动机。"功利主义的伦理家主张动机，虽则与行为者的品格关系很大，但与这个行为的道德性无关。"②可见他们都以行为功效或幸福效果为评价标准。

4. 最大多数人幸福的公正原则。既然趋乐避苦是人的自然天性使然，那么就容易得出这样的结论：有助于造成快乐的行为或事物就是好的，反之就是坏的。边沁给功利原则下定义说："功利原则指的就是：当我们对任何一种行为予以赞成或不赞成的时候，我们是看该行为是增多还是减少当事者的幸福。"③ 这里的"当事者"，既可以指涉"个人"，也可以指涉"大多数人"。可以看出，边沁的功利原则是以行为是否能给"个人"或"大多数人"带来最大的幸福为标准。这里就包含这样两层内涵：其一，最大幸福；其二，最大多数人的幸福。也就是说，边沁认为追求最大多数人的最大幸福是最高的道德标准。与边沁的思想一致，密尔把其功利原则称为"最大幸福主义"。他说："功利主义需要行为者对于自己的与别人的幸福严格地看作平等，象一个与本事无关而仁慈的旁观者一样。从拿撒勒的耶稣的黄金律内，我们见到功用伦理学的全部精神。待人象你期待人待你一样，爱你的邻人象爱你自己，做到这两件事，那就是功用主义的道德做到理论的完备了。"④总之，功利主义者不仅注重客观效果，而且也注重最大多数人的最大幸福，也即注重公平。

---

① ［美］约翰·杜威：《道德学》，余家菊译，中华书局 1935 年版，第 248 页。
② ［英］约翰·密尔：《功用主义》，唐钺译，商务印书馆 1957 年版，第 19 页。
③ 周辅成：《从文艺复兴到十九世纪资产阶级哲学家政治家有关人道主义人性论言论选辑》，商务印书馆 1966 年版，第 582 页。
④ ［英］约翰·密尔：《功用主义》，唐钺译，商务印书馆 1957 年版，第 18 页。

（二）功利主义的辩证分析

马克思、恩格斯既深刻地揭露了功利主义的实质，同时又看到其思想中合理成分，并给予恰如其分的评价。马克思、恩格斯说："成熟的共产主义也是直接起源于法国唯物主义的。这种唯物主义正是以爱尔维修所赋予的形式回到了它的祖国英国。边沁根据爱尔维修的道德学建立了他那正确理解的利益体系，而欧文则从边沁的体系出发去论证英国的共产主义。"① 恩格斯也说过："当代最大的两个功利主义哲学家边沁和葛德文的著作，也几乎只是无产阶级的财富。"② 我们知道，功利主义者从自然人性论出发，从抽象的个人出发去阐发他们的公平观：一方面重效果、效率，把功用和效果作为评定"当事人"行为的标准；另一方面重公正、公平，力图实现最大多数人的最大幸福。马克思主义认为，由于功利主义对个人、社会及个人与社会关系的抽象理解，从而使它的公平观的两个方面——效果、效率与公正、公平很难缝合起来。

1. 功利主义理论从经济关系入手来考察社会关系，这具有一定的理论深度，但理论偏见也十分明显。功利主义深入到人们的经济关系中去论述人们之间的交往和道德对于社会的重要性。正如马克思和恩格斯所指出的："边沁把法国人所撇开的经济内容又逐渐地拣起来了。"③ 在功利主义者看来，人与人之间的关系产生于客观的经济关系。由于人具有特殊性的生存方式（在各种关系中生存和发展），所以个人不能离开社会而独自生活。为此，就需要人与人间的交流和合作以维持社会生存，而这就需要道德的存在。密尔进一步发挥边沁的思想，他在论述他的良心起源论和社会感情论时，进一步提出了人在生产活动中相互合作的现实性。可见，这种思想已从一个侧面接近历史唯物主义了。正如马克思、恩格斯所说："功利论至少有一个优点，即表明了社会的一切现存关系和经济基础之间的联系。"④ 马克思主义伦理学也是从经济关系入手的，认为没有人与人之间的经济关系，便无共同利益可言，而无共同利益，也就无所谓道德。

然而，两种从经济关系出发的社会观是有本质区别的。功利主义虽

---

① 《马克思恩格斯全集》第 2 卷，人民出版社 1957 年版，第 167 页。
② 同上书，第 528—529 页。
③ 《马克思恩格斯全集》第 3 卷，人民出版社 1960 年版，第 482 页。
④ 同上书，第 484 页。

注意到了从社会存在来解释道德，可是社会存在本身在他们那里被抽象为一个僵死的、不变的永恒概念，而非历史的、流动的概念。因而他们只是单纯地肯定了人与人之间的社会关系的存在，而没有具体去考察这种关系产生的历史过程和历史变化。相反，马克思主义从社会基本矛盾入手，揭示了社会关系的复杂性和变化性，社会存在被看作是一个具有自己历史的活生生的存在，当马克思主义使用"社会存在"这一概念时，"社会存在"被理解为特定时代的由生产关系所决定的人与人之间的实际利益关系，所以它不满足于从抽象的社会结构来考察人的意识，而是把考察置于一定时期的具体的社会结构的分析之上。

2. 功利主义道德原则中的公益论和利他主义因素是对社会公正、公平的有力提倡，但由于这种理论以抽象的个人为出发点和归宿点，又走向利己主义的深渊。马克思说："功利论一开始就带有公益论的性质，但是只有在开始研究经济关系，特别是研究分工和交换的时候，它才在这方面有充实的内容。在分工的情况下，单个人的私人活动变成了公益的活动。"① 在道德原则上，功利主义者除了承认"己所不欲，勿施于人"这一原则外，还提出了一个内涵更丰富的道德原则——最大多数人的最大幸福。它不仅要求人们无损于他人，还要求人们有益于他人。边沁把这个原则作为至高无上的标准。边沁的快乐计算法，其中的第七条规定就是快乐的广延性，认为判断一个行为的好坏要看他所带来的快乐能否让尽可能多的人享受。这里的利他主义色彩就很明显。密尔对利他主义的肯定较边沁明确得多。他说："功利主义所认为行为上是非标准的幸福并不是行为者一己的幸福，乃是一切与这行为有关的人的幸福。"②"不在于行为者自己的最大幸福，而是在于全体人的最大量幸福。"③此外，密尔学说的利他主义特色也体现在他对自我牺牲的提倡。他说，自我牺牲之所以成为必要，是因为要获得大多数人的幸福，需要某些人作出牺牲："只是在世界的组织很不完善的状况之下，绝对牺牲自己的幸福才会是任何人促进别人幸福的最好方法；但是，在这个世界还在那个不完善状况的期间，我完全承认甘心作这种牺牲是人类的最高

---

① 《马克思恩格斯全集》第3卷，人民出版社1960年版，第484页。
② ［英］约翰·密尔：《功用主义》，唐钺译，商务印书馆1957年版，第18页。
③ 周辅成编：《西方伦理学名著选辑》（下卷），商务印书馆1987年版，第247页。

的美德。"①

　　但是，功利主义把社会看作个人的简单集合，并把个人的行为及其目的作为考察问题的出发点和归宿点，因而这种学说的进一步发展必然成为个人主义本质的坦白自陈，他们的最大多数人的最大幸福，无非是号召每个人都去尽力追求私利。这样的最大多数人的最大幸福只能是个人私利的简单相加。而马克思主义认为，社会固然产生于现实个人的交往活动，但是社会一经形成，就成为一种外在于个人的相对独立力量，因而其不可简单地归约、还原于个人。正是因为马克思主义对个人和社会关系的正确理解，才会提出以最广大人民群众的利益作为判断一切事物和行为道德与否的标准。

　　3. 功利主义在理论上提出了个人利益和社会利益的一致性问题，也有理论上的合理因素。密尔立足于资本主义的现实，力图使自己的理论同资本主义现实社会的大多数的行为实践相一致。他说："功利主义有两个训令：第一，法律与社会组织应该使个人的幸福或利益（从实际方面说），尽量与全体利益调和。第二，教育与舆论对于人的品格是有极大的势力的；在这两方面应该利用这种大势力向人人心上把他一己的幸福与全体的幸福成立一个不解的联结，尤其是，为关顾全体幸福而应有的那种种积极的与消极的行为，这些行为的实践应该与他自己的幸福联成一气。"② 其中，第一条训令是基础，社会结构决定人们的行为方式，教育的力量在于它实际地描绘了人们间的真实关系。假如在现实中自己的幸福同他人的幸福并未"联成一气"，而教育硬要向人们灌输，那么，时间和理性迟早会揭穿这种学说的虚伪性。可见，密尔以其深邃的目光和理论的特色把伦理学与社会的政治、经济、教育等问题紧密联系起来。格林在谈到功利主义时，肯定了它"有很大的实践价值，它以批判和清醒的顺应代替了盲目和无疑的顺应"。③这种评价是合理的，但是两训令空想性质明显，密尔满以为只要做一些政治、法律的改良，就能保证利益的和谐，但他不懂利益的冲突在于经济制度。

　　为了使公益和私利缝合起来，功利主义者提出了"公益合成说"。

---

　　①　[英] 约翰·密尔：《功用主义》，唐钺译，商务印书馆1957年版，第17页。

　　②　同上书，第18页。

　　③　[美] 梯利：《西方哲学史》（下卷），[美] 伍德增补，葛力译，商务印书馆1995年版，第303—304页。

按"合成说"，我个人的利益就是社会利益的一部分，我增加了一份个人利益，实际上也就增加了一份社会幸福。从现实上说，"合成说"与资本主义自由发展的要求和资本主义生产关系的私有性质相一致，它从道德上肯定了作为个体的资本家谋取私利、发家致富的实践活动。但从理论上说，"合成说"的荒谬性是很明显的。恩格斯对"合成说"给予了批评，他说："他（边沁）和当时全国的倾向一致，把私人利益当作公共利益的基础；边沁在人类的爱无非是文明的利己主义这一论点（后来这个论点被他的学生穆勒大大发展了）中宣称，个人利益和公共利益是同一的，他还用最大多数人的最大幸福这一概念代替了'公共福利'的概念。这里边沁在经验中犯了黑格尔在理论上所犯过的同样错误；他在克服二者的对立时是不够认真的，他使主体从属于谓语，使整体从属于部分，因此把一切都颠倒了。最初他说公共利益和私人利益是不可分的，后来他只是片面地谈论赤裸裸的私人利益；他的论点只是另一论点——人就是人类——在经验上的表现。"①这即说公共利益是个人利益的集合，一般为个体的相加。但是公共利益是由个人利益中带有共通性的部分抽象、提升出来的整体利益，而抽象提升后形成的公共利益具有相对独立性，不可还原于个人利益。

由于功利主义未能深挖个人利益与社会利益对立的经济根源，而只是在思辨上将其画一等号，即社会利益是个人利益之和，这种解决问题的方式正好是悬置了问题。可以说，私利和公益的对立、统一是由一定的生产方式决定的，"随着这种生产方式的消灭，这种对立连同它的统一也同时跟着消灭。"②

综上所述，作为一种社会公平观，功利主义所论及的"个人"仅仅是单个的抽象物，是超历史、超社会、超阶级的；其所理解的"社会"是抽象个人的集合、相加，是虚幻的、不真实的。因而功利主义的个人与社会关系是虚假的。因而，在功利主义理论中，个人与社会之间是一种形式上包含、实质上分离的关系。

当然，功利主义者们也敏锐地看到了自身的理论所处的困境，即个体间在利益上经常是相互冲突的。因此，如果对个人的自由不加以任何

---

① 《马克思恩格斯全集》第 1 卷，人民出版社 1956 年版，第 675 页。
② 《马克思恩格斯全集》第 3 卷，人民出版社 1960 年版，第 276 页。

限制的话，那么，社会的整体利益将难以实现，甚至社会的正常秩序也很难维持。因此，对个人的行为自由必须给予适当的限定，其限度在使个人的自由不能损害社会的安全和他人的幸福，不妨碍政府履行其促进社会进步和最大多数人幸福的义务。然而，这在理论上却陷入了另一个困境——容许以牺牲个别人或少数人的利益为代价，来实现最大多数人的利益。但是怎样证明牺牲少数人的利益是正当的呢？这也是难题。此外，在功利主义的评判体系中，"既没有感性与情感的空间（有的只是计算理性），也没有爱心与妥协的余地，所有的道德义务都成了可以权衡、计算的东西，甚至连人的基本权利和尊严都有可能成为效用的牺牲品。它在社会生活中的适用往往会让人们感到人情冷漠、生活没有情调、社会缺乏真情。"① 而且，功利主义把行为的动机和效果割裂开来，完全否定内在动机在行为中的重要作用。对于这些问题，近代功利主义者没有提供任何答案，也正是在这一点上，功利主义遭到了激烈的批评。

应该说，在批评功利主义的众多声音中，康德提出的论据是最强有力的。他认为像功利这样的经验原则是不适合作为道德律的依据的，对自由和权利的工具性辩护不仅使权利易遭攻击，而且势必失去对人的尊严的尊重。以罗尔斯为代表的新自由主义者进一步推进了康德反对功利主义的逻辑，他们以权利原则来反对功利原则。在《正义论》中他开宗明义地指出，他建构正义论的首要目的是推翻功利主义在政治哲学中的主导地位，并以"公平的正义"理论取代以密尔为代表的自由主义的功利主义。

从 20 世纪初开始，自由主义就对一直占据统治地位的功利主义发起了全面的进攻，在批评功利主义的过程中，把传统自由主义推进到了新自由主义阶段。到了 20 世纪 70 年代，新自由主义基本上战胜了功利主义，并逐渐在政治哲学中占据了主导和支配地位。

（三）对功利主义的批判及权利正义论

在批判功利主义的诸多声音中，从契约论角度发起批判的约翰·罗尔斯最具代表性。应该说，他的批判使内在于功利主义中的各种问题得以凸显，从而颠覆了功利主义的统治地位。他的批判基本上代表了西方

---

① 贺宾：《功利主义辩难》，《延边大学学报》（社会科学版）2008 年第 4 期。

主流政治哲学对待功利主义的态度。在批判功利主义的过程中，罗尔斯主张以"公平的正义"理论（1971 年罗尔斯发表了其传世之作《正义论》）取代功利主义，其正义理论也是在这种批判中建构起来的。

在《正义论》的序言中，罗尔斯这样写道："在现代道德哲学的许多理论中，占优势地位的一直是某种形式的功利主义。出现这种现象的原因是：功利主义一直得到一系列创立过某些确实富有影响和魅力的思想流派的杰出著作家们的支持。那些伟大的功利主义者像休谟、亚当·斯密、边沁和密尔也是第一流的社会理论家和经济史家；他们所确立的道德理论旨在满足他们更广阔的兴趣和适应一种内容广泛的体系。"①

然而，罗尔斯所选择的功利主义的批评对象并不是边沁、密尔等古典功利主义的典型代表，而是选择了亨利·西季维克在《伦理学方法》中的功利主义思想。因为罗尔斯认为，西季维克的功利主义思想是对功利主义思想发展的一个总结，其阐述的功利主义思想清晰、明了："如果一个社会的主要制度被安排得能够达到总计所有属于它的个人而形成的满足的最大净余额，那么这个社会就是被正确地组织的，因而也是正义的。"② 也就是说，社会制度的正义与否在于制度是否能让多数人从中获益（即使以牺牲少数人的利益为代价），并能最大限度地增加社会净余额。

罗尔斯不能接受这样的功利主义思想，为此他主张以一种公平的正义来取代功利主义。罗尔斯指出："功利主义在某种意义上并不把人看作目的本身……如果各方接受功利标准，他们就缺少对他们的自尊的支持，这种支持是由他人的公开承诺——同意把不平等安排得适合于每个人的利益并为所有人保证一种平等的自由——所提供的。在一个公开的功利主义社会里，人们将发现较难信任自己的价值。"③ 针对功利主义的功利原则，罗尔斯以"原初状态"概念为理论假设，经过复杂的理论推理，得出这样的结论：正义的社会应该是自由而平等的个人在原初状态中通过道德商谈而达成一致的、合作性的社会，而通过道德商谈所达成的两个正义原则就可以保障社会在分配权利和自由等方面的公

---

① ［美］约翰·罗尔斯：《正义论》，何怀宏等译，中国社会科学出版社 1988 年版，第 1 页。

② 同上书，第 19—20 页。

③ 同上书，第 173 页。

正性。

"第一个原则：每个人对与其他人所拥有的最广泛的基本自由体系相容的类似自由体系应有一种平等的权利。

第二个原则：社会的和经济的不平等应这样安排，使他们被合理地期望适合于每一个人的利益；并且依系于地位和职务向所有人开放。"①

这两个原则是以词典式顺序排列的，也就是说，它们在顺序上是有优先性的，即在转到第二个原则之前必须充分满足第一个原则，一个原则要到那些先于它的原则被充分满足或不被采用之后才能被考虑。因此，这可以说是一种有限制的最大值原则。如果让功利原则成为最先的，它就会使所有随后的标准成为没用的和多余的。

第一个优先规则，即自由的优先性分配规则：自由只能为了自由而被限制，一种不够广泛的自由必须加强由所有人分享的完整的自由体系；一种不够平等的自由必须可以为那些拥有较少自由的人所接受。

第二个优先规则，即正义对效率和福利的优先性规则：第二个正义原则以一种词典式的次序优先于效率原则和最大限度追求利益总额的原则；公平的机会优先于差别原则，也就是一种机会的不平等必须扩展那些机会较少者的机会；一种过高的储存率必须最终减轻承受这一重负的人们的负担。

简言之，两个正义原则即是平等原则和差别原则。罗尔斯认为，这两个正义原则主要适用于社会的基本结构。他将社会大体上分为两个部门，即政治领域和经济领域。第一个正义原则适用于政治领域，它用以确保公民的平等的自由。罗尔斯所说的自由包括：政治自由（选举权和被选举权）、言论和集会自由、良心自由、思想自由以及个人财产的自由，等等。第二个正义原则适用于社会经济领域，它用以保证一种平等的分配，即平等地分配收入、财富和机会等。当然，收入、财富和机会的完全平等是不可能的，但它必须符合每一个人的利益。因此，需要运用第二个正义原则来安排社会和经济的不平等，以使每个人都从中获益。

从政治哲学的角度看，以罗尔斯为代表的新自由主义的核心观点

---

① ［美］约翰·罗尔斯：《正义论》，何怀宏等译，中国社会科学出版社1988年版，第60—61页。

是，必须给正义、公平和个人权利以优先的地位。使一个社会公正的东西不是它所要达到的目的，而恰恰是它预先在各种对立的目的之间进行选择的取舍权。在其宪法和法律中，这个公正的社会努力提供一种框架，公民在这种框架中追逐其自身的价值和目标，而不与他人的自由相冲突。

由此可见，功利主义的功利论和新自由主义的权利论的主要分歧在于："权利"这一概念在各自理论体系中的位置不同。功利论中的"权利"只是一个从属于社会功利的附属概念，而权利论则把"权利"置于其理论体系的核心和基础地位。也就是说，功利主义者也承认人与人之间应该具有平等的权利，但这一"权利"不具有基础或优先地位；相反，新自由主义者却把平等的权利作为其理论的前提和基础。

罗尔斯对功利主义的批评及其理论建构直接引发了一场政治哲学的革命。继他的《正义论》之后，一大批基于个人权利之上的政治哲学著作相继问世。如罗伯特·诺齐克的《无政府、国家和乌托邦》和罗纳德·德沃金的《认真对待权力》等。尽管这些新自由主义者在具体观点上不尽相同，但他们都强调个人权利具有压倒一切的优先性，主张把个人权利而不是功利作为分析问题的出发点。因此，有学者把以罗尔斯为代表的新自由主义称为"权利优先论"或"权利基础论"。

在 20 世纪 70 年代以后，以罗尔斯为代表的新自由主义完全压倒了功利主义。在功利主义和权利理论的争论中，权利理论取得了胜利。正如法国哲学家哈特所说："旧的信仰是，某种形式的功利主义必定能够把握住政治道德的本质。"新的信仰则是，"真理必定在关于基本人权的学说，它倡导保护特定的个人的基本自由和利益……而在不久之前，许多哲学家花费大量的精力和才智撰写功利主义的著作，现代哲学家们则把主要精力和才智花在表达基本权利的理论上。"①

基于权利的理论虽然战胜了功利理论，但在近年来也遇到了严峻的挑战。社群主义就对新自由主义提出了激烈的批评，对权利优先于善的主张，以及它所意涵的自由选择的个人产生了深刻的怀疑。他们认为，如果不涉及公共目的，我们就无法证明政治制度的好坏；不涉及我们作

---

① 哈特"在功利和权利之间"（Between Utility and Rights），参见阿兰·雷安（Alan Ryan）编《自由的思想》，牛津大学出版社 1977 年版，第 77 页。

为公民和公共生活参与者的角色，我们就无法设想我们是什么样的人。到了 20 世纪 80 年代后期，对新自由主义理论的挑战逐渐形成了一种新的思潮——社群主义。

二　社群与社群主义

关于"社群"思想的源流问题在第一章已有论述，这里不再赘述。因而，本节重点阐释当代社群主义兴起的理论背景和现实基础。具体来说，包括社会经济背景、政治文化背景和思想理论前提等三个方面。

（一）社会经济背景

首先，建立在自由主义哲学理念基础上的西方国家职能的弱化，造成个人利益和公共利益受损。同时，在自由竞争的理念下造成了社会贫富分化也日趋严重，不平等加剧，从而导致了人们开始重新反思自由主义哲学理念存在的问题，并呼唤社群价值。我们知道，近代西方的政治制度是建立在自由主义原则之上的。这种政治制度的重点，在于扩大公民的自由活动范围，而限制国家和政府的活动范围。在资本全球化时期，跨国公司的权利大大扩张，而国家对经济生活的干预明显减少，这在一定程度上就会损害公民的个人利益。因为国家职能的弱化使得国家除了消极地保护个人的各种权利而使公民获得私人利益外，无力为公民提供更多的公共利益。而社群主义所倡导的"公益政治"，正是对西方社会国家职能弱化的一种反应。

从 20 世纪 80 年代开始，西方国家围绕自身的经济社会发展中的突出问题，着手进行社会经济改革。如英国政府在 1988 年之前的 10 年中，为了医治被称为"英国病"的瘤疾进行了艰苦的努力，采取了诸如精简政府机构、控制货币供应量、国营企业私有、改革税制、削减公共开支、增加职工工资等措施。从 1982 年到 1987 年，国内生产总值年平均增长率达到了 3.1%，1987 年的经济增长率远远超过了英国经济在 60 年代和 70 年代的水平。然而，在经济发展的同时，失业率却大大增加，贫富差距、地区差距更是相对扩大。1989 年经济增长率由 1988 年的 4.5% 降至 2% 左右，通货膨胀率升至 7% 以上。在这种情况下，英国政府不得不加强国家干预，放松银根，扩大货币供应量，降低利率，以求扼制经济下滑的趋向。

同时，美国政府也在 1982 年之前坚定地执行保守主义的经济政策，努力减少国家干预，但此起彼伏的社会经济问题逼迫美国政府在 1982 年"中期选举"之后不得不增强了对经济生活的干预。政府拨款对重要工业部门进行技术改造，增加科研经费促进新技术的研制，改革束缚企业发展的规章制度，提供对失业人员的再培训资金，等等。国会也不断通过相应的法案，支持政府的干预行动。80 年代中期兴起的新凯恩斯主义，重新分析了经济危机和失业严重的原因，在 90 年代成为官方的指导理论。这一理论的主旨则是要在自由放任的政府和过度干预的政府之间，寻找一条新的道路，这恰恰是 80 年代中期以后自由主义的基本主张。① 应该说，这些国家的经济改革虽在一定程度上刺激了经济的发展，却以高失业率为代价，其结果是贫富差距继续加大。政治哲学家亚里克斯·卡里尼克斯在《平等》中这样说："世界进入 21 世纪，充斥着贫穷与不平等，这是再富有想象力的前人也无法想象到的。"② 这时，人们开始对政府产生不满情绪，认为以自由主义哲学理念为基础所建立起来的政府无力解决这些问题。

其次，由于传统社群正在逐步衰落，而与民主自由社会相适应的新的社群组织和社群运动正在蓬勃兴起并正在发挥作用，这种社会现实要求社群主义能提供系统的理论支撑。在西方民主政治的历史上，曾经有过各种中间性的利益团体，如各种社区、俱乐部等。它们在西方国家的政治实践中曾起过重要的沟通和桥梁作用。然而，在全球一体化的今天，这些利益团体的作用已日渐衰落。与此同时，当今的西方社会，又出现了诸如环境保护组织、女权组织等新的利益群体。应该说，这些新的社群组织及其运动已在政治生活中发挥了积极的作用，然而其参加社会政治生活的权利和地位都缺乏理论的支持、制度的保证及伦理上的规范。

（二）政治文化背景

20 世纪中后期，与古典自由主义相比，以罗尔斯和诺齐克为代表的新自由主义虽在意识形态领域和社会政治生活等领域中展现了重大作用和深刻影响，但是，这种新自由主义的政治文化理念还是引发了诸多

---

① 参见吴春华《世纪末的自由主义》（http：//pzl.fyfz.cn/art/96195.htm）。
② ［美］亚历克斯·卡利尼克斯：《平等》，徐朝友译，江苏人民出版社 2003 年版，第 1 页。

的变化，主要表现为如下两个方面：

首先，过多的个人自由和自决权利直接引向自我的毁灭。我们知道，个人的自由和权利是自由主义哲学理念的重要支撑，因此，以这种理念为基础而建立起来的政府赋予个人以充分的自主和自决权利。然而，这种自主和自决权利的拥有，一方面给个人以充分发展自己潜力的空间，同时也带来了限制和桎梏。因为随着世界市场的逐渐形成并逐渐扩大，个人在世界市场面前越来越微不足道，这样在个人和世界市场之间出现了巨大的鸿沟。因而，单个的个人很难在世界市场上占据有利的位置，使得依靠个人的努力已经很难把握自己的命运，个人之间积极的联合（社群）就具有了很强的必要性。可以这样说，自由主义的哲学理念已经不完全适合社会的需要，社群主义就成为了社会现实的必然要求。

其次，自由主义的哲学理念使社会处于道德危机甚至道德沦丧的边缘。我们知道，自由主义哲学赋予个人充分的自由和自决权利，个人曾经为可以自由主宰自己的命运而欢呼雀跃。然而，在现实生活中却出现了相反的情况：个人充分的自由和自决权利导致个人毁灭，个人的道德生活成为碎片，整个社会处于道德危机的边缘。麦金太尔在《追寻美德》的开篇就以"一个令人忧虑的联想"阐述了现代社会"道德的完整实体在很大程度上已成碎片且部分被毁"①。究其原因，在于现代社会的个人已经没有道德的传统、历史所遗留的完整的道德观念，每个人按照自由主义的原则建构起了自己的道德规则，"规则成了道德生活的首要概念。"② 这样，道德判断、道德价值等被正义理念建构起的规则所决定，没有任何客观标准，易导致道德相对主义。这样，传统的德性被迫从道德领域让出了属于自己的领地，只能在生活的边缘观望现代的道德冲突。我们知道，传统的德性来源于传统的生活，既然德性被驱赶出历史舞台，那么，人们的道德生活必然面临德生的危机甚至自我的沦丧的可能性。

应该说，正是在这种政治文化的背景下，社群主义理论家从自我的丧失、德性的危机等视角开始为现代社会进行诊断和医治。通过全面批

---

① ［美］A. 麦金太尔：《追寻美德》，宋继杰译，译林出版社 2003 年版，第 6 页。
② 同上书，第 150 页。

驳新自由主义的哲学理念及其造成的种种现实困境，为现代社会找出一条以社群价值和社群利益为指导的、可行的社会进路。这应该是我们重新探究社群主义的重要前提和背景，而他们开出的药方是否有效则是另一问题。

（三）思想理论前提

首先，社群主义的"社群"概念从根本上说是源于亚里士多德对"城邦"的界定。他在《政治学》中提到的"城邦"也即"政治社群"。此后，在西方政治哲学史上，"关于社群与社群关系的思考不绝如缕，并且其重要性一直得到历代政治理论家的重视。近代以来，强调社群的观点常常成为批判个人主义、自由主义的理论资源。从这个意义上，当代重新出现的社群主义对自由主义的批判并非新生事物。"① 应该说，当代的社群主义者基本上秉承了亚里士多德、滕尼斯等人的关于"城邦"、"共同体"思想，麦金太尔、桑德尔、沃尔泽、泰勒、贝尔等社群主义者从不同的视角对社群主义进行了阐发。并以"善优先于权利"这一命题为理论出发点，对罗尔斯、诺其克、德沃金等人的理论进行批驳和反击。

其次，"新人权运动"或"第三代人权运动"为社群主义的产生提供了理论渊源。关于人权的理论，有学者把其划分为三代：以争取个人的自由、限制政府的干预的公民政治权利称为第一代人权；以"二战"以后通过政府的适当的干预使个人得到利益，公民得到的经济、社会和文化的权利称为第二代人权；以70年代后兴起的把权利建立在社群关系之上，由一定的社群集体共享的权利为第三代人权。前两代人权的主体强调的是个人，但第三代人权的主体已经开始强调社群了。

最后，社群主义是在批评以约翰·罗尔斯为代表的新自由主义的过程中逐渐发展起来的，在某种意义上，它是新自由主义的对立产物。我们知道，自由主义者或新自由主义者坚持"权利优先于善"的政治理念，这就为政府和社会的权力行使划定了界限——个人的天赋权利。而自由主义的政治理想在于以自由主义的价值理念解决各种社会的矛盾和冲突，以此达到社会的和谐。

然而，社群主义者认为："个人主义关于理性的个人可以自由地选

---

① 应奇：《从自由主义到后自由主义》，生活·读书·新知三联书店2003年版，第3页。

择的前提，是错误的或虚假的，理解人类行为的唯一正确方式是把个人放到其社会的、文化的和历史的背景中去考察。……社群既是一种善，也是一种必需，人们应当努力追求而不应当放弃。正义优先的原则要求权利优先的政治学，而善优先的原则要求公益优先的政治学。因此，用公益政治学替代权利政治学，便成为社群主义的实质性主张。"①

第二节　社群主义的理论建构

与新自由主义一样，社群主义也是以个人和社群的关系为基础来建构其理论体系的。然而，与自由主义把个人作为认识社会的逻辑起点相反，社群主义者则把社群看作出发点和基础。为此，以社群和传统等概念为理论武器，社群主义在不同的层面上对占据主流地位的自由主义进行了深入的批判性分析，并大体构建起了以社群为基础的政治哲学体系。

一　哲学形而上学：社群本原取代个体本原

我们知道，新自由主义的出发点是自我或个人，自我或个人成为其观察和分析问题、理论建构的基础和起点。以罗尔斯和诺齐克为代表的新自由主义所坚持的就是原子主义式的个体主义立场。一切事物和制度最终都被简约为个人行为，所以自由主义的方法论是个人主义或原子主义的。与此相反的是，社群主义者则把社群作为分析问题的逻辑起点和基础。

根据社群主义的立场，个人是前于社群而存在的，每个人都必然地拥有一个先验的自我，这种自我先于或独立于其目的和价值。罗尔斯在论述"原初状态"和"无知之幕"时，就特别强调个人与其所拥有的价值和目的的区别：处于"原初状态"和"无知之幕"中的个人被假定为浑然无知于任何有关其信仰、地位、规范等信息。罗尔斯说，在原初状态中，"没有一个人知道他在社会中的地位——无论是阶级地位还是社会出身，也没有人知道他在先天的资质、能力、智力、体力等方面的运气。我甚至假定各方并不知道他们特定的善的观念或他们的特殊的

---

① 俞可平：《社群主义》，中国社会科学出版社 2005 年版，第 27 页。

心理倾向。"① 当然，罗尔斯的原处状态中的"无知"并非全然无知，他认为，每个人的"自我"概念是被个人所先天地拥有的，否则，个人间的合作及对问题作出正确的理性判断都是不可能的。这样，罗尔斯的"自我"概念就具有了优先性和独立性的地位，为其理论的逻辑展开和深化铺设了形而上学的基础。

针对新自由主义者所提出的"自我"概念，社群主义者给予尖锐的批评："自由主义预设了一个有缺陷的自我观念，没有认识自我一方面是'嵌入'到对社群的承诺和价值观念之中的，另一方面其又部分地为这些承诺和价值观念所构成，而这些承诺和价值观念并不是选择的对象。"②

社群主义的重要代表人物桑德尔给予尖锐的批评。他认为，罗尔斯式的"自我"概念实际上只是一个空洞的抽象物。他指出："罗尔斯式的自我不仅是一个占有的主体，而且是一个先在个体化的主体，且总与其所拥有的利益具有某种距离。"③ 可见，罗尔斯为了论证和强调个人对社会和群体的优先权，排除了自我的所有经验成分，结果使其"自我"概念变成了虚无，变成了混沌无知的抽象自我。而用一个虚无概念作为全部政治哲学的形而上学基础，显然是很难立足的。

与罗尔斯相反，社群主义者十分强调社群对个人的优先性。他认为，与个人相比，社群具有绝对的优先地位。所谓社群，按照桑德尔的理解，"共同体不只描述一种感情，还描述一种自我理解的方式，这种方式成为主体身份的组成部分"④。按此观点，桑德尔的社群所描述的，"不只是他们作为公民拥有什么，而且还有他们是什么；不是他们所选择的一种关系（如同在一个志愿组织中），而是他们发现的依附；不只是一种属性，而且还是他们身份的构成成分。"⑤

应该说，罗尔斯所建构的个人——社群观是非常清楚和明晰的。他

---

① ［美］约翰·罗尔斯：《正义论》，何怀宏等译，中国社会科学出版社 1988 年，第 12 页。

② Allen E. Buchanan, "Assessing the Communitarian Critique of Liberalism", *Ethics*, Vol. 99, 1989, p. 853.

③ ［美］迈克尔·桑德尔：《自由主义与正义的局限》，万俊人等译，译林出版社 2001 年版，第 77 页。

④ 同上书，第 181 页。

⑤ 同上书，第 180—181 页。

论证道："我们想用一种以个人主义为理论基础的正义观，来解释社会价值，解释制度的、共同体的和交往活动中的内在善。由于人们清楚的一些理由，我们不想依赖一个不确定的共同体概念，或者假设社会是一种有机的整体，它有自己的一种独特生命，这种生命区别于且优越于它所有的成员在其相互联系中的生命。所以，我们首先制定出原初状态的契约观……从这个观点来看，不管它看上去是多么个人主义，我们最终还是必须解释共同体的价值。"① 可见，罗尔斯的理论逻辑是：优先于或独立于其目的和价值的"自我"到优先于社群目的和价值的社会正义原则。应该说，罗尔斯的理论中心在于建构起良好的社会正义原则，其"自我"概念的设定也必然是以此为中心的。

立足于社群主义的立场，桑德尔认为，自由主义颠倒了个人与社群的关系。任何个人都不能脱离其所属的社群和环境，个人的认同和属性是由他所属的社群和环境所决定的，脱离环境、社群和经验的个人没有目的和欲望等规定性，已经变成了空洞的虚无。因此，个人是社群、社会的产物，自我对其价值和目的不具有优先性，正是由这些价值和目的决定着自我。并且这些价值和目的也并非先天地形成的，而是由社会历史文化所形成的。任何人都不能自由地选择这些价值和目的，对个人来说，这些价值和目的是构成性的，它规定了人之所以为人。

桑德尔认为，按照罗尔斯的个人优先于社群的逻辑，我们也可以得出社群优先于个人的观点。他指出："一种构成性的共同体观念在形而上学意义上，不会比罗尔斯所为之辩护的构成性正义观念更成问题。因为，如果说共同体概念描述了一种自我理解的框架，这种自我理解的框架又区别、并在一定意义上优先于框架中的个人的情感和性情，那么，仅仅是在同样的意义上，公平正义描述了一个'基本结构'或框架，此框架也同样区别并优先于框架中的个人的情感和性情。"② 进而，桑德尔认为，与自我一样，正义必定受制于其所在的社群的目的和归属，不是自我，而是社群、传统和环境决定着其成员的认同和利益。可以看出，桑德尔认为个人只能发现而不能自发地选择自我，对"我是谁"

---

① ［美］约翰·罗尔斯：《正义论》，何怀宏等译，中国社会科学出版社 1988 年版，第 264—265 页。

② ［美］迈克尔·桑德尔：《自由主义与正义的局限》，万俊人等译，译林出版社 2000 年版，第 209 页。

的界定的优先性在"社群"而不在"自我"。因此，如果想理解一个人，首先需要考察的就是这个人的目的和价值，以及他所在社会的文化背景。

另一位社群主义的代表人物查尔斯·泰勒也对个人与社群关系给予分析和论证。他认为，自由主义式的、绝对自主和自由的"自我"和"个人"在现实中是不存在的。只有在社群和环境中，具有自主性的"个人"才能获得理解并得以发展。也只有在一定的环境中，个人才是真实的、完整的。因为"我们不是在我们是有机体的意义上是自我的，或者，在我们有心和肝的意义上我们并不拥有自我。我们是具有这些器官的生物，但这些器官是完全独立于我们的自我理解或自我解释或对我们具有意义的事物的。但是，我们只是在进入某种问题空间的范围内，如我们寻找和发现善的方向感的范围内，我们才是自我"。① 也就是说，个人的自我界定和理解不能脱离其所属的社会关系。"我的自我定义被理解为对我是谁这个问题的回答。而这个问题的说话者在交替中发现其原初含义。我通过我从何处说话，根据家谱、社会空间、社会地位和功能的地势、我所爱的与我关系密切的人，关键地还有在其中我最重要的规定关系得以出现的道德和精神方向感，来定义我是谁。"② "一个人不能基于他自身而是自我。只有在与某些对话者的关系中，我才是自我：一种方式是在与那些对我获得自我定义有着本质作用的谈话伙伴的关系中；另一种是在与那些对我持续领会自我理解的语言目前具有关键作用的人的关系中——当然，这些类别也有重叠。自我只存在于我所称的'对话网络'中。"③ 也就是说，"自我是被'镶嵌于'或'置于'现存的社会常规之中的——我们不可能总是能够选择退出这些常规。我们必须至少把某些社会角色和社会关系当作个人慎思的目的而给定的内容。"④ 因此，理解自我必须在"社会常规"（社群和环境）中进行，也只有在"社会常规"中，"自我"才是可以理解的。

---

① ［加］查尔斯·泰勒：《自我的根源：现代认同的形成》，韩震等译，译林出版社 2001 年版，第 47 页。

② 同上书，第 49 页。

③ 同上书，第 50—51 页。

④ ［加］威尔·金里卡：《当代政治哲学》（下册），刘莘译，上海三联书店 2004 年版，第 405 页。

　　同样，麦金太尔也通过对历史传统和个人的关系的考察来阐释其个人—社群观。麦金太尔回顾了历史上个人和社群间的四种关系，认为："在亚里士多德的实践推理中，他是作为公民个体进行推理的；在托马斯主义者的实践推理中，个体是作为探究者来探究他或她的善或他或她的共同体的善的；在休谟的实践推理中，个体作为有产或无产的参与者，处在一种特殊的相互关系和相互性的社会中；而在现代自由主义者的实践推理中，个体却作为个人而进行推理。"① 麦金太尔认为，按照自由主义的个人观，社群仅仅是个人自我选择和追求利益的一个场所，而政治秩序的作用则只在于提供了个人自我选择和追求得以进行的一种秩序。进而，他论证道，人们的道德价值通过历史的延续流传至今，因而，要获得对个人的目的、价值的准确理解，就必须首先理解个人所在的历史传统和社会文化背景。麦金太尔说："一种环境有一个历史，而个人行为者的历史不仅是，而且应当是置于这个历史中的，因为没有环境和环境在时间中的变化，个人行为者的历史和他在时间中的变化就是不可理解的。"② 可以看出，麦金太尔认为，只有把个人与传统文化连接起来，个体才能获得自我理解的可能性。

　　此外，麦金太尔还把个人生活描绘为神话所传播的一个叙述系统。麦金太尔认为："神话，在其原本的意义上，就是事情的核心。"③ "人在他的行为和实践上……本质上是一个讲故事的动物。他不是本质的，但是通过他的历史，他成为渴望真理的讲故事者。"④ 通过这样的叙述传统，个人就可以在其所属的社群中形成自己的性格，并规划、选择自己的未来生活。即 "我发现我自己是历史的一部分，一般地说，无论我是否愿意或是否认识到这一点，我都是传统的一个承担者"。⑤ 在麦金太尔看来，每人都有一个给定的角色和身份，并通过社会和传统给予界定，"因为我生活的故事永远嵌入我从中获取同一性的那些社群的故事

---

　　① ［美］A. 麦金太尔：《谁之正义？何种合理性？》，万俊人等译，当代中国出版社1996年版，第445页。

　　② ［美］A. 麦金太尔：《德性之后》，龚群等译，中国社会科学出版社1995年版，第260页。

　　③ A. Macinture, *The Concept of a Tradition*, in M. Daly ed., *Communitarianism：A New Public Ethics*, 1981, p. 122.

　　④ Ibid., p. 121。

　　⑤ Ibid.

中。我生而携带着过去，而且，以个人主义的模式，试图把我与过去割裂开，就是消解我现存的关系。"① 查尔斯·泰勒也这样认为："我并不能孤立地，而只能通过部分公开部分隐蔽的对话和商谈，来发现我的特性……我自己的特性本质上依赖于我与他人的对话关系。"② 这就是说，个体人格的特性是在我与周围他人的交流和对话中生成的，它不具有独立于社会的优先地位。

针对自由主义的权利优先论，社群主义认为，个人权利是社会历史的产物，其不具有对社会价值的先在性。自我永远现实地与生活于其中的社会语境连接在一起，这一语境是我们不能选择的，"是我们在其中实际上达成一致的那种面对面的语境。"③可以看出，个人是现实的而非先验的存在，他是由社会联系、社会组织和传统习惯意识等诸多方面所规定和构成，并通过这些现实的社会因素来理解和认识自我。麦金太尔说："我发现一个历史的我自己的部分，并且一般而言，不论我是否喜欢，是否认识到它，我都是传统的承载者之一。"④ 可以说，自我与形成自我的传统是不可分离的。

总之，社群主义者们都一致地认为，自由主义理论建构的基石——个人优先于社群——的观点是错误的，个体并不是先于社会而独立存在的，相反，社群才具有对个体和自我的优先地位。

二　政治哲学：社群中心取代个体中心

新自由主义的政治哲学以个体为中心，认为一个良好的社会在于对个体自由的绝对维护。与此相反，社群主义则力图把社群利益和传统价值置于政治话语的中心位置，其政治理想是形成民主性的社群，强调个人的自由和平等与社群的价值观相一致。因此，在批评新自由主义政治哲学的基础上，社群主义提出了关于公共利益和国家观的理论。

---

① A. Macinture, *The Concept of a Tradition*, in M. Daly ed., *Communitarianism*: *A New Public Ethics*, 1981, p. 124.

② Charles Taylor, *The Ethics of Authenticity*, Cambridge, Massachusetts: Harvard University Press, 1991, pp. 47 – 48.

③ Charles Taylor, *Source of the Self*: *The Making of the Modern Identity*, London: Cambridge, Massachusetts: Harvard Unversity Press, 1989, p. 38.

④ ［美］A. 麦金太尔：《德性之后》，龚群等译，中国社会科学出版社 1995 年版，第 279 页。

　　在新自由主义看来，通过个人主义概念就可以获得对自我及其社会
地位的理解，因为个人主义概念一直是人们理解自己及他们在社会中的
地位的理想方式。也就是说，每个人可以通过主观意识来界定自身的特
性，而无须他物。作为个体，人人都有主观意识所界定的独特的同一
性，形成并实施个人在历史中未展开的蓝图，拥有坚持这一生活蓝图的
不可让渡的权利。正如 J. 拉兹所言："个人自由理想背后的主导观念是
人们应创造属于他们自己的生活。"① "一个自主的个人是由成功追寻自
我选择目标和关系所组成的良好存在。"② 而社会制度的目的只在于维
护个人自由，否则就不具有合理性。

　　与这种自由主义观点相反，社群主义者试图建立以社群和传统为中
心的价值理想。针对新自由主义的个人主义概念，查尔斯·泰勒在《现
代性之隐忧》（The Malaise of Modernity）一书中叙述了现代性的三个隐
忧。其中第一个忧虑就是反思和批判作为自由主义政治哲学基础的个人
主义概念。泰勒认为："人们反复表达的一个忧虑是，个人除了失去了
其行为中的更大社会和宇宙视野外，还失去了某种重要的东西。有人把
这表述为生命的英雄维度的失落。人们不再有更高的目标感，不再感觉
到有某种值得以死相趋的东西。"③ 而且，这种"个人主义的黑暗面是
以自我为中心，这使我们的生活既平庸又狭窄，使我们的生活缺乏意
义，更缺少对他人及社会的关心"。④ 也就是说，泰勒认为个人主义使
"生活被平庸化和狭隘化，与之相联系的是变态的和可悲的自
我专注"。⑤

　　因此，"个人主义必然导致虚无主义的盛行。自由主义的政治实践
引导人们把自我视为绝对自足的个体，认为自由和理性是天赋的权利或
能力，因此，人之所以为人似乎可以不假外求。……人们习惯于认为自
己是完全独立地思考，相信自己的整个命运只操纵在自己手中。……然
而，由于这种自足的个体把自己的视野完全聚焦在自我利益之上，这就

---

①　Joseph Raz, *The Morality of Freedom*, Oxford: Clarendon Press, 1986, p. 369.

②　Ibid. , p. 376.

③　[加] 查尔斯·泰勒：《现代性之隐忧》，程炼译，中央编译出版社 2001 年版，第
4 页。

④　同上书，第 5 页。

⑤　同上。

大大遮蔽了实际上存在的两种联系：一方面人们看不到自己与他人的横向联系，另一方面对自己与历史传统的纵向联系缺乏自觉。由于失去了这些联系，人们就会丧失方向感。没有与他人的联系，我们就无法询问什么是善，就不知道怎么样的生活对人来说是善的和值得追求的。"个人主义也"导致社会联系的纽带被逐渐割断，社会认同感日益丧失。按照自由主义的理想，民主社会应有多元的自由，人们以自由为纽带建立社会大厦。然而，问题在于多元应是寓于统一性之中的多元性，各种分散的存在必须由统一的结构来构成稳定的建筑。'我'是自由的，但'我'应与'我们'同在。没有公共利益限制的个人主义是有害无益的……社会愈来愈缺少引起人们共同兴趣的主题，人们变得愈来愈冷漠"。如果人们都"坚持个人的一己私利，利益冲突和共同目的的萎缩导致了人们的相互冷漠，而冷漠又使社会变得缺少温情，人们日益丧失社群感和'我们感'（We-ness）"。"过分的个人主义和自由话语正摧毁着自由本身的基础。个人主义把人们的价值观从工作和热心公益事业引向重视个人满足、闲暇和审美的自我需要，这一转变常常伴随着对重大社会和政治问题的疏远，并使人们不愿介入与自己的直接利益无关的事情，这最终将导致民主制基础的削弱。"①

因此，泰勒认为，把个人及其权利视为优先于社群的自由主义政治哲学在理论和实践上都是难以立足的，"抽象地把原子主义和社会性论题对立起来，就大大限制了人们对适当的人类生活形式的权利，而且影响到对自我与个人的认同的理解。因为自由的个人、权利的载体只有通过他们与发展了的自由文明的关系才能设想自我、人格的认同，而一旦认识到这一点，就必然要求我们以与原子主义不同的方式赋予自由的个人去恢复、支持和完善社会的职责。"②

因此，"权利"至上的思想在理论上是站不住脚的。在泰勒看来，个人的权利和能力只有在一个社会和政治的语境中才能得到实现，而不是置身于政治社会之外。如果脱离语言的共同体和关于善和恶、正义和不正义的公共讨论，人就不可能成为道德的主体，不可能成为人类善的

---

① 以上引文参见韩震《查尔斯·泰勒对自由主义的批判》，《新视野》1997 年第 5 期。

② 应奇：《从自由主义到后自由主义》，生活·读书·新知三联书店 2003 年版，第57 页。

实现的候选人。泰勒所说的"语言集体"和"公共讨论"其实质就是一个文化背景，而一个社群在一定意义上就是一个具有共同文化背景的集体，具有共同文化特征的共同体。任何个体要实现个人的可能性都逃离不开这一背景，个人只有在某种特定的社会文化形态中，才有可能形成其自我认同。这就是泰勒要表明的个人同一性（individual identity）。任何个人要实现其可能性，必须以其所在的社会文化形态为前提，离开了社群，不仅个人的道德、理性和能力无从谈起，就是个人可能性的实现也无从谈起。因此，泰勒指出，"个人对社群这个共同体应当负有责任，有义务去完成、重建和维持这个社会，这样才有可能实现他在这个社会中的个人同一性。"①

进而，社群主义认为，在现实生活中，每个人都必然与其所属的各种社群相联系，并通过这种联系来寻求和发现自我。泰勒说："我们周围的事情不只是我们工程的潜在原料或工具，它们还根据它们在存在中的地位提供意义。"② 社群主义进一步论证说，既然个人的生活经验都是通过其所属的社群来界定，那么，政治哲学的中心和基石就应该是社群而不是个人。瓦尔泽主张建立一种"社群正义"模式来取代"自由正义"模式。他说："我们一起制造、分享、分配和交换，也一起制造、分享、分配和交换的事物；但每一种制造……都把我们分配在劳动分工之中。"③ 因此，政治哲学的核心要从个人权利向人们之间的分工和交换转换。由于社群的性质各异，所以社群内的分工和交换标准不是同一的，所以我们应该放弃个人主义式的"自由正义"模式，而建立起以共同分享理解为基础的"社群正义"模式。而且，社群主义者对自己的理论充满信心，认为这种"社群正义"的模式可以正确地描述人类生活，并可以运用于社会政治制度，以此来解决社会矛盾和冲突，实现社会的动态和谐。

与社群主义的命题"善优先于权利"相对应，社群主义认为，公共

---

① 参见孙云峰、安克娴《批判新自由主义视野中的社群主义自我观》，《唯实》2005 年第 1 期。

② Charles Taylor, *The Ethics of Authenticity*, Cambridge, Massachusetts: Harvard University Press, 1991, p. 3.

③ Micheal Walzer, *Commplex Equality*, in M. Daly ed, *Communitarianism: A New Public Ethicis*, p. 101.

利益同样也优先于个人权利，这时一个自然衍生的逻辑命题。有学者非常重视这个命题，认为这一命题是自由主义和社群主义的分水岭。

我们知道，社群主义用公共的善（Pubic Good）来界定社群的生活方式。这种"公共的善"要求限制个人选择和追逐其自己生活方式的自由，而鼓励人们对共有价值或利益的追求。对此，戴维·米勒解释说："公共利益就是这样一种利益，当把它提供给某个人时，它必然同时也自动地为同一社群的其他成员所享有。"①

此外，公共利益还有另外一个比较明显的特性，即米勒所说的相关性：公共利益受到损害，其影响的对象不仅仅是社群的某个成员，而是包括社群内的所有成员。米勒举例说："如果空气受到污染，那么不光是世界上某一个人吸不到新鲜的空气，而是所有生活在此处的人都吸不到新鲜空气，如此等等。当然，公共利益的这种相容性也经常会直接导致个人的或多或少的'搭便车'（free ride）动机——公共利益的增加或减少，反正不会直接使个人的利益比别人更多或更少，所以个人对公共利益的奉献不仅无好处，且常常无意义，还不如让别人去作奉献，自己则坐享其成。从理论上讲，这种搭便车动机对于每个人来说都是存在着的，在日常生活中也确实司空见惯。米勒认为，如果所有人或多数人都存在这种'搭便车'的心理，那么结果势必使得整个公共利益便受到了损害，最终他自己的利益也将受到损害。"② 所以，重视公益是保护个人权利和自由的重要方式，也是生活在社群中的人们的应然活动方式。

麦金太尔还认为，以罗尔斯和诺齐克为代表的新自由主义者在对正义的阐述中，都没有提及"应得赏罚"这一概念，这样所造成的结果就是，我们根本不知道任何人应得什么。而如果这一概念没有位置或中心位置，那么，自由主义者的正义就不是真正的正义。麦金太尔论道，在罗尔斯和诺齐克的阐述中都是"个人第一、社会第二，而且对个人利益的认定优先于、并独立于人们之间的任何道德的或社会的连接结构。但是正如我们已经看到的一样，应得赏罚的概念只有在这样的一个社会

---

① 转引自俞可平著《社群主义》，中国社会科学出版社 2005 年版，第 130 页。

② Miller David, *Market*, *State and Community*：*Theoretical Foundation of Market Soeialism*, Oxford：Clarendon Press, 1989, pp. 81 - 82.

共同体的背景条件下才适用，即该共同体的基本连结物是对人而言的善
和共同体的利益（good）这两者有一个共同的理解，个人根据这种善和
利益判定自己的根本利益"。① 也就是说，麦金太尔认为，公共的善是
个人利益和公共利益互相包含或蕴含的必要前提。而且，正由于我们在
共同体中所追求是共同的善或利益，所以共同体中的个体之间不存在利
益的冲突。

　　社群主义强调高级的善，尤其以强调最高级的善即"公共的善"
（public good or common good）而闻名。公共的善有两种基本形式，一种
是物化的利益，另一种是非物化行为。前者就是我们常说的公共利益。
公益是社群主义界定社群的生活方式的最高境界。按照社群主义的观
点，每个人都应当努力追求美德，在追求美德的过程中实现一种善良的
生活。个人生活在社群之中，社群给予个人共同的目的和价值。因此，
个人的善势必与社群的善结合在一起，真正的善就是个人之善与社群之
善的有机结合。个人利益之中包含公共利益，公共利益之中也蕴含个人
利益。用麦金太尔的话来说，作为个人的自我的善和社群中其他同胞的
善是同一的，我追求我的利益绝不会与他追求他的利益相冲突。因为我
们追求的是共同的善，它不是私人财产，不为你或我所特有，而是我们
共同地拥有。社群主义用这种共同的善来界定社群的生活方式。这种共
同的善与其说调整着个人的偏好，还不如说提供了一种评价这种偏好的
标准。人们的共同目的规定了社群的生活方式，社群的生活方式决定了
公众关于善的概念，并使公众的偏好倾向于共同的善。所以，公众对这
些目的的追求并不是出自中立的动机，而是由其偏好推动的。在这里，
社群主义再次表现出与自由主义的对立。因为中立的动机（neutral con-
cern）恰恰是自由主义关于共同善的概念的基础，在自由主义者眼中，
所谓共同的善就是那种能保证个人自由选择能力的善，这种共同的善的
概念要求限制人们对共有价值的追求。而在社群主义者眼中，共同的善
正是对那些共有价值的追求，它要求限制个人选择和追逐自己的生活方
式的自由。② 可见，"在社群主义的社会里，共同利益被想象成一种关

---

　　① ［美］A. 麦金太尔：《德性之后》，龚群等译，中国社会科学出版社 1995 年版，第
315 页。
　　② 以上引文参见俞可平《当代西方社群主义及其公益政治学评析》，《中国社会科学》
1998 年第 3 期。

于优良生活的实质观念，并由它来界定共同体的'生活方式'。这种共同利益不再取决于人们的偏好模式，相反，它为评价那些偏好提供了一个标准。共同体的生活方式是对善观念进行公共排序的基础，而个人偏好的分量取决于偏好者在多大数程度上吻合了这种共同利益或在多大程度上为这种共同利益作出了贡献"。①

另一位社群主义者迈克尔·沃尔泽这样解释公共利益。他指出，"男男女女之所以走到一起结合成各种社群，是因为他们拥有共同的需要。人类不仅拥有共同的需要，而且拥有关于共同需要的观念。人们所拥有的需要以及偏好不仅与其本性有关，而且也与其历史和文化有关。他们的生存和繁荣需要共同的努力，如反对外族的入侵和掠夺，抵御饥馑、旱涝、火灾、疾病等自然灾害。所有最古老的人类社群如军营、寺庙、作坊和城镇，最初的形成都是为了某种共同的利益。社群所提供的公共利益形形色色，各不相同，但无非'安全'和'福利'两大类，所以，可以把各种人类社群看作是'安全和福利'的场所。反之，为公民提供安全和福利，也是国家官员的基本职责。人类各种社群之间之所以千差万别，部分地也是因为它们所提供的社会利益不一样。所以，在沃尔泽看来，社群为其成员提供利益的方式直接体现了人类的各种不同社会制度。"② 可以看出，对社群利益、公共利益的强调是社群主义理论家的共识。

除论及公共利益外，社群主义者几乎都论及国家，并把国家看作最重要的政治社群。可以说，社群主义的国家观是其整个理论的重要组成部分，是社群主义的理论归宿。

归纳起来，新自由主义国家观上有这样两种倾向：其一，在国家对待公民的关系上，保持国家中立；其二，在公民对国家的关系上，不鼓励公民的政治参与。诺齐克在其力作《无政府、国家与乌托邦》中有这样的结论："只有一种'最弱意义上的国家'（minimal state）能够得到合法性的证明，而这种国家简单说来就是一种主要限于保护性功能的

---

① ［加］威里·金里卡：《当代政治哲学》（下），刘莘译，上海三联书店 2004 年版，第402 页。

② 转引自俞可平《社群主义》，中国社会科学出版社 2005 年版，第 130—131 页。

国家，一种古典自由主义传统所谓'守夜人'式的国家。"①

对此，社群主义给予积极的回击。他们说，首先，美德与价值观密不可分。而只有国家才能担负起对公民进行美德教育、树立正确的价值观的职责。因而，不能让公民自发地作为。其次，公民的职责就是积极的政治参与，而这也是公民的美德。具体地说，社群主义的国家观有以下两个主要方面的内容。

第一，在国家方面，社群主义主张"强国家"，主张以"公益政治"替代"中立政治"。这里所说的"强"是就国家职能方面说的。自由主义主张限制国家公共政治生活的范围，同时扩大私人生活的范围，社群主义则认为："一个政治社群，如果把推行公共利益作为己任，它所提供的公共利益的范围越大，获益的人数越多，就越符合善良生活的要求。桑德尔说，如果一个政治社群，所提供的公共利益很少，或者公共利益的享受者寥寥，这样的社会纵使最公正，也不能算是一个良好的社会。"社群主义还主张："包括政府在内的各种政治社群，应当在保护和促进公共利益方面更加有所作为。"桑德尔指出："在当前的全球资本主义时代，资本纷纷从价格昂贵的发达国家流向发展中国家，这直接影响到资本流出地人们生活的下降。针对这种情况，他坚决主张政府采取强硬措施，阻止资本自由流动。"②

"国家中立"（neutrality of state）是新自由主义的基本原则之一，自由主义者雷兹把其分为两个论题："排除理想"（exelusion of ideals）和"立场中立"（neutral concern），也就是说，为了保证个体的自由选择权（即使这种选择与国家的选择或社会上大多数人的选择不同，只要这种选择没有侵犯到其他人的自由和权利），政府就不能对个人所作的选择进行任何价值判断，必须保持立场中立。

社群主义者认为，首先，"国家中立"原则难以达到公共的善，从而实现公共利益。公民的美德和善行是促进公共利益的基础，但公民的美德不是生来就拥有的，也不是自发地产生的，而是社会地形成的，是通过教育而获得的。而且，公民的美德与其价值观是分不开的，一个具

---

① 何怀宏：《公平的正义——解读罗尔斯〈正义论〉》，山东人民出版社 2002 年版，第179—180 页。

② 俞可平：《社群主义》，中国社会科学出版社 2005 年版，第 145—146 页。

有美德的人必须知道什么是善的，什么是恶的，什么是值得做的，什么是不值得做的。唯有国家才能引导公民确立正确的价值观，也唯有国家才能承担起对公民进行美德教育的责任。如果国家在这些方面保持中立而无所作为，让公民完全自发地作为，结果只能是损害社会的公共利益。所以，社群主义者说：为了社群的共同的善，必须拒绝中立原则；为了国家的"公益政治"，必须放弃自由主义的"中立政治"（politics of neutral concern）。①

其次，国家中立原则无益于民主政治的合法性。在查尔斯·泰勒看来："国家中立原则对民主政治的合法性有两大损害。其一，由于过分强调保护个人自由，以至于不鼓励某些更好的生活方式。自由的个人只有在一定的社会中才能维持其认同，他不可能只顾自己的选择而不顾他人的选择。个人的自由选择是多种多样的，这种自由选择的多样性恰恰只有在对它的价值具有共识的社会中才能实现。没有国家的引导，对自由选择的价值的共识就不可能达成。其二，西方的民主制度正在经历合法性危机，产生这种危机的原因是福利国家正在对公民提出越来越多的要求，而公民却看不到国家在其中应起的核心作用。由于强调个人权利，每个人的自由选择常常独立于社会的'共同生活方式'，国家对此采取放任的不干预政策，从而使个人日益缺乏对公共利益的认同，公民不愿承担应当承担的义务，反而把国家为了推行福利国家而不得不建立的公正的自由民主秩序当作是对公民个人的非法要求。"②

第二，在公民方面，社群主义主张公民积极参与政治生活。（1）个人积极的政治参与可以实现自我价值。社群主义认为，对公共利益的追求是一种美德，而国家的政治活动涉及的是最大多数人的利益。因而，每一公民都应积极参与政治生活，从而实现自我价值。（2）积极的政治参与是争取和扩大个人权利的重要途径。社群主义认为，个人权利不是天赋的，而是历史生成的。那么如何获得更多的个人权利呢？除了积极的政治参与，没有其他更好的途径。因为只有通过积极的政治参与，个人才可以获得社群赋予的成员资格和公民资格，而成员资格和公民资

---

① ［美］迈克尔·桑德尔：《道德与自由主义理想》，《新共和杂志》，1984 年。

② 转引自韩震《政府：不应当做什么，应当做什么——自由主义和社群主义的最新争论》，《政治学研究》1998 年第 1 期。

格正是最基本的个人权利。（3）积极的政治参与还可以有效地防治集权专制。自由主义不鼓励个人积极参与政治生活，认为这样会干涉个人的选择自由。相反，社群主义则认为，如果每一个人都不关心政治，对政治采取不理不睬的态度，专制集权就容易发生。因为，没有参与的政治生活、公共活动和公共协商，这样的政治不可能产生民主性的政治。

我们知道，新自由主义认为，国家无权强迫公民做不愿意的工作，即使这一工作对公民个人和国家都是有益的。而社群主义则认为，国家有权这样做，而且必须这样做。社群主义者丹尼尔·贝尔就指出过，由于公民当时可能尚未认识到做这些事对自己所带来的好处，所以国家还可以强制性地使公民做一些这样的事。

三　美德哲学：公共的善取代个体权利

权利和美德是近代以来政治哲学、伦理学所研究的核心范畴和中心概念。新自由主义和社群主义所争论的焦点就在于权利与美德何者优先、何者为第一性的问题。新自由主义强调个人权利具有压倒一切的优先性，把个人权利看作分析问题的起始点或出发点。用自由主义者罗纳德·德沃金的话说，他和罗尔斯、诺齐克三个人的理论都是"权利优先论"（primacy-of-right theory）或"权利基础论"（rights-based theory）。

我们知道，自由主义者认为个人的权利和自由是自然天赋的、与生俱来的，因而其存在不受制于任何意志和权威。任何国家、政府、教会及政党等组织的行为活动必须以保护而不是侵犯个人天赋的自然权利为前提和基础。康德通过其先验的社会论认为国家产生于个人权利的转让和让渡，洛克则认为个人的自由权利凌驾于政府之上，政府的行为活动必须征得被统治者的同意，否则，被统治者就有权利推翻它。

在罗尔斯的公平的正义理论体系中，正义具有首要的地位。正义不仅仅是作为偶然的因素被权衡和考虑的许多价值中最重要的价值，而且是衡量和估量各种价值的定律。也就是说，当诸多价值间的相互冲突而无法解决时，正义则是它们之间赖以和解和调节的标准。

在罗尔斯的《政治自由主义》一书中，罗尔斯认为，权利的优先性理念是一个本质要素，"而在公平正义中，该理念作为公平正义观点的一种形式具有其核心作用。人们对这种优先性可能会产生种种误解。比如说，人们可能会认为，该优先性意味着，一种自由主义的政治正义观念根本无法使用任何善的理念，也许那些纯粹工具的善的理念是个例外；或者那些作为偏好问题或个体选择问题的善的理念可以例外。这种看法肯定不正确，因为权利（正当）与善是相互补充的，任何正义观念都无法完全从权利或善中抽演出来，而必须以一种明确的方式将权利与善结合起来。权利的优先性并不否认这一点。"①

进而，罗尔斯论证道："在公平正义中，权利的优先性意味着，政治的正义原则给各种可允许的生活方式强加了种种限制，因而公民的要求是，任何追求僭越这些限制的行为都是没有价值的。但是，只有当正义制度和政治美德不仅是可允许的，而且也是完全值得公民为之奉献忠诚并且得到它们维护的生活方式时，才能期许公民们把这些制度和美德看作是正义而善良的社会制度和政治美德。政治正义观念本身必须为这些生活方式留下足够的空间。因此，如果说正义设定了限制，而善则表明了意义所在，那么，正义也不能过于狭隘地设定这种限制。"② 在罗尔斯看来，其政治自由主义是为政治生活和社会生活的主要制度提供一种政治的正义观念，而不是为整个生活提供一种政治的正义观念。

和罗尔斯一样，激进自由主义哲学家诺齐克也是从康德的契约论原则出发，强调尊重个人的权利和自由。他认为："明确申言：个人拥有权利。有些事情是任何他人或团体都不能对他们做的，做了就要侵犯到他们的权利。这些权利如此强有力和广泛，以致引出了国家及其官员能做些什么事情的问题（如果能做些事情的话）。"③

显然，诺齐克支持最弱意义的国家和政府，所谓"最弱意义"，是从国家职能上说的，即管事最少的国家，具有保护性功能（保护公民的自由和权利）的国家。"这种国家存在的道德根据就是看其是否侵犯了个人权利。若在国家产生和活动过程中没有侵犯到个人的权利，那么它的产生和活动就是正当和可允许的；但若是侵犯到个人的权利，那么它的产生和活动就是不正当和不允许的了。个人权利在此成为国家行为的一种根本的道德标准和道德约束。这种约束没有目的因素，而是一种边

---

① ［美］约翰·罗尔斯：《政治自由主义》，万俊人译，译林出版社 2000 年版，第184 页。

② 同上。

③ ［美］罗伯特·诺齐克：《无政府、国家与乌托邦》，何怀宏等译，中国社会科学出版社 1991 年版，第 1 页。

际约束，也就是说，这种约束并不要求国家之建立和运行要以个人权利为目标，旨在最大限度地扩大和加强个人权利，或者最大限度地减少对个人权利的侵犯，而是对国家行为的一种标准限制，它要求国家的一切行为不能侵犯个人权利，哪怕是为了扩大个人权利的目的来为其侵犯个人权利的行为进行辩解都是不允许的。"① 在诺齐克那里，"最弱意义国家是能够证明的功能最多的国家。任何比这功能更多的国家都要侵犯人们的权利。"②

对这种"权利优先论"的理论核心，桑德尔总结道："社会由多元个人组成，每一个人都有他自己的目的、利益和善观念，当社会为那些本身不预设任何特殊善观念的原则所支配时，它就能得到最好的安排；证明这些规导性原则之正当合理性的，首先不是因为它们能使社会福利最大化，或者是能够促进善，相反，是因为它们符合权利（正当）概念，权利是一个既定的优先于和独立于善的道德范畴。"③

查尔斯·泰勒认为："如果'善'指后果主义理论中的首要目标，而权利单纯由其为这个目的的工具意义所决定，那么我们应当坚持权利优先于善。但是，如果在我们这里讨论的意义上使用'善'，而它意指的是所有被性质差别标明为高级东西，那么我们可以反过来说，在这个意义上，善总是优先于权利。其所以如此，并不在于它在我们早先讨论的意义上提供着更基本的理由，而在于，就其表达而言，善给予规定权利的规则以理由。"④ 戴维·米勒也表达了类似的观点，他认为："就利益的价值是由它们对作为整体的相关人群的价值来确定的这一点而言，正义是与对这种利益的分配有关的，但正义必须不对个人的偏见保有先见。这就是说，尽管在私人评价上存在歧异，但仍然只有当我们假定存在着对于一定范围的物品、服务、机会的社会价值的广泛共识时，社会正义的观念才是有意义的。"⑤ 因此，社群主义认为，善必定优先于

---

① 张天上：《社群主义权力观研究》，博士学位论文，吉林大学，2008 年，第 28—29 页。

② ［美］罗伯特·诺齐克：《无政府、国家与乌托邦》，何怀宏等译，中国社会科学出版社 1991 年版，第 155 页。

③ ［美］迈克尔·J. 桑德尔：《自由主义与正义的局限》，万俊人译，译林出版社 2001 年版，第 1 页。

④ ［加］查尔斯·泰勒：《自我的根源：现代认同的形成》，韩震等译，译林出版社 2001 年版，第 134 页。

⑤ ［英］戴维·米勒：《社会正义原则》，应奇译，江苏人民出版社 2001 年版，第 9 页。

权利。

　　我们认为，自由主义的权利优先论所关注的焦点是如何最大可能地确保和实现每一个公民的基本权利问题。因而，权利优先论所必然要思考的问题是政府组织形式问题，因为公民的基本权利要靠政府才能实现。关于这一点，自由至上主义者诺齐克也是承认的。所以，关键的问题是政府的权力界限问题。在这一问题上，罗尔斯和诺齐克之间也存在着分歧，罗尔斯认为国家、政府首先要保证公民享有基本的政治自由权利，在此前提下，国家、政府还应通过经济资源的分配和调整以保护弱势群体的利益。而诺齐克则认为，只有"守夜人"式的国家和政府才是合法的。当然，二人在对待公民的个人价值问题上，即关于何种生活为"善"的生活问题上，二人观点完全一致，即公民个人是判断的主体，舍此另无标准。

　　进而，在自由主义看来，"每个人都是独特的，每个人都是自由的或者应该是自由的，我们当中的任何人都有权利或者应该有权利创造或型塑属于自己的生活方式，并且通过自由、开放和没有限制的选择实现这种生活方式。"① 政府不应该在公民的生活价值观念上横加干涉。"一个人按照某种全面的计划塑造他的生活，也就是在赋予他的生活以某种意义。只有一个有能力如此塑造他的生活的存在者，能够拥有或者努力追求有意义的生活。"② 因此，"为了保证人们过有意义的生活的可能性，有必要赋予他们自由主义的权利。"③ "什么是好的生活"这个问题可能在不同的人那里有不同的答案。自由主义认为，这种分歧是十分合理的，也正是这种对于生活意义的看法的多样性理解造成了价值的多元。而价值的多元意味着"对多种多样的目的、'善的观念'予以容忍，而不问这些目的彼此是否能相容"。④ 政府不能用高压的手段将它不喜欢乃至认为错误的价值观进行禁止，使它们无法生存。在自由主义

---

　　① ［美］弗里德曼：《选择的共和国：法律、权威与文化》，高鸿钧等译，清华大学出版社 2005 年版，第 10 页。

　　② ［美］罗伯特·诺齐克：《无政府、国家与乌托邦》，何怀宏等译，中国社会科学出版社 1991 年版，第 60 页。

　　③ ［英］乔纳森·沃尔夫：《诺齐克》，王天成、张颖译，黑龙江人民出版社 1999 年版，第 31 页。

　　④ ［英］安东尼·德·雅塞：《重申自由主义：选择、契约、协议》，陈茅等译，中国社会科学出版社 1997 年版，第 17 页。

看来，政府在个人价值观的问题上应当保持中立，政府所能做的就是确保每个人的权利，为人们追求不同的善观念提供中立性的框架，而让每个人凭着自己的自由去选择自己认为正确的人生观及价值观。因此，政府价值中立包含两个方面的内容："首先，他们具有对'好生活'进行设想的能力，能够按照理性根据来修改、提炼和发展他们对那个生活的看法。因此，他们有权利把他们的人格看作是独立于（而不是等同于）任何具体的'善'的观念。其次，他们能够对他们的目的担当责任——他们必须能够按照正义的原则和基本的善的一个指标来调整他们能够合理地期望的东西。"① 用罗尔斯的话说就是："自由主义的一个关键假设是，各平等的公民都有着各自不同的因而也的确是无公度的和不可调和的善观念。在现代民主社会里，这种多样性生活方式的存在被看成是一种正常状态，只有独裁地使用国家权力才能消除这一状态。因此，自由主义把善观念的多元性作为一种现代生活的事实接受下来，当然，条件是这些观念得尊重适当的正义原则所具体规定的各种界限。自由主义既力图表明善观念的多元性是可欲的，也力图表明一自由政体如何适应这种多元性，以实现人类多样性的多方面发展。"②

概言之，自由主义的政府价值中立原则允许个人在价值选择和道德判断的问题上自由地行事而不受公共权力的干预。在自由主义看来，"没有尊重个人自我选择能力的国家可能剥夺了人们良好生活的必要条件。"③ 只有以正义优先进而以权利优先为基本架构的社会才能为所有成员追求善、幸福和美德提供平等的机会和可能性。也只有在那样的社会所提供的环境中，善和美德才有可能自由地生长。

社群主义认为，个人权利不是具有普遍性的先验存在物，其产生和形成必然依赖于其所在的社群传统、历史和环境。在社群主义看来，个人总是某个社群的成员，而个人生长所依赖的社会环境差异很大，这些都导致了个人行为、价值和地位的差异，所以，普遍的毫无差别的权利在现实中

---

① 徐向东：《自由主义、社会契约与政治辩论》，北京大学出版社2005年版，第247页。
② ［美］约翰·罗尔斯：《政治自由主义》，万俊人译，译林出版社2000年版，第322页。
③ ［英］亚当·斯威夫特：《政治哲学导论》，萧韶译，江苏人民出版社2006年版，第160页

是不存在的,"相信它们就如相信狐狸精与独角兽那样没有什么区别。"①

应该说,与新自由主义一样,权利概念在社群主义那里也是重要的概念和范畴。其不同之处在于权利的来源问题:自由主义认为权利是普遍的、先验的;而社群主义则认为权利是个别的、经验的。

因此,在社群主义看来,权利生成于并指向于社群。离开了社群和环境,权利也就失去了根基和基础。美国社群主义者丹尼尔·贝尔这样说:"没有一个社群的观念,个人的权利就无法长期存在。"②可见,相对于个人的权利概念而言,社群的观念必定是原初性和本原性的。

此外,社群主义还从成员资格角度来阐释个人的权利概念。社群主义认为,作为社群成员的个人,其认同于社群的方式是通过其成员资格进行的。因此,"对个人来说,最重要的和基本的身份便是成员资格。没有这种成员资格,就不能形成个人的自我认同,没有这种成员资格,所有个人的权利就无从谈起。这种成员资格是人类社会的首要利益和首要资源。所谓分配的正义,首先就是成员资格的分配,这是其他一切分配的基础,它直接决定个人权利的分配。自由主义强调分配的正义,但社群主义认为他们没有谈作为个人权利前提的成员资格,这就忽视了最重要的分配正义问题:成员资格是如何分配的?"③应该说,在特定的意义上,成员资格与个人权利具有某种同一性。

迈克尔·沃尔泽从成员资格的角度表述了其权利观念。他说:"在人类某些共同体里,我们互相分配的首要善(primary good)是成员资格。而我们在成员资格方面所做的一切,建构着我们所有其他的分配选择:它决定了我们与谁一起作那些选择,我们要求谁的服从并从他们身上征税,以及我们给谁分配物品和服务。"④因此,权利理论的出发点事实上是对成员资格的解释,"它必须在某一时期且在同一时期维护(有限的)封闭权利,没有封闭权利,将根本不存在共同体和现有共同体的政治包容性。因为只有作为某个地方的成员,男人们和女人们才有希望

---

① 参见〔美〕A. 麦金太尔《追寻美德》,宋继杰译,译林出版社2003年版,第88页。

② 〔美〕丹尼尔·贝尔:《社群主义及其批评者》,李琨译,生活·读书·新知三联书店2002年版,第1页。

③ 张天上:《社群主义权力观研究》,博士学位论文,吉林大学,2008年,第116页。

④ 〔美〕迈克尔·沃尔泽:《正义诸领域:为多元主义与平等一辩》,褚松燕译,译林出版社2002年版,第38页。

分享所有其他社会物品——安全、福利、荣誉、职务和权力——而这些物品都是公共生活可能提供的。"①

　　社群主义的重要代表人物桑德尔认为，把权利视为优先于善或是把正义视为社会的首要德性是新自由主义的论旨。新自由主义断定权利的优先性，它寻求那些不预先设定的善的概念的原则，这就是罗尔斯所说的正义是社会制度首要道德的意思。正义高于其他一切价值，它提供一个框架，规定相互对立的价值和目的。因此，正义必须拥有一种独立于那些目的的命令。按照新自由主义的理论，一个公正的社会不是努力促进任何特定目的，而是使其公民追逐其自己的目的，而不与其他所有人的自由相冲突。所以它必定受那些不预先规定任何特殊的善的规则的制约。证明这些规则的东西首先不是使一般利益最大化，或促进善，而是证实权利的概念，这是一个优先于善并独立于善的概念。按照新自由主义的这种思维逻辑，权利在两种意义上优先于善：权利优先意味着不能因普遍的善而牺牲个人权利；界定权利的正义原则不能建立在任何特定的善的生活观上。

　　桑德尔指出，这种权利优先于善的主张从根本上说是错误的。正确的观点应当是，权利以及界定权利的正义原则都必须建立在普遍的善之上，善优先于权利和正义原则。这是因为：（1）把政治建立在权利之上，意味着相信正义对于我们的所有特殊目的和我们对善的感知（conception of the good），都应当具有绝对的优先性。（2）接受正义优先于我们对善的感知，意味着相信我们的认同可以先于善而确立。否则，我们对善的感知会进入我们对正义的感知。（3）由于我们的认同是由我们对善的感知构成的，所以正义不可能具有优先性。②

　　针对新自由主义的权利优先论，麦金太尔批评说："无论道德规则多么完美，如果人们不具备各种具体的美德，就不可能对个人的行为发生什么影响，更不用说成为人的行为规范了。只有拥有美德的人，才能

─────────────

　　①　［美］迈克尔·沃尔泽：《正义诸领域：为多元主义与平等一辩》，褚松燕译，译林出版社 2002 年版，第 78 页。

　　②　Michael J. Sandel, "The Procedural Republic and the Unencumbered Self", *Political Theory*, Vol. 12, 1984, pp. 81 - 96. 转引自俞可平《当代西方社群主义及其公益政治学评析》，《中国社会科学》1998 年第 3 期。

更好地运用道德规则。"① 我们知道，"道德"的本义确实有行为规则和实践训诫之意，但它首先是指向人、人的德行和品格等方面。由于新自由主义扭曲了道德的正当内涵，因此，其权利优先论必然是缺乏根据的。据此，麦金太尔得出这样的结论：对个人来说，不应当是权利优先，而应当是美德优先。

当然，尽管社群主义者反对新自由主义的权利优先论，但这并不意味着他们只破不立，相反，他们提出不同于新自由主义的另一种权利论和美德论。

社群主义者认为，个人权利是社会活动的产物，是历史地形成的，并不具有对各种社会价值的优先性。因为任何个人都是社群的成员，他是在社会环境中长大的，而社会环境的差异直接导致个人行为、价值和地位的差异。普遍的、无差别的权利在现实社会中是不存在的。麦金太尔从历史学和语言学两个方面论证自由主义权利观的非现实性。（1）他明确指出："对有理性的行为者来说某些利益上必须的主张为什么与拥有某种权利的主张如此不同呢？原因之一在于，事实上后者是以存在有一套由社会确立的规则为前提的，而前者却没有这样的前提条件。这样的规则仅在特定的社会条件下出现于特定的历史阶段。它们绝非人类状况的普遍特征。"②（2）他通过语言学和历史学的研究指出："在中世纪结束之前的任何古代或中世纪语言中，都没有恰当地译作我们说的'一种权利'的表达，也就是说，1400 年以前，在古典的或中世纪的希伯来语、希腊语和阿拉伯语中，没有任何说法可以表达这一概念，更不用说古英语了。"③他还说："根本不存在这种权利，相信这种权利与相信独角兽或巫术是一样的。"④他这里所说的"这种权利"指的是："人们都认定它们同等地隶属于所有个人，而不管其性别、种族、宗教信仰、天资或功过情况如何，这种权利为各种各样的特殊道德态度提供了基础。"⑤

---

① 转引自俞可平《社群主义》，中国社会科学出版社 2005 年版，第 113 页。

② ［美］A. 麦金太尔：《德性之后》，龚群等译，中国社会科学出版社 1995 年版，第 86 页。

③ 同上书，第 88—89 页。

④ 同上书，第 89 页。

⑤ 同上书，第 88 页。

当然，社群主义者并非不承认个体权利，只不过他们认为个体权利的实现离不开个体所在的社群。为此，他们提出另一种权利论。具体说来，有以下几个方面：

第一，主张法律权利，反对自然、天赋的权利。在社群主义者看来，权利是一种由法律所规定的用以保护个人正当利益的制度安排。由于社会关系和社会制度差异性的存在，所以权利的内涵不尽相同。新自由主义者认为，个人权利本质上是一种自然权利或道德权利，即它是人类与生俱来的天赋权利。

与此相反，麦金太尔认为所谓天赋的、自然的权利是不真实的、虚构的、没有意义的、不可理解的。真正的权利必须以某种特定的社会规则和社会条件为前提和基础，而这些特定的社会规则和社会条件只存在于特定的历史时期和社会环境中，它们绝不具有自然的、天赋的普遍特征。

为此，社群主义反对自由主义的道德权利说（抽象的无限权利），主张法律权利说（现实的具体权利），认为权利是"由法律规定的人与人之间的社会关系，是一种保护个人正当利益的制度安排，离开了一定的社会规则或法律规范，个人的正当行为就无法转变成不受他人干涉的权利"。权利只有得到法律的保护才有现实意义。社群主义强调个人对于社会的依赖性，认为社会的政治、经济、文化等条件是实现个人权利的前提。"与通过单独行动所实现的权利相比，个人在与政府的合作中所实现的权利要大得多。"①

第二，重视积极权利，反对消极权利。从分析的角度看，个体权利可分为积极权利（Positive Rights）和消极权利（Negative Rights）。所谓"积极权利"是指，个人要求国家、政府加以积极行为而获得的权利，这类权利主要指各种社会福利权或各种受益权，如工作权、受教育权、娱乐权等。为了保障个人获得这些权利，国家、政府必须积极地作为。而"消极权利"是指，个人由于国家、政府的无所作为而获得的权利，如言论权、出版权、居住权等。对于个人的这些消极权利，国家、政府不仅不能对之侵犯，而且只能以消极的不作为方式予以保护（保护这种权利免受他人的侵犯）。

---

① 俞可平：《权利政治与公益政治》，社会科学文献出版社 2005 年版，第 288—289 页。

从自由主义的逻辑来看，它强调个人具有自我自决能力和独立性，甚至强调个人有自我免受制约的自由。这样，个人就可以由于政府的无所作为而获得一些权利，这就是强调个人的消极权利。社群主义则与此相反，查尔斯·泰勒认为，因为自由的个人、权利的载体只有通过他们与发展了的自由文明的关系才能设想为自我、人格的认同，而一旦认识到这一点，就必然要求我们以与原子主义不同的方式赋予自由的个人去恢复、支持和完善社会的职责。根据这样的逻辑，"'自我'自由获得（free to）某些社会政治、经济和文化条件的能力，对个人权利的实现才是至关重要的。那些制约个人自由选择的社会条件只有通过社群的积极努力才能实现，所以积极权利比起消极权利来说更加重要。社群主义还认为，社群对其成员具有内在的吸引力，这种吸引力的主要来源之一便是它对成员提供仅凭成员的个人行为无法实现的权益，所以，在实现个人权利方面，包括政府在内的任何社群的有所作为比起其无所作为来要好得多，个人在与政府合作中所实现的权利比通过其单独行动所实现的权利的意义也要大得多。"①

第三，承认个人权利，重视集体权利。自由主义者认为，权利的主体只能是个体。由于集体是由个体组成的，所以，离开了个体的权利，也就没有集体的权利。也就是说，自由主义认为，权利的主体只能是个体而非集体，如果肯定群体权利的话，那也一定要否认群体在本体论上的实在性。因为集体是由个体构成的，所以把一个集体"当作一个单独的个人来看待就是一种'组合的谬误'"。②

与此不同，社群主义者承认个体的权利，同时也强调作为群体的社群所拥有的集体权利。因为在社群主义看来，权利与社群的关系这一论题不仅仅具有概念上的意义，它还包含着更多的意义，不仅具有道德的和政治的意义，更具有本体论上的意义。③ 而且，社群主义认为，社群作为一个集体，必然有对其内部成员分配利益、解决冲突及制定和解释规范等功能。而只有社群拥有自身的集体权利，才能切实地保证社群功能的有效实行。

---

① 俞可平：《社群主义》，中国社会科学出版社 2005 年版，第 108 页。
② 参见［英］安东尼·德·雅塞《重申自由主义：选择、契约、协议》，陈茅等译，中国社会科学出版社 1997 年版，第 102 页。
③ See Alan Gewirth, The Community of Rights, The University of Chicago Press, 1996, p. 1.

　　在社群主义那里，集体权利是"奠定在群体全体成员的基础之上的，而不再奠定在个人属性的基础上"。① 有学者将集体权利进一步区分为群体权利（Group Rights）与集体权利（Collective Rights）。群体权利主要是群体组织（Group Organization）有特别的正当理由以其成员的名义去维护权利，这比个人在权利受到侵犯时自己去寻求救济更具有特定的优势。他们是进行积极行动、发动诉讼、处理教育问题、与媒体交战、疏通政府的最佳主体，群体权利的主要功能是避免对其成员的歧视。而超越避免歧视的目的，不仅仅被外部歧视而是被内部凝聚力所联合起来的群体可以叫作集体（Collectivity）。集体寻求保护和发展他们自己特殊的各种文化性状（Cultural Characteristics）。集体权利并不是简单地寻求外部的尊重和集体的目标，它更在意于寻求集体性的认同（Collective Identity）。②

　　此外，社群主义还非常重视作为社群集体权利的文化成员资格。他们认为，每一社群都是历史地形成的，在这一形成过程中，社群成员逐渐形成了共有的价值、信仰和情感等，再经过积淀、筛选等环节而形成了相对稳定的社群文化。这种社群文化就是群体认同的重要因素，通过它可以使社群成员享有成员资格。本着这一逻辑，社群主义非常重视少数民族的社群权利问题。著名的社群主义者沃尔泽就曾经对此问题有过专门的论述。他认为，由于历史的、文化的诸多原因的存在，每一少数民族无选择地形成了既定的、属于自身的生活方式，包括一定的价值、目的、信仰等，承担既定的社会角色，从而形成与众不同的认同。

　　社群主义虽然重视集体权利，但其并不否定个人权利的真实存在。只不过社群主义认为，个人权利都是以某种具体的社会背景、社会规范为前提的，也就是说，权利的存在离不开特定的历史时期和特定的社会环境，不可能存在普遍的、抽象的、人人共享的平等权利。

　　进而，针对新自由主义把权利当作政治哲学核心范畴的做法，麦金太尔尤其不满，他在《德性之后》一书中阐释了他的美德观。在社群主义者看来，每个人都应当努力追求美德，在追求美德的过程中实现一

---

　　① ［美］丹尼尔·贝尔：《资本主义文化矛盾》，赵一凡等译，生活·读书·新知三联书店 1989 年版，第 251 页。

　　② See Douglas Sanders, "Collective Rights", *Human Rights Quarterly*, Vol. 13, 1991, pp. 369–370.

种善良的生活。因此，社群主义的理论常常被称为"美德"政治学。麦金太尔是"美德"政治学的杰出代表，因而，在这里我们重点考察他的美德观。

麦金太尔批评说，在人们缺乏各种具体的美德的条件下，完美的权利体系不可能对个人的行为发生什么影响，也不可能成为人的行为规范。更好地运用道德法则的前提是拥有美德。新自由主义在理论和实践上都严重扭曲了道德的正当含义，建立在扭曲的道德理论基础上的权利优先论是完全错误的。所以，对于个人来说，不应当是权利优先，而应当是美德优先。麦金太尔多次重申，他的美德理论经历三个阶段：首先，把美德看作获得内在利益所必备的品质；其次，把美德看作有助于人生之善的必备的品质；最后，把美德与对人而言的对善的追求联系起来，而这种善只有在传统内部才能被阐释和拥有。

麦金太尔考察了历史上曾经出现的三种美德观：从荷马时代流传的美德观；从亚里士多德和《新约全书》流传的美德观；从本杰明·富兰克林流传的美德观。他认为，这些美德中"没有单一的、中心性的和核心的德性概念"①。为此，他想梳理出一个统一的、核心的德性概念。他说："我即将论证道，事实上我们能够发现这样一个核心概念，并且这个概念将以它的概念上的统一来装备我已描述了的这个历史的传统。这个概念确实将使我们可以清楚地把那真正属于这个传统的德性信念与那些不属于这个传统的德性信念区分开来，毫不奇怪，可能这是一个复杂的概念，它的不同部分源于这个传统的不同发展阶段，因而在某种意义上这个概念本身体现了历史，它是历史本身的产物。"② 麦金太尔通过对美德概念的历史探究和对美德传统的深刻反思，发现了这个统一的、核心的美德概念："德性是一种获得性人类品质，这种德性的拥有和践行，使我们能够获得实践的内在利益，缺乏这种德性，就无从获得这些利益。"③ 也就是说，美德是一种个人品格，这种品格是在社群中通过个人的实践活动历史地形成的，依靠这种品格人们便能在实践中获得个人的内在利益。具体地说，麦金太尔的美德观包含以下三个方面。

---

① ［美］A. 麦金太尔：《德性之后》，龚群等译，中国社会科学出版社 1995 年版，第235 页。

② 同上书，第 235—236 页。

③ 同上书，第 241 页。

第一，美德是人们实现其内在利益的唯一方式。麦金太尔把个人利益分为内在利益和外在利益两类。他说："这就是我所称之为外在利益的东西的特征：当我们获得这些利益时，它们总是某种个人的财产和占有物。它们的特性决定了某人得到的更多，就意味着其他人得到的更少。这有时是必然，像权利和名声，有时是偶然环境使然，像金钱。因此，外在的利益在本质上是竞争的对象，在竞争中，既有胜利者，也有失败者。内在利益也确实是竞争优胜的结果，但它们的特征是他们的实现有益于参加实践的整个群体。"① 他以中世纪优秀的肖像画家为例。一方面，这些画家可以得到外在的名声、地位、权势等外在利益；另一方面，他们至少可以获得两种内在利益：产品的卓越；在创作中所发现的生活的意义和价值。此外，麦金太尔还强调了美德在实现内在利益方面的重要作用。他说："如果没有全部那些主要德性，实践内在的利益就与我们无缘。但不仅是一般性地被排斥于内在利益之外，而且是在一个非常具体的方面把我们排斥于内在利益之外。"②因此，内在利益即是实践主体内心价值的实现，是一种善良生活的实现，又是实践本身的结果。

第二，美德是实践的产物，它只有通过实践才能获得。麦金太尔这里所说的"实践"是指获得内在利益的社会合作活动。他说："我要赋予'实践'的意思是：通过任何一种连贯的、复杂的、有着社会稳定性的人类协作活动方式，在力图达到那些卓越的标准——这些标准既适合于某种特定的活动方式，也对这种活动方式具有部分决定性——的过程中，这种活动方式的内在利益就可获得，其结果是，与这种活动和追求不可分离的为实现卓越的人的力量，以及人的目的和利益观念都系统地扩展了。"③ 但他认为，并非所有的人类活动都是实践活动，如砌砖和随便抛几个球就不是他所认为的实践活动。美德由实践产生，而人类的实践在不同的历史阶段上是各不相同的。麦金太尔以此为依据来解释荷马时代、中世纪、近代三种美德传统差异的原因："在荷马的德性观中，德性概念从属于社会角色概念，在亚里士多德的德性观中，德性概

---

① ［美］A. 麦金太尔：《德性之后》，龚群等译，中国社会科学出版社 1995 年版，第241 页。

② 同上书，第 242 页。

③ 同上书，第 237 页。

念从属于内含着人的行为目的的好（善）生活的概念，在富兰克林这个较晚出得多的德性观中，德性概念从属于功利概念。"①

第三，美德指整体的个人生活，而不是指个体的单独行为。麦金太尔说："进入一种实践，就是进入不仅与当代的实践者，而且进入与在我们之前进入这一实践的那些人的关系中，特别是进入与那些人——他们的成就使实践的范围扩大到现在的程度——的关系中。……德性恰恰是以同样的方式和同样的理由维持着实践里面的现存关系。"② 这就是说，个人的美德是在他所处的社群中形成的，形成美德的实践活动是人与人之间的合作活动。此外，他还对个人的技能和美德加以区分："个人的技能"是指个人在特定活动中表现出的使个人获得成功的内在品质；"美德"是一种整体性的善，说一个人拥有美德，即是说他在所有的场合都表现出行为的善。因此，与"个人的技能"不同，"美德"是一种公共的善，不仅对个别成员来说是善，而且对社群的全体成员来说更是一种善。

总之，社群主义者断定，作为公平的正义不可能对善具有优先性，反之，我们对善的感知应当具有绝对的优先性。社群既是一种善，也是一种必需，人们应当努力追求而不应当放弃。因而，个人的自由选择能力以及建立在此基础上的各种个人权利都离不开个人所在的社群。个人权利既不能离开群体自发地实现，也不会自动地导致公共的善的实现。反之，只有公共的善的实现才能使个人权利得到最充分的实现。所以，只有公共的善，而不是个体权利，才是人类最高的价值。

---

① ［美］A. 麦金太尔：《德性之后》，龚群等译，中国社会科学出版社 1995 年版，第236 页。

② 同上书，第 245 页。

第四章 马克思主义视野下的社群主义理论及其衍生的问题

作为一种对理论和现实的批判性反思和关照的社群主义理论,在哲学形而上学、政治哲学和美德哲学等层面大体建构起了属于自身的理论。应该说,这些理论在某种程度上确实击中了新自由主义理论的要害,使自由主义者在理论及其所主导的西方社会政治现实上做出某种适当的让步和调整。然而,由于社群主义主要是一种以对立姿态而呈现的理论形态,因而,与新自由主义一样,其理论构筑的核心和基础——个人与社群——的关系仍然是抽象的和思辨的。为此,本章试图超越新自由主义与社群主义对比的理论框架,把社群主义置于广阔的马克思主义哲学视野内,运用马克思、恩格斯哲学文本中有关共同体思想、个人与社会关系的观点,对社群主义进行辩证地分析。这既可以加深对社群主义的理解,又可以吸纳社群主义的合理内核于自身,这对马克思主义哲学的丰富和发展将不无益处。

第一节 马克思、恩格斯哲学中的共同体与社会

共同体和社会是马克思、恩格斯哲学思想中的重要范畴。在他们的文本中,这两个概念出现的频率极高。然而,马克思、恩格斯所关注的理论中心点不在于共同体和社会的概念本身,而在于现实的人如何能实现全面而自由的发展。因此,在某种意义上,共同体和社会两个概念更多的是马克思、恩格斯在论证人的发展和解放道路时的工具和范畴,它们散见于马克思、恩格斯的文本中。实际上存在着个人与共同体、个人与社会这两对重要的关系范畴,然而,学术界一般笼统地把这两对关系范畴合二为一,认为它们区别甚微或没有区别,这种理解是有偏差的。

我们认为，个人与共同体之间的关系是原初性或初始性的对立关系范畴，马克思、恩格斯主要是从一种纵向的、人的发展的维度阐释这对关系范畴的，该对关系范畴具有工具性的意义；而个人与社会之间的关系是一种一般性或过程性的关系范畴，这一关系的出现是伴随着社会的产生、社会和共同体之间区别的呈现而得以形成的。为此，有必要对两对具有内在关联的关系范畴给予分别阐述，这样更符合马克思、恩格斯文本的原初内涵。

一 马克思、恩格斯文本中的共同体概念

由于马克思、恩格斯的"共同体"概念不是独自出场的，而是与"个人"概念相伴随而存在的。也就是说，马克思、恩格斯是在个人与共同体的关系中来把握个人的存在和发展状态的，而离开"共同体"的个人就失去了其存在的现实性。

（一）与个人共同出场的"共同体"

"共同体"是唯物史观的一个重要范畴，但马克思、恩格斯的哲学文本中并没有对这一范畴给予专门的界定，因此，也没有构筑起关于"共同体"的思想体系。正因为马克思没有刻意构筑自己的"共同体"的思想体系，所以他关于共同体的论述"散见于不同的论述之中，而且针对的对象、论述的问题也不尽相同，但这些论述和看法并非是零敲碎打、彼此孤立的，而是内在地联系在一起的。马克思实际上是从不同的侧面、不同的角度、不同的语境对同一新的时代现象进行了揭示和描述，所形成的各种意见和看法不过是对同一对象的反映，所有这些意见和看法总和起来，便构成了一个有特定研究对象并且有内在联系的基本理论。因此，不能说只有一个完整的表述体系的思想观点才叫理论，缺乏这种论述与看法就不成其为理论"。① 我们认为，对此要给予具体的分析，关键要看是否形成了以此范畴为研究对象的具有内在逻辑关联的一致性的思想和观点。应该说，在马克思、恩格斯的文本中，看似零散的关于"共同体"的观点具有共同的指向性和内在的关联性。

马克思、恩格斯的"共同体"概念不是悬空独存的，而是与"现实的个人"处于密切的纽带关系中。没有"现实的个人"，就没有由现

---

① 丰子义、杨学功：《马克思世界历史理论与全球化》，人民出版社 2002 年版，第 5 页。

实的个人所组成的各种"共同体";反之,各种"共同体"的存在,其指向也应为"现实的个人",否则,"共同体"就成为虚幻的而非真实的或真正的共同体。

马克思曾经明确提出过,不管人们是否有所意识,人类社会的发展史始终只是个人的发展史。然而,个人却无法只靠自身而获得发展,只能依靠共同体来实现。因为,人"不仅是一种合群的动物,而且是只有在社会中才能独立的动物。孤立的一个人在社会之外进行生产——这是罕见的事……就像许多个人不在一起生活和彼此交谈而竟有语言发展一样,是不可思议的"。① "人的实质也就是人的真正的共同体。"② 因此,虽然社会的发展史可以归结为个人的发展史,然而,个人的发展却只能在具有社会性的"共同体"中实现和完成,而孤立于共同体之外的个人则是无法实现自身的。

进而,马克思在《关于费尔巴哈的提纲》中反对对"现实的个人"给予抽象的费尔巴哈式的理解,主张从"社会关系"的视角阐释人的现实本质。所以,对"现实的个人"的理解就离不开其所在的社会关系,也即共同体。因为"只有在共同体中,个人才能获得全面发展其才能的手段,也就是说,只有在共同体中才能有个人自由"。③ 这里,马克思指出了"社会关系"、"共同体"的生活对个人发展所具有的重要意义。

马克思的"共同体"涵盖面极广,包括原始群、氏族、家庭、部落、农村公社、国家、阶级、货币、资本、共产主义社会等。如果以历史和逻辑的演进顺序来划分共同体的类型,原始群、氏族、家庭、部落、农村公社等共同体(类型)属于"自然共同体";国家、阶级、货币、资本等共同体(类型)属于"虚幻共同体";共产主义社会则属于"真正的共同体"。当然,由于上述这些共同体形成的社会和经济背景的差异,所以并非每个共同体都有助于个人全面而自由的发展。马克思、恩格斯认为,只有"共产主义社会"这种类型的共同体是有利于个人全面自由发展的,因而才是真实的或真正的共同体,而其他共同体

① 《马克思恩格斯全集》第46卷(上),人民出版社1979年版,第21页。
② 《马克思恩格斯全集》第1卷,人民出版社1956年版,第487页。
③ 同上书,第119页。

与个人的关系则具有两面性：其一，共同体可以把脆弱的个人聚合起来，个人可以通过共同体来维持自身的生存和发展；其二，共同体又可限制甚至束缚个人创造性能力的发挥和发展。当然，具体到不同的共同体类型，其聚合、限制或束缚个人的发展情况也有差异，需要具体分析。

那么，如何界定"共同体"呢？

在马克思的文本中，原始群、氏族、家庭、部落、农村公社、国家、阶级、货币、资本甚至共产主义社会等都被视为共同体，这是特指含义的共同体范畴；有时马克思又把共同体范畴作为这些不同形态的通称。综合马克思涉及共同体的诸多论述，我们可以看到，在马克思那里，共同体从形态来看，多种多样，从规模来看，可大可小，大至整个社会，小到一个家庭都可以看作是共同体；从表现形式来看，可以是实体，又可以是关系；从发展阶段（类型）来看，有"自然形成的共同体"、"抽象共同体"、"虚幻共同体"，还有未来"真正共同体"——自由人联合体等。据此，我们可以说，马克思的共同体范畴含义是宽泛的，是对共同体的广义理解。这样我们可以对马克思的共同体作出一个概括性的定义和理解：共同体就是人们的群体结合方式或曰集体存在方式或组织形式，而无论它以实体还是关系表现出来，无论它以什么样的形态存在，也无论它的规模的大或小，也无论它处于何种发展阶段，这些通通都无妨。[1]

总之，相对于现实的个人来说，"共同体"只是马克思、恩格斯哲学思想中的一种条件性或工具性的重要范畴。因为，马克思、恩格斯根本无意建构一种共同体理论，而把关注的焦点放在不同的共同体类型为个人的自由和发展提供了什么样的条件。应该说，马克思、恩格斯对各种共同体萌芽、形成、形态、特征乃至内在发展机制的分析和考察，都以此为中心线索。

（二）"共同体"的类型描述

如前所述，马克思和恩格斯的"共同体"不仅与人的发展、人的自由等问题息息相关，进而，他们把"共同体"划分为三个相互连接、依次发展的三个阶段：自然共同体（原始群、氏族、家庭、部落、农村

---

① 秦龙：《马克思对"共同体"的探索》，《社会主义研究》2006 年第 3 期。

公社等）——虚幻共同体（国家、阶级、货币、资本等）——真实共同体（共产主义社会）。三个阶段的螺旋式的依次递进式发展体现了历史和逻辑的辩证统一。

作为早期的共同体类型，"自然共同体"是指通过自发而非人为自觉的方式自然形成的共同体。马克思、恩格斯的"自然共同体"包括家庭、氏族、部落、部落联盟等共同体类型。在人类社会形成之初，这些共同体类型在人们的各种社会关系中占据主导地位，这与当时低下的社会生产力水平是相适应的。在形成"自然共同体"的诸多纽带关系中，血缘关系和地缘关系都是最基本、最重要的自然纽带关系。应该说，所有"自然共同体"的形成都与这两种自然纽带关系相关，其凝聚力和认同感也必然受到自然纽带关系的影响和制约。当然，并非只有在人类社会形成之初才存在"自然共同体"，在现代社会，也存在着各种类型的"自然共同体"，并且它们在社会生活中发挥着重要的作用。所不同的是，与"社会共同体"相比，"自然共同体"在整体的社会关系中已不再起主导作用。应该说，在人类社会形成之初，人类基本上受制于其所生活于其中的"自然共同体"。

随着生产力的进一步发展，社会进入奴隶社会和封建社会。这种社会形态的更替没有从根本上改变个人对共同体的被动依存关系，其所改变的只是个人所依存的共同体类型，即从对家庭、氏族、部落和部落联盟等共同体类型的依存转变为对公社、行会等共同体类型的依存。由于公社、行会等共同体也主要是因自然纽带联结而成，其形成具有一定的偶然性，因此，马克思、恩格斯把这种类型的共同体也称为"自然共同体"。

同时，进入阶级社会后，具有共同利益的人们组成各种阶级共同体。在阶级共同体形成之初，由于社会物质利益关系尚不突出，阶级共同体还不能自觉地作为一个阶级而追求共同的价值和利益，血缘、宗教、等级等共同因素在阶级共同体中占据了主导地位。只有到了近代社会，随着社会分工和交换的进一步发展，物质利益关系的充分暴露，这时处于同一阶级地位的人们才会形成自觉的阶级意识，从而作为一个整体（共同体）而行动。

而为了调整、稳定、巩固阶级共同体之间的关系，又出现了国家共同体。恩格斯这样论述国家共同体的形成："国家是社会在一定发展阶段上的产物；国家是承认：这个社会陷入了不可解决的自我矛盾，分裂为不可调和的对立面而又无力摆脱这些对立面。而为了使这些对立面，这些经济利益互相冲突的阶级，不致在无谓的斗争中把自己和社会消灭，就需要有一种表面上凌驾于社会之上的力量，这种力量应当缓和冲突，把冲突保持在'秩序'的范围以内；这种从社会中产生但又自居于社会之上并且日益同社会相异化的力量，就是国家。"① 与阶级共同体一样，国家共同体也是建立在社会经济结构的基础之上的。除非整个社会的经济结构发生变化，否则国家共同体作为一种工具性的存在（阶级统治的工具）就具有相对稳定的价值和意义。

到了资本主义社会，真正的、自觉的阶级共同体才得以形成，并在阶级斗争和阶级矛盾中强化了阶级共同体的凝聚力和认同感。在各种阶级共同体中，资产阶级和无产阶级在长期的阶级矛盾和斗争中具有最鲜明、最自觉的阶级意识。马克思、恩格斯认为，资产阶级的阶级意识是目光短浅的、自私的，因而，这种阶级意识迟早会被具有远大前途的、与人类社会发展一致的无产阶级意识所取代。因此，作为人类社会的最后一个阶级共同体，无产阶级就被赋予了崇高的历史使命：通过阶级意识实现阶级利益，进而实现全人类的共同利益。作为一个阶级，无产阶级只有通过现实的革命，消灭产生社会阶级分化的社会经济结构，才会消灭阶级共同体自身存在的根基，这样，阶级共同体也就走向消亡，从而完成了自己的历史使命。

随着阶级共同体的消亡，国家共同体就失去了自身的对象，也就消亡了。那时，国家共同体的部分职能将被"自由人的联合体"所取代。

在资本主义社会，除了统治人、压抑人的阶级、国家等共同体以外，个人还要受到以物的总代表身份出现的货币（资本）这种抽象共同体的压制和统治。随着商品经济繁荣以及分工和交换的充分发展，个人不再依赖各种"自然共同体"，而变成了资本（货币）的奴仆。因为在资本主义私有制条件下，每个人生产和交换的目的都是为了换取货币，这样资本（货币）作为抽象共同体就成了人追求的目的和对象，并逐渐发展成为独立的力量反过来控制人、压抑人。马克思这样论述："货币从它表现为单纯流通手段这样一种奴仆的身分，一跃而成为商品

---

① 《马克思恩格斯选集》第4卷，人民出版社1995年版，第170页。

世界中的统治者和上帝"。① 这样，对作为一般财富代表的抽象物——货币（资本）的追逐成为人的目的本身。这样，人变成了人自己创造物的奴仆或奴隶，而人对人的依赖转变为人对货币（资本）的依赖。

应该说，"自然共同体"、"虚幻共同体"及"抽象共同体"都在历史发展的过程中，尤其是初始阶段起过积极的、进步的作用。但是随着社会的进一步发展，这些共同体最终只能成为限制个人自由的桎梏和牢笼。马克思指出，在整个前资本主义时期，个人"既不从属于某一自然发生的共同体，另一方面又不是作为自觉的共同体成员使共同体从属于自己，所以这种共同体必然作为同样是独立的、外在的、偶然的、物的东西同他们这些独立的主体相对立而存在"。② 既然共同体对个人来说还是外在的，还不能使其自觉地从属于自己，那么，对新的共同体即"自由人的联合体"就有了历史的和逻辑的现实诉求。

马克思、恩格斯认为："自由人的联合体"才是真正的共同体，而过去的一切共同体都是虚幻的共同体。只有在"自由人的联合体"中，个人才能获得全面发展其才能的手段，也才有个人的自由。马克思、恩格斯认为："从前各个人联合而成的虚假的共同体，总是相对于各个人而独立的；由于这种共同体是一个阶级反对另一个阶级的联合，因此对于被支配的阶级来说，它不仅是完全虚幻的共同体，而且是新的桎梏。在真实的共同体的条件下，各个人在自己的联合中并通过这种联合获得自己的自由。"③ 这一"自由人的联合体"也即马克思、恩格斯所设想的共产主义社会这种共同体。恩格斯这样阐述共产主义者的使命："把社会组织成这样，使社会的每一个成员都能完全自由地发展和发挥他的全部才能和力量，并且不会因此而危及这个社会的基本条件。"④在这样一个"自由人的联合体"中，每个人的自由发展与"自由人的联合体"将不再主要表现为外在的矛盾和对立，而主要表现为互相依存、互相渗透的内在契合，个人和共同体之间实现了全面的统一。马克思这样描述这一"自由人联合体"："任何人都没有特定的活动范围，每个人都可以在任何部门内发展，社会调节着整个生产，因而使我有可能随自己的

---

① 《马克思恩格斯全集》第46卷（上），人民出版社1979年版，第171页。

② 同上书，第470页。

③ 《马克思恩格斯选集》第1卷，人民出版社1995年版，第119页。

④ 《马克思恩格斯全集》第42卷，人民出版社1979年版，第373页。

兴趣今天干这事，明天干那事，上午打猎，下午捕鱼，傍晚从事畜牧，晚饭后从事批判，但并不因此就使我成为一个猎人、渔夫、牧人或批判者。"① 这样，自由的个人结成各种共同体，个人的全面自由发展不仅有助于共同体的全面自由发展，而且，共同体还可以为个人的自由全面发展提供了充分的条件和保证。

前面我们论述过，马克思、恩格斯的共同体理论不是悬空独存的，而是始终以人的发展和人的自由为脉络和中心的。也就是说，马克思、恩格斯的理论着眼点不在于共同体的具体类型，而在于共同体与人的发展、人的自由之间的关系。为此，马克思、恩格斯以共同体为理论视角，把人的历史发展概括为三种历史形态："人的依赖关系（起初完全是自然发生的），是最初的社会形态，在这种形态下，人的生产能力只是在狭隘的范围内和孤立的地点上发展着。以物的依赖性为基础的人的独立性，是第二大形态，在这种形态下，才形成普遍的社会物质变换，全面的关系，多方面的需求，以及全面的能力的体系。建立的个人的全面发展和他们共同的社会生产能力成为他们的社会财富这一基础上的自由个性，是第三个阶段。第二个阶段为第三个阶段创造条件。"②从共同体的视角来看，第一形态实质上是人对各种共同体的被动依赖阶段，在对共同体的依赖中几乎不具有人的主动性或自觉性；第二形态的实质是由于社会经济结构的变化使人摆脱了原始的自然共同体的束缚和桎梏，但还要受到货币（资本）等抽象共同体或阶级、国家等虚幻共同体的压抑和束缚，这阶段的个人具有了更多的独立性；第三形态的实质是在未来形成"自由人联合体"这一真正的共同体，从而个人的自由个性在现实中才得以切实实现。当然，马克思、恩格斯对共同体与人的发展之间关系的分阶段阐述绝不是僵死的、非变动的教条，而只是一种合乎历史和逻辑的趋势描述。随着历史进程的推进，共同体和个人之间的关系也可能有新的关系样态，对此，我们不应苛责马克思、恩格斯，否则我们后人就违背了历史主义的态度和原则。

二　个人与社会的辩证联结

任何个人都不是孤立地存在着的，而是必然生活于人与人之间在交

---

① 《马克思恩格斯选集》第 1 卷，人民出版社 1995 年版，第 85 页。
② 《马克思恩格斯全集》第 46 卷（上），人民出版社 1979 年版，第 104 页。

往实践的基础上所结成的诸多社会关系网之中。因此，个人和社会的关系就成为一个既关乎个人发展，又关乎社会进步的基础性关系范畴，其他诸种关系都是在这一关系基础上得以深化并延展的。马克思主义哲学立足于人的社会生产实践活动，阐释了个人与社会之间的辩证联结关系。

前面我们论述过，马克思主义以前的理论家多以一种实体性的思维方式（个人原子主义或社会整体主义）来阐释个人与社会之间的关系，他们的理论结论多是抽象的、思辨的。马克思主义哲学立足于社会实践，从"现实的人"及其所从事的现实的物质生产活动出发来把握个人与社会的关系。它认为："社会结构和国家总是从一定的个人的生活过程中产生的。"① 这就是说，对社会结构和政治国家的把握应以现实的个人及其生活为依据，否则必然是抽象的、思辨的和神秘的。只有通过"现实的人"这一概念，才能找到通向马克思主义哲学关于个人和社会辩证联结关系的大致路径。

那么，如何理解"现实的人"这个概念呢？依据马克思、恩格斯的哲学文本，"现实的人"这一概念至少包括如下两层内涵。

首先，"现实的人"是指从事现实的物质生产活动的人，他既是物质生产活动的能动的主体，又同时受到现实的物质生产条件的制约。马克思主义哲学认为："这里所说的个人不是他们自己或别人想象中的那种个人，而是现实中的个人，也就是说，这些个人是从事活动的，进行物质生产的，因而是在一定的物质的、不受他们任意支配的界限、前提和条件下活动着的。"② 这里"现实的人"所受的制约是指他们"受发展成为一定总和并且只有在普遍交往的范围里才存在的生产力的制约"③，这说明，"现实的人"是主动和受动的统一。

其次，"现实的人"这一概念正确地揭示了人的社会本质，也即，这一概念说明人的本质应由具体的社会关系决定，离开其所在的社会关系也就没有人的本质。马克思指出："'人'？如果这里指的是'一般的人'这个范畴，那末他根本没有'任何'需要；如果指的是孤立地站

① 《马克思恩格斯选集》第 1 卷，人民出版社 1995 年版，第 71 页。
② 同上书，第 71—72 页。
③ 同上书，第 129 页。

在自然面前的人，那末他应该被看作是一种非群居的动物；如果这是一个生活在不论哪种社会形式中的人……那末出发点是，应该具有社会人的一定性质，即他所生活的那个社会的一定性质，因为在这里，生产，即他获取生活资料的过程，已经具有这样或那样的社会性质。"①

从这一论述可以看出，马克思的"现实的人"绝不是费尔巴哈所讲的抽象的、自然的人，而是一种具有社会性规定的存在物。国内有学者从历史唯物主义为视角论述了"现实的人"在人与社会的辩证关联中的重要作用。在现实世界里既不存在离开社会的人，也不存在离开人的社会。因此，只讲社会不讲人，或只讲人不讲社会，都不会有真正科学的历史观。要想建立起科学的历史唯物主义体系，就必须把"社会"与"人"统一起来，马克思、恩格斯关于"现实的人"的思想就是"人"与"社会"统一的理论基础。②

以现实的人及其实践活动为理论基点，个人和社会既相互同一，又相互区别，是同一和区别的辩证统一。个人和社会作为交往关系的两个不同侧面，存在着差异和对立两种情况。其一，个人与社会在相互规定中都获得了属于自身的质的规定性，矛盾双方中的每一方都包含着相对确定的内容，不能混淆。从社会交往关系的角度来看，个人是社会交往关系的内容载体，社会则是社会交往关系的外在表现形式。其二，在特定的条件下，个人和社会相互排斥，甚至相互斗争。正如马克思指出的那样："个人的利益是要占有一切，社会的利益则是要使每个人所占有的都相等。所以，公共利益和私人利益是直接对立的。"③ 总之，个人和社会的矛盾和对立是一种客观的现实，是不以人的意志为转移的。在特定的情况下，没有个人和社会的差异、矛盾和对立，也就没有个人的发展和社会的进步。

当然，作为对立统一的双方，个人社会之间不仅是对立的，而且也是统一的。在马克思主义哲学看来，与对立性相比，个人与社会之间的相互依存、相互渗透、相互包含、相互生成、相互规定等同一性的诸多表现形式还在某种程度上占据着主导和支配地位。因为个人只有通过社

---

① 《马克思恩格斯全集》第 19 卷，人民出版社 1963 年版，第 404—405 页。
② 参见赵家祥《关于人与社会的关系的几个问题》，《江淮论坛》1993 年第 1 期。
③ 《马克思恩格斯全集》第 1 卷，人民出版社 1956 年版，第 613 页。

会化的过程才能获得属人的现实性规定，也才能够成为现实的个人；同样，如果离开现实的个人，离开人和人之间的关系，社会也就失去了自身的规定性，变成了纯粹的抽象存在物。因此，就个人与社会这一矛盾双方的对立统（同）一的两个方面来看，同一方面起到了主导性和支配性的作用，它主要决定着个人与社会关系发展的主流及趋向。

我们可以用这样几个词来概括个人与社会之间的同一关系：相互连通、彼此同构、相互映照。一方面，任何现实的个人都是交往关系中的个人，是一定社会关系的主体和承担者，个人只有在交往关系中才能体现出自身的存在性；另一方面，社会也是个人交往关系的产物，也是一种关系性的存在。作为关系性的存在，个人和社会是相互映照的。一方面，社会映照着个人，个人是社会存在物，离开社会的个人不是现实的个人；另一方面，社会也通过它的对方——个人获得自身的规定。社会不是站在个人之外、之上、之先的抽象物，离开一个个的个人，社会只能是空洞的抽象。社会是为人而存在，社会存在的价值在于为人所需。

进而，个人和社会之间是相互生成、辩证发展的。马克思主义哲学认为，个人和社会在交互作用的历史进程中不断地获得和改变着自身的规定性。一方面，个人的社会化程度是个人发展状况的标志，个人在不同的社会发展阶段具有不同的时代特点。在自然经济条件下的个人就不同于在市场经济条件下的个人。前者是依附于自然共同体的个人，后者是在普遍社会交往关系中独立自主的个人。另一方面，人总要进行社会合理性的追问，追问的尺度便是有利于个人的生存和发展。人之所以构成社会，是为了保证自身的生存和发展，而不是为限制自身的生存和发展。只是在利益对抗的社会，由于存在着个人之间的利益矛盾和冲突，才使得个人价值目标以扭曲的、偶然的、对少数人有利的方式实现，以许多人愿望的无法实现为代价，从而使社会进步以曲折的方式进行。这种对抗又将通过历史进程而被扬弃。社会只是人的生存和发展目的借以实现的形式，它不具有独立的人格，不具有自身的目的。

个人和社会的相互生成、辩证发展表明，个人和社会都不是抽象的实体，任何一方都不具有绝对的优先地位。哲学史上抽象的个人的观点或抽象的社会的观点，都是机械论的观点，它们把个人或社会看作既成的，拿起其中的一方不加批判地作为前提，用以说明另一方，导致鸡生蛋、蛋生鸡的恶性解释循环。只有历史主义的方法才能克服这种缺陷。

历史主义的方法是个人和社会互相解释、互相说明的方法。它认为，个人和社会都不是既成的，而是历史地生成和发展的。

同时，个人和社会互为条件、互为前提。一方面，社会决定着个人，它作为人的不可选择的既定条件制约着人的活动。客观社会条件是多样的，并非每个人都能得到相同的条件。由此决定了每个人在社会中所处的地位是不尽相同的，每个人的现实本质是各不相同的。这表现了环境对人的制约作用。另一方面，环境、条件又会成为为人所认识和利用的力量，成为人的自我决定、自我实现的条件，成为主体之所以可能的条件。环境对人的创造活动固然有客观的制约作用，但是，人又可以改变环境。因为环境本身就是人的创造活动的产物，它也必然可以为人的创造活动所改变。环境是在人改变环境的活动中制约人的，它既是制约人的力量又是为人所改变的对象。环境和人的关系是环境制约人和人制约环境的交互作用过程，是社会和人的相互形塑。所以，人既不单纯被外在决定，又不单纯由内在决定，而是外在决定和内在自我决定的辩证统一。这是社会环境的可能性空间对人的自主活动的限定和人对既定社会环境能动改变之间的辩证统一，是社会发展的客观规律与人的价值行为的辩证统一。

马克思主义哲学认为，关于个人与社会联结的追问是没有止境的，不仅要追问人和社会原始的相互创生与生成，而且要追问人和社会的历史变化与发展。因为人和社会都是未完成的，都是不断发展变化的。哲学对人和社会关系前提的追问要随着人的发展、社会的发展而不断进行，永远不会停顿下来。这种追问具有具体的、历史的意涵，既体现了哲学反思和追问的彻底性，又坚持了理论的确定性，避免了导致怀疑主义。①

第二节 哲学形上的反思：个人与社群

在哲学形而上学的层面，社群主义以"社群"本原取代自由主义的"个人"本原，并以社群、传统为理论视角来阐释个人与社会、自我和

---

① 以上关于个人和社会的辩证关系的有关观点请参见陈晏清、李淑梅《个人和社会的关系问题是社会观念的核心问题》，《天津大学学报》（社会科学版）1999 年第 1 期。

群体的辩证关系。这一批判性的分析对纠正、遏制自由主义价值观的负面效应具有积极的意义。然而，由于当代社群主义主要是作为新自由主义的对立面而出现的，其理论的针对性非常明显。所以，与新自由主义一样，社群主义的社群理论同样也是建构在一种虚假的形而上学基础上的，只不过这种基础和本原是社群而非个人。笔者认为，采用与自由主义相反的分析路径同样存在着理论的偏颇和不足。所以，一种马克思主义视野下的辩证分析就有了出场的必要和可能。

一　自我或个人的历史文化生成

社群主义认为，西方社会中个人主义的过度膨胀，就是建立在自由主义对个人权利的形而上学承诺上的。事实上，个人权利是社会历史的产物，并不具有对各种社会价值的优先性。麦金太尔说："我发现一个历史的我自己的部分，并且一般而言，不论我是否喜欢，是否认识到它，我都是传统的承载者之一。"① 可见，自我与形成自我的社群传统不可分离。

社群主义这种强调在社群和传统中对自我和个人进行理解，无疑具有一定的真理性。因为任何自我确实是社会历史地形成的，个人的目的和价值是在社会历史文化的发展中构型的。正如马克思所言："人的本质不是单个人所固有的抽象物，在其现实性上，它是一切社会关系的总和。"② 而且，不是个人凭意志、愿望塑造了社会，而是社会决定了人，社会关系决定了"我是什么"和"我拥有什么"。③ 也就是说，个人是由他的社会存在所决定的，社会制约着个人的存在，规定着人的本质。社会中的任何一个个人，都不是孤立的存在物，而是社会的存在物，他们都生活在一定的社会关系中，是具有一定社会特质的个人，即具有思维语言和交往能力的个人。一个人如果脱离了社会和社会联系，他就无法生存，更谈不上发展。不仅人的生存离不开社会，就是个人的特定的社会身份、地位和职能也都是由他们所处的社会关系来规定。社会的人

---

① ［美］A. 麦金太尔：《德性之后》，龚群等译，中国社会科学出版社 1995 年版，第 279 页。

② 《马克思恩格斯选集》第 1 卷，人民出版社 1995 年版，第 56 页。

③ 参见贾中海《个人与社群——马克思主义对社群主义与自由主义的批判与超越》，《长白学刊》2005 年第 5 期。

们分成原始社会的人、奴隶社会的人、封建社会的人、资本主义社会的人和社会主义社会的人，并不是由于他们的生理特质有什么差异，而是由于他们生活在不同的社会关系中。在阶级社会中，人们分成不同的阶级：奴隶主和奴隶、地主和农民、资本家和工人、统治者和被统治者等，则是因为他们在生产关系中所处的地位不同。所以，正如马克思所说，一切人"只是经济范畴的人格化，是一定的阶级关系和利益的承担者。……不管个人在主观上怎样超脱各种关系，他在社会意义上总是这些关系的产物"。① 因此，个人离不开社会，必须依存于社会及其关系。脱离社会关系的人是抽象的人，先于社会生活的人是超验的人，这样的人在现实社会中事实上是虚假的、不存在的。

马克思主义认为："人类历史的第一个前提无疑是有生命的个人的存在。"② 人不是抽象的，而是一个个具体的个人，个人对于社会整体来说，具有前提性的意义，对于"各个人的出发点总是他们自己，不过当然是处于既有的历史条件和关系范围内的自己，而不是玄想家们所理解的'纯粹的'个人"。③ "在任何情况下，个人总是从'自己出发的'……他们是如他们曾是的样子而'从自己'出发的，至于他们曾有什么样子的'人生观'，则是无所谓的。"④ 在马克思主义哲学看来，现实的人并不能独立自存，而是一定要处在现实的社会关系和条件下维持个人的生存和发展。在这些复杂多样的社会关系中，生产关系的性质和状态具有基础的地位，起着决定性的作用。它决定着人的本质，进而决定着人的交往方式、生活方式和思维方式等。

进而，马克思立足于人的生产实践活动，从现实的人的生活条件和具体的社会关系出发来认识个人的现实本质。在马克思看来，人的本质不是单个人所具有的抽象物，在其现实性上，它是一切社会关系的总和。而在各种社会关系中，生产关系更具有重要的、决定性的地位和作用。马克思和恩格斯认为："个人怎样表现自己的生活，他们自己就怎样。因此，他们是什么样的，这同他们的生产是一致的——既和他们生产什么一致，又和他们怎样生产一致。因而，个人是什么样的，这取决

---

① 《马克思恩格斯全集》第 44 卷，人民出版社 2001 年版，第 10 页。
② 《马克思恩格斯选集》第 1 卷，人民出版社 1995 年版，第 67 页。
③ 同上书，第 119 页。
④ 《马克思恩格斯全集》第 3 卷，人民出版社 1960 年版，第 514—515 页。

于他们进行生产的物质条件。"① 可以看出，在现实的物质生产实践活动中，生产方式的性质和状况决定了个人的生活方式、交往方式及思维方式，并最终决定现实的人。应该说，这种具有科学性的实践观的最终确立，实现了"人"这一概念从抽象到具体的跨越。

不仅个人的本质是由他所处的社会关系规定的，而且，每个人的思想道德、知识和才能也都是由社会环境造成的。一个人出世以后，面对的是既定的生产力、生产关系和相应的社会政治制度，而社会的经济、政治制度又总是按照它的需要去培养和塑造人的。每个人都是在不由自己选择的社会环境的影响和教育下，逐渐成长和发展起来的，成为具有该时代人格特征的人。

客观地说，社群主义在论述个人与社会、自我和群体的关系上，强调个人的社会性和群体性联系，并以社会性和群体性来界定个人的存在、身份和意义，通过个人的社群参与而寻求自我理解和自我实现。从这方面来说，社群主义与马克思关于个人与社会关系的理论存在着某种程度上的相似性。

二　非悬空的社会或社群

同样，在社群主义的视野中，社会和社群概念同样是一种形而上学意义上的抽象。作为自由主义理论的对立面，社群主义过分强调社群、传统、环境对个人的规定性，而忽视了个体对社会或社群关系的调整或改变、对传统的批判超越、对环境的积极改造作用。桑德尔指出，罗尔斯为了普遍性的个人权利而去除了自我的所有经验，结果其自我变成了虚无。我们设想，如果没有个人活动的社群和社会又会如何呢？是不是也会成为虚无呢？应该说，社群主义把社会传统看成是脱离了个人的抽象整体，这使它走入了理论误区。

马克思主义哲学认为，社会不是消融现实的个人及其活动的抽象的、思辨的共同体，其产生和存在是基于现实个人及其感性物质生产实践活动。现实的个人及其现实活动是社会结构赖以形成和存在的前提和基础。

与社群主义相区别，社会（社群）也不能还原为个体，它是个有机

①　《马克思恩格斯选集》第 1 卷，人民出版社 1995 年版，第 67—68 页。

的整体，有着紧密的内在联系。而且，社会也绝不是两个意志平等的人的关系体系，个人也不可能孤立存在。"人的本质不是单个人所固有的抽象物，在其现实性上，它是一切社会关系的总和。"① 当然，作为社会这一人类共同体本身也必然是历史地发展着的，随着生产力、生产方式的变化而改变其结构和性质，因而也在塑造着不同的人。因此，人与社会整体是一种相互依赖的关系。一方面，个人无法离开社会而存在，社会是个人赖以存在与发展的必不可少的环境条件，"人是最名副其实的社会动物，不仅是一种合群的动物，而且是只有在社会中才能独立的动物。孤立的一个人在社会之外进行生产——这是罕见的事，偶然落到荒野中的已经内在地具有社会力的文明人或许能做到——就像许多个人不在一起生活和彼此交谈而竟有语言发展一样，是不可思议的。"② 也就是说，只有在社会和集体中才能获得全面发展其才能的手段，也只有在集体中才可能有个人的自由。另一方面，社会发展的基本宗旨在于使每一个社会成员获得自由而全面的发展，即人类理想的社会"将是这样一个联合体，在那里，每个人的自由发展是一切人的自由发展的条件。"③

应该说，社会离不开个人，它是由互相联系的现实个人所组成。没有互相联系着的现实的个人，社会历史就不是现实的存在。可以这样说，没有无数的现实的个人，没有现实的个人组成的各种社会关系，没有丰富的个体的创造性活动，社会的生存和发展都是不可想象的。

在社群主义理论中，根本不存在生产关系或物质关系这一概念或范畴。因此，只以抽象的社会或社群概念为理论基础来分析和界定现实的个人，根本无法获得对个人本质的真正理解，也无法阐释个人与社群之间的辩证关系。

马克思、恩格斯唯物史观的确立，不仅完成了"人"这一概念从抽象到具体的过渡，而且，对"社会"这一概念的理解也超越了社群主义的"社群"概念。社群主义虽然认识到社群的利益和社会的价值，但是其社群和社会概念仍然是形而上学性的抽象存在，远没有达到唯物

---

① 《马克思恩格斯选集》第1卷，人民出版社1995年版，第60页。
② 《马克思恩格斯全集》第12卷，人民出版社1973年版，第734页。
③ 《马克思恩格斯选集》第1卷，人民出版社1995年版，第294页。

史观的高度。

三　自我和社群的互构互塑

应该说，社群主义对个人与社会、自我和社群之间关系的理解远没有达到马克思主义哲学的高度。在《1844 年经济学哲学手稿》中，马克思指出："首先，应当避免重新把'社会'当作抽象的东西同个体对立起来。个体是社会存在物。""人是一个特殊的个体，并且正是他的特殊性使他成为一个个体，成为一个现实的、单个的社会存在物，同样，他也是总体，观念的总体，被思考和被感知的社会的自为的主体存在，正如他在现实中既作为对社会存在的直观和现实享受而存在，又作为人的生命表现的总体而存在一样。"① 还指出："甚至当我从事科学之类的活动，即从事一种我只是在很少情况下才能同别人进行直接联系的活动的时候，我也是社会的，因为我是作为人活动的。不仅我的活动所需的材料——甚至思想家用来进行活动的语言——是作为社会的产品给予我的，而且我本身的存在是社会的活动；因此，我从自身所做出的东西，是我从自身为社会做出的，并且意识到我自己是社会存在物。"② 在《经济学手稿（1857—1858）》中，马克思进而又指出："社会不是由个人构成，而是表示这些个人彼此发生的那些联系和关系的总和。"③ 由此可以看出，马克思、恩格斯是以辩证的思维方式，并从社会关系的角度对个人与社会的相互联结和相互规定关系给予界定。因而，在社会关系的视野中界定个人与社会的关系，根本就不存在脱离社会而"独立"自存的孤立的个人，也不存在脱离个人及其活动和关系的抽象的社会整体，个人与社会是相互包含、相互规定的，是内在统一的。通过这种界定，在方法论上摆脱了社群主义对个人、社会以及个人与社会关系的抽象化理解。正如夏甄陶教授所指出的："人和社会并不是可以互相分离、可以各自独立存在的抽象的东西。社会本来就是由人在活动中相互之间发生的关系构成的关系系统。没有人，没有人的活动和人际间的关系，就根本不可能有社会。而人无疑地总是表现为单个地存在的个

---

① 《马克思恩格斯全集》第 3 卷，人民出版社 2002 年版，第 302 页。
② 同上书，第 301—302 页。
③ 《马克思恩格斯全集》第 30 卷，人民出版社 1995 年版，第 221 页。

人。这些个人是有生命、有肉体组织的感性存在物，是从事活动的个体主体。"①

马克思、恩格斯认为，社会不是单个个人的简单的集合，而是一个有机性的整体，它是由生产关系决定的，包括政治关系、法律关系、家庭关系等各种关系所组成的复杂关系系统。"人们在自己生活的社会生产中发生一定的、必然的，不以他们的意志为转移的关系，即同他们的物质生产力的一定发展阶段相适合的生产关系。这些生产关系的总和构成社会的经济结构，即有法律的和政治的上层建筑竖立其上，并有一定的社会意识形式与之相适应的现实基础。物质生活的生产方式制约着整个社会生活、政治生活和精神生活的过程。"② 从这一论述中可以看出，作为有机体的"社会"概念，内部存在着诸多的关系之网，而这些关系之网间又存在着有机性的内在关联。个人作为社会有机体中诸多关系的一个"网结"，其存在和发展必然与社会的存在和发展息息相关。随着个人的发展、个人所依存或结成的关系的变化，社会也必然或迟或早地发生相应的变化。正是在这种个人与社会的互动关系体系中，个人和社会都将获得属于自己的相应的规定性，并以自己的规定性和互动关系为基础，从而得以存在、变化和发展。

可以看出，马克思是以辩证的思维来阐释个人与社会、自我和群体的关系。他认为，现实的个人是人类社会和历史的前提和基础，没有现实的个人，也就没有社会和历史的发展；相反，没有社会和历史的发展，也就无法理解现实的个人及其活动。而且，与社群主义的根本区别在于，马克思没有把个人与社会设想为绝对对立的观念，然后以个人或社会为出发点来阐释个人与社会、自我和群体的关系。马克思认为，没有社会的个人与没有个人的社会是同一个问题的两个极端方面，都是虚假的、不符合现实的问题。现实的个人组成社会，形成后的社会反过来制约和规范个人，在这种个人与社会之间是互相连接、互相渗透、互相贯通的辩证关系中，个人和社会都将获得自己的规定性并得以不断发展和完善。

社群主义看到了自我的生成性，并把人和社会归于历史传统。麦金

---

① 夏甄陶：《人是什么》，商务印书馆 2000 年版，第 137 页。
② 《马克思恩格斯选集》第 2 卷，人民出版社 1995 年版，第 32 页。

太尔说："我们个人自己的生活的历史在一般的和特征的意义上，也是包容于一些属于传统的更大更长的历史中，也只有依据这些更大更长的历史才可理解。"① 应该说，这种历史主义的态度在社群主义的阵营中也是独特的，然而，他对历史的理解同样是片面的、不科学的。他没有把实践与历史辩证地连接起来，没有认识到个人与社会是在实践活动中与历史联系在一起的。他认识到，对个人的理解不能离开连续性的历史，但是他的历史只是陈旧的"过去"，而缺乏新的历史联系。而且，麦金太尔强调对自由主义的正义观念与原则的理解和阐释必须在一定的历史背景和社群文化下进行。他以此种历史主义的观点批判新自由主义对历史和传统的漠视，因而是没有基础的空中楼阁。而麦金太尔本人却主张以亚里士多德的德行传统来拯救现代性的危机，并要人们向传统回归以寻求和实现社会正义。这本身就存在着理论和现实上的尖锐的矛盾，因而，其历史主义的终点必然是反历史、反现代的。

对比分析，马克思对个人、社会以及个人与社会关系的理解不是僵化的，而是辩证的。他突破了对个人与社会关系理解上的还原性思维，也即或者把个人还原为社会，或者把社会归结为个人。马克思、恩格斯强调个人与社会的相互规定和相互塑造，在物质生产实践的基础上实现个人和社会之间的辩证统一。这样，在个人和社会之间增加了一个中介——物质生产实践，就把看似分离的个人和社会之间的鸿沟填充和联结起来，为实现个人和社会间的辩证互动提供了可能和现实。

此外，在现代社会，作为主体的个人、集体和社群都在进行着选择。相比较而言，个人的选择却是最终的落脚点。随着市场经济的深入发展和社会民主政治制度的日趋健全，与集体和社群的选择相比，个人的选择可能更具有重要的意义。社群主义虽看到了社会的痼疾，并以怀旧的感情表达了对社群的渴望。然而，不能正视社会现实，力图从没有创新的"历史"中找到拯救现实的良方，恐怕也只是空想。

第三节 美德哲学的辨析：道德与利益

社群主义根据共同的善、社会责任和传统美德这类观念建构道德理

---

① ［美］A. 麦金太尔：《德性之后》，龚群等译，中国社会科学出版社 1995 年版，第281 页。

想，力图在社会关系中寻求道德基础，这具有理论的合理因素。社群主义认为，道德基础不应建立在个人权利上，而应建立在人与人的社会关系中。泰勒说："我们能在共同体中认识善，我们不能独自认识这一点。"① 麦金太尔也认为："善良生活绝不会由独自一人获得，因为我绝不能只作为个体寻求善或练习美德。"② 显然，社群主义认为，道德起源于社群成员间通过交往产生的约定和因历史延续而成为传统的规范。恩格斯认为，生产方式是社会存在和发展的基础，它通过人的经济活动和经济关系对人的行为和观念发生直接影响。因而，"一切以往的道德论归根到底都是当时的社会经济状况的产物。"③ 人不仅是想要变成的人，而且是被现实所塑造的人。正如丹尼尔·贝尔所说："变革虽然首先在文化界产生，但是只有当它在社会结构内得到肯定时，才能真正发挥效用。"④ 我们看到，社群主义对道德的认识虽未深入到经济关系，但其从社会关系中探寻道德基础却是合理的进路。

此外，社群主义把道德同利益、实践联系起来，在关系中理解道德的内涵，这种探究方法使其理论不无一定的深度。

社群主义把道德和利益联系起来，并认为内在利益是获得德性的基础。麦金太尔把个人利益分为内在利益和外在利益两类。他说："这就是我所称之为外在利益的东西的特征：当我们获得这些利益时，它们总是某种个人的财产和占有物。它们的特性决定了某人得到的更多，就意味着其他人得到的更少。这有时是必然，像权利和名声，有时是偶然环境使然，像金钱。因此，外在的利益在本质上是竞争的对象，在竞争中，既有胜利者，也有失败者。内在利益也确实是竞争优胜的结果，但它们的特征是，它们的实现有益于参加实践的整个群体。"⑤ 而"德性是一种获得性人类品质，这种德性的拥有和践行，使我们能够获得实践

---

① Micheal Sandel, *Liberalism and the Limits of Justice*, Cambridge Universrity Press, 1982, p. 183.

② A. Macinture, "*The Concept of a Tradition*", in M. Daly ed., *Communitarianism: A New Public Ethics*, 1981, p. 124.

③ 《马克思恩格斯选集》第 3 卷，人民出版社 1995 年版，第 435 页。

④ ［美］丹尼尔·贝尔：《资本主义文化矛盾》，赵一凡等译，生活·读书·新知三联书店 1989 年版，第 113 页。

⑤ ［美］A. 麦金太尔：《德性之后》，龚群等译，中国社会科学出版社 1995 年版，第 241 页。

的内在利益，缺乏这种德性，就无从获得这些利益"。① 所以，德性与内在利益的获得具有直接联系，外在利益仅仅是活动过程的结果。如果抛开内在利益而仅仅将外在利益作为追求的目标，那么就没有德性。马克思主义哲学也强调道德和利益的关系，它认为，道德是由社会物质生活条件首先是经济条件决定的。在现实社会中，善恶并非是抽象的、一般的原则，而是依据人们的利益来确定的。道德的基本问题是利益问题。"'思想'一旦离开'利益'，就一定会使自己出丑"②，而利益正是人们生存的经济关系和经济状况。应该说，社群主义把道德和利益联系起来界定道德的内涵，并把利益区分为内在利益和外在利益，这具有理论的合理性。然而，缺乏辩证思维而导致其对内在利益的过度强调，使他的道德理想有变成空中楼阁的可能性。

此外，社群主义也看到了德性和实践的关系，认识到了现代道德观念与传统之间的差别和冲突，而且市场经济条件下的实践活动又很少能促进或实现内在利益。因此，麦金太尔主张，把现代社会已经碎片化的个人生活进行恢复，使其成为完整的个人生活整体。而实现的路径不能求诸现代社会存在的、已经破碎了的道德瓦砾，只有回归传统的德性，才是理想的路径。麦金太尔说："缺乏正义，缺乏真诚，缺乏相关的理智德性，这些都腐败着传统，正如它们腐败着从传统中获得其生命的那些机构和实践一样，而这些机构和实践是传统在当代的具体体现。认识到这一点当然也在于认识到另外一种德性的存在，这种德性是当它几近不存在时，它的重要性可能就最为明显，这是一个对传统有适当意义的德性，一个属于传统或传统所遇到的德性。……传统的一种适当意义是在对将来的那些可能性的把握中表明的，这种可能性就是说，过去已使现在的出现有其可能，活着的传统，恰恰因为它们继续着一个未完成的叙述而面对一个未来，而就这个未来具有的任何确定的和可确定的特征而言，它来自于过去。"③

可以说，社群主义直面当代的现实生活，看到了问题所在，并找到

---

① ［美］A. 麦金太尔：《德性之后》，龚群等译，中国社会科学出版社1995年版，第241页。

② 《马克思恩格斯全集》第2卷，人民出版社1957年版，第103页。

③ ［美］A. 麦金太尔：《德性之后》，龚群等译，中国社会科学出版社1995年版，第281页。

了解决的路径。然而，由于其实践概念的狭隘性，没有达到马克思的生产关系实践的高度，所以，其理论很难与社会现实接轨。我们知道马克思主义哲学认为，任何实践都是社会的人在一定社会关系中活动，一定的社会条件和社会关系是实践的前提，而脱离现实社会条件说明实践是抽象的、空洞的。同时，实践不是一成不变的，而是历史地变化着和发展着的，是人们世代连续的历史活动。在自然经济下，人们的实践活动往往局限于家庭、邻里、社区、氏族和部落等狭小的共同体内。到了现代的市场经济下，实践已经超出了阶级、民族、国家的范围而建立了全球性的社会联系。

正是由于社群主义者在一定程度上漠视社会实践得以行进的现实社会条件，他们虽立足于全球性的、一体化的世界，但思考的却是古代社会的小群体。当然，理论本身具有重要的意义。但是，如果不能架起传统与现代之间的桥梁，而力图直接把传统的美德直接嫁接到当代社会，或者让当代社会回归古代传统，这都不是可行的路径。

我们认为，今天是市场经济十分发达的社会，而不是亚里士多德所处的自然经济时代。因而，"今天恢复正义、真诚、勇敢和理智的德性，如果不结合现时代的社会经济和文化特点，那也只能是空幻的东西。人们并不排斥对过去的借鉴，但一味地唱起今不如昔的挽歌，同样无济于事。"① 我们知道这样两种对应关系：其一，市场经济对应于自由的个人，与其相应的是自由的道德理想；其二，自然经济下的封闭的个人，与此相应的传统英雄美德。先进的道德理想和古代的英雄美德不能互换位置，因为其对应的经济社会有着本质的差别。所以，麦金太尔的道德理想可能真如有些学者所言：只是一种怀旧的乡愁。

此外，社群主义承认道德的相对性和特殊性，这有合理之处，但由于对道德的相对性和特殊性过分强调，这使社群主义的道德观有相对主义和多元化的倾向。社群主义认为，道德是在特定的历史条件下和特定时空的群体中形成的。瓦尔泽就把正义的基础放在特定社群分有的共同理解上，因此，正义不能脱离这个群体的社会关联域。既然"正义是人类的构造物，说它仅以一种方式产生就是可疑的。……正义原则本身在

---

① 参见顾肃《全面认识个人与社群的关系——评自由主义和社群主义的争论》，《南京大学学报》（哲学·人文科学·社会科学版）2001 年第 2 期。

形式上是多样的；不同的社会的善应该因不同的原因，根据不同的过程，由不同的当事者加以分配；而所有这些区别都来自对社会的善本身的不同理解——历史和文化特殊发展的必然产物"①。恩格斯也否认道德品质的永恒性，承认道德是相对的、具体的。他说："善恶观念从一个民族到另一个民族、从一个时代到另一个时代变得这样厉害，以致它们常常是互相直接矛盾的。"②拉法格在《思想起源论》中讲道："力量和勇敢是处于经常不断的彼此斗争和同自然作斗争的原始人的首要的和最必需的美德。……因为野蛮人和半开化人的肉体的和精神的教育的目的都是为了准备战斗，为了获得与危险作斗争的勇气，为了发展体力以应付疲劳和困乏，以及发展道德力量，以便在当俘虏受烤刑时能支持得住。"那么，既然"勇敢在古代被认为是一切美德的体现，那么懦弱就必然成为恶德"。但"当半开化的社会分化为阶级的时候——贵族把勇敢和保卫祖国垄断起来……外乡人、无产者、手工业者、商人、佃农、农奴和奴隶不得服兵役，无权佩戴武器，甚至无权占有勇敢，因为勇敢是贵族阶级的特权"。③ 应当说，社群主义看到了道德的相对性和特殊性，这是其理论的合理之处。但是，理论的进一步发展就滑入了道德相对主义的旋涡，因为其理论缺乏辩证性，不能认识到道德的相对性和绝对性、特殊性和普遍性的辩证关系。

　　社群主义认为，由于人们所有正义理想和道德观念都来自他们所属的社群，所以，抽象的、一般性的正义理想和道德观念是不存在的。他的《追寻美德》一书就展示出当今社会的价值混乱和道德冲突状况。可以看出，麦金太尔看到了现实社会的道德衰退现状，把其造成的原因归于自由主义的价值理念。并认为正是因为自由主义价值观在社会政治生活的主导性地位，才导致了道德危机的边缘。那么，麦金太尔的理论是否解决了这个问题呢？我们认为，他否认了自由主义所倡导的抽象的、一般的道德和正义，却默认或容忍了社群间相互冲突的道德和正义。这本身就是悖论。如果我们认可了麦金太尔的观点，国际上存在着的环境

---

　　① Micheal Walzer, *Commplex Equality*, in M. Daly ed., *Communitarianism*: *A New Public Ethicis*, p. 103.

　　② 《马克思恩格斯全集》第 20 卷，人民出版社 1971 年版，第 101 页。

　　③ ［法］保尔·拉法格：《思想起源论》，王子野译，生活·读书·新知三联书店 1963 年版，第 99—100 页。

污染、毒品问题、恐怖主义等问题如何解决？这恐怕也是问题。

第四节 政治哲学的反思：公益与国家

社群主义重视社群价值和公共利益，这有理论上的合理因素，但由于它抽象地谈论社群利益，并缺乏对社群的批判态度，因而使公共利益和私人利益难以缝合。我们知道，社群主义断定普遍的善始终优先于个人的权利，公共利益必须优先于私人利益，如果需要，国家为了社会的公共利益，可以牺牲个人的私人利益，他们强调公共利益具有压倒一切的重要性。因此，社群主义通常被称为"公益政治学"。对公共利益的强调是社群主义理论家的共识。戴维·米勒和瓦尔泽都从不同的角度论及公共利益，认为公共利益为社群内的所有成员共享。麦金太尔也认为，在社群内，作为个人的我的利益与社群中其他同胞的利益是同一的，我追求我的利益绝不会与他追求他的利益相冲突。因为我们追求的是共同利益，它不是私人财产，不为你或我所特有，而是我们共同地拥有。马克思主义哲学也重视公共利益。马克思、恩格斯曾经说过："随着分工的发展也产生了单个人的利益或单个家庭的利益与所有互相交往的个人的共同利益之间的矛盾。"① 这就是说，随着分工的发展，生产力的提高，使一家一户的生产成为可能和必要，从而分化出了独立的个人利益，而人本身又是社会性的动物，结成社会群体是生存下来的根本前提和保证，群体的组织形式和群体的共同利益是先于个人利益而存在的，是高于个人的特殊利益的。可以看出，社群主义对公共利益和共同善的强调与马克思对公共利益的认识是有相合之处的。

同时，社会主义、集体主义的价值目标和伦理原则，强调社会、集体利益高于个人利益。而且又维护个人的正当利益，使社会、集体利益和个人利益正确地结合起来。在个人利益和社会、集体利益不一致时，要自觉地服从社会、集体利益。我们知道，个人和社会都有生存和发展的需要，个人生存和发展的需要就是个人利益，社会生存和发展的需要就是社会整体利益。在社会主义社会中，个人与社会的关系，就好像生命有机体与组成这个生命有机体的各个细胞的关系一样，没有生命，细

---

① 《马克思恩格斯选集》第 1 卷，人民出版社 1995 年版，第 84 页。

胞就不能存活，没有众多的细胞也就没有生命有机体，两者是互相依存的。这就规定了个人利益与集体利益在根本上是一致的，集体利益离不开个人利益，个人利益也离不开集体利益，它们是真实地联系着的。但是，社会与个人的地位又是不同的，其中社会较之个人更为根本，因而，社会主义社会的整体利益高于个人利益，而个人利益则必须服从社会的整体利益。这种集体主义的道德原则与社群主义的公共利益有理论的相似。

然而，由于社群主义的"社群"概念所具有的狭隘性，与马克思的"社会"概念仍有差距。因而，社群主义在公共利益与个体利益间难以达成统一。我们认为，社群主义的"社群"基本上秉承了亚里士多德的"城邦"概念，政治含义较浓，主要形式有家庭、社区、村落、城镇等，这种社群的地域性特征明显，与古代社会的自然经济相适应；马克思的"社会"概念具有深层的经济内涵，是多层次的动态有机体。正如马克思所说："生产关系总和起来就构成为所谓社会关系，构成所谓社会，并且是构成一个处于一定历史发展阶段上的社会、具有独特的特征的社会。"① 马克思这里并非把所有社会关系简单地归结为生产关系，而是强调生产关系在全部社会关系中的核心地位。这种从经济关系入手对社会的理解较社群主义从地域、信仰等特性对社群的理解要深刻、丰富得多。

马克思主义哲学认为，个人利益和公共利益的对立、统一是由一定的生产方式决定的。在资本主义生产方式下，社群主义呼吁的社群利益只能是特殊群体的利益。而不是社会、民族、国家的整体利益，因而，在资本主义私有制下，就不会有对人类整体利益的追求，而只能是对个体或群体的私利的追求。由于个人利益更多的不是与社会利益而是群体利益相连，因而维护本阶级、本群体的利益就成为个体的主要活动取向，这就使个人利益与社会利益常常产生对立，而这在私有制社会不可避免。因而不触动私有制，不消灭阶级，而使个人利益与社会利益现实地结合起来，只能是社群主义的理论空想。而且，在社会分化为各种利益群体的情况下，社群间必然发生利益的冲突。实际上，在今天的美国，政府已经成为各种利益群体相互争斗的角力场，而对这些利益冲

---

① 《马克思恩格斯选集》第 1 卷，人民出版社 1995 年版，第 345 页。

突，社群主义现在还没有可行的对策。

我们知道，在国家问题上，社群主义与自由主义争论的焦点是国家职能的强弱，即社群主义主张"强国家"，反对"小政府"，而自由主义则主张"弱国家"，反对"大政府"。前者把重点放在国家应当做什么，后者把重点放在国家不应当做什么这一问题。应当说，国家的产生和存在当然是为了对增进公民的利益有所作为，它为了保护一部分人的利益而常常要剥夺另一部分人的利益；为了使社会生活正常运行，它必须维持一定的公共秩序，甚至镇压严重违犯公共秩序的行为。然而当国家发展到了一定程度时，它管辖的范围几乎包括了所有社会领域和个人的所有行为。因而，对于绝大多数人来说，他们从国家的管制中得到了某种利益，但同时也由于国家的管制而失去某些利益。

在社群主义看来，国家除了消极地保护个人的各种权利，使公民获得私人利益外，还应积极地拓展范围，为公民提供更多的公共利益。换言之，国家除了给个人提供消极权利，即个人因国家的无所作为得到的利益外，还应为个人提供积极的权利，即个人因国家的积极作为而得到的利益。自由主义者强调公民的消极权利，主张限制国家的权利，从而增进个人的利益。自由主义的命题在下述意义上是正确的：国家做了不应该做的事，如侵犯个人的思想、言论、学术、信仰和生活等自由，擅自干涉私人的生产、经营、研究、结社、婚姻等，那就是践踏人权。对这样的"强国家"，就应当限制其职能，通过其不作为而增进公民的利益。而社群主义的价值则在于：国家没有做应该做的事情，如没有使其人民享受最低的教育，没有救济垂危中的个人，也是对人权的践踏。对这样的"强国家"，就应当加强其职能，通过其积极作为来增进公民的个人利益。当然，"强国家"和"弱国家"只是一种便于分析的逻辑划分。在现实生活中，一个国家总是既有"强国家"的一面，又有"弱国家"一面。也就是说，在某些领域，国家可能做得太多以致有越权行为；而在另一些领域，国家可能做得太少以致有失职行为。这在理论上说还可以，若具体到实际，寻求国家职能恰到好处的关节点，则很难操作。

自由主义的"弱国家"和社群主义的"强国家"两者都可能增进个人利益，但也同样可能损害公民的个人利益。在这方面，自由主义的最大危险是，过分强调国家的消极无为，可能导致公共秩序的混乱、贫富差别的悬殊、生态环境的恶化、社会安全的缺乏和国家防卫能力的减弱等。社群主义强调公益政治所潜藏的危险主要来自它关于善优先于权利的命题。这一命题的逻辑意义就是，国家和政治社群具有两种功能：一是它有强迫个人从善的权利；二是它有强迫个人不从恶的权利。其中第一种强迫个人从善的权利优先于第二种强迫个人不从恶的权利。通俗地讲就是，国家等政治社群为了普遍的善可以牺牲个人利益。这里的危险性在于，对善的理解是因人而异的，一些人认为是善的东西，另一些人可能认为是恶的，反之亦然。当大权在握的政治领袖所理解的善与绝大多数公民所理解的善不一致时，这种善就是一种伪善。在这样的情况下奉行"强迫从善优先于强迫不从恶"的原则，必然导致极权政治和专制独裁，这样的教训在历史上不胜枚举。

综上所述，作为西方语境中话语论争的一方，社群主义对自由主义和个体主义及其所引发的社会问题进行了深刻的反思。认为是自由主义引起了社群价值观的衰退，因此社群主义全面抨击自由主义理论，力图建构以社群和传统为纽带的公共价值观。应该说，这种理论的自觉具有进步意义。然而，一方面，社群主义无法脱离资本主义私有制的社会背景；另一方面，由于缺乏历史唯物论和辩证法的眼界，所以他们很难辩证地处理个人与社会、自我和社群之间的关系。没有办法，只能把社会传统看作似乎可以独立运行的抽象物，这就必然走到了自由主义的反面，同样产生认识上的偏颇和不足。事实上，个人与群体难分先后，并在交互作用中长期存在。所以关键问题不在于以社群或个体为本，而在于如何促使个体与群体间达到动态的和谐。

第五节　社群主义、自由主义及马克思主义

在当代西方政治哲学中，社群主义与自由主义在哲学形而上学、政治学等诸多方面形成了鲜明的对照。因此，要想准确把握其中之一，应该不能离开西方的社会背景和话语语境。然而，社群主义和自由主义又都属于资本主义政治体系内的两大政治哲学流派，它们的对立和论证是在同一背景下进行，因而，其共同的指向是资本主义制度。笔者认为，若想对社群主义和自由主义的对立和论证进行本质上的分析和阐释，就必须走出资本主义的制度背景，站在马克思主义哲学的高度上对它们进

行辨析。只有这样，才可以获得对社群主义和自由主义的深入理解。

一　自由主义与社群主义的互补性

自由主义和社群主义对个人的理解都是极端的、抽象的、具有形而上学性的。与自由主义一样，社群主义以社会整体为本位，漠视个人的价值，把社会传统看成是脱离了个人而存在的抽象整体。应该说，在对待人与社会的关系这一问题上，自由主义和社群主义都存在一定的片面性，二者的区别只是二者抓住了同一问题的不同方面。"其实个人与社群恰如一块硬币的两面，强调其一面而忽视另一面，只会导致片面性。"① 因此，我们可以说，自由主义和社群主义双方各自只是看到了"硬币"的一面。同时，"个人权利的语言通常被认为是自由主义的语言，它阐释了自由资本主义国家中人的双重身份的一极——私人的、自我中心的个人。"而社群主义则"采用了一种不同的语言，它强调国家领域和公民的美德，从而阐释了人的另一极——公共的、社群的公民"。② 沿着杰弗里·艾萨克的思路所得出的结论是，只有把自由主义和社群主义这两者互补性地结合起来，才能正确地理解个人。这样的个人既是私人的、以自我为中心的个人，同时，他也是公共的、社群的个人。

此外，从个人价值与社群价值的关系来看，自由主义和社群主义二者同样也存在着一定的互补性。社群主义认为，自由主义的个人主义所造成的社群价值观的衰退似乎已经到了必须加以纠正的地步，但是这种纠正却并不意味着社群主义会很快压倒自由主义。韩震认为，这是因为在社群主义那里，传统是决定性的力量，而北美是自由主义传统最强劲的地区，人们习惯于这种生活方式，任何形式的社会强制都是难以接受的。因此社群主义面临一种二难境地：强调传统的理论却要首先反传统。现实地看，恰恰因为是自由主义的充分发展，强调社群精神才有健康发展的可能；恰恰由于过分的自由，所以才有必要强调社会整合的重

---

① 顾肃：《全面认识个人与社群的关系——评自由主义与社群主义的争论》，《南京大学学报》（哲学思索·人文科学·社会科学版）2001 年第 2 期。

② ［美］杰弗里·艾萨克：《再思考：共和主义 vs 自由主义?》，郑红译，载应奇、刘训练编《共和的黄昏：自由主义、社群主义和共和主义》，吉林人民出版集团有限责任公司北京分公司 2007 年版，第 335 页。

要性。因此，从功能上讲，社群主义在一个很长的时期内不是取代而是对自由主义片面性的补充。它可能不会实现以社群中心的话语取代个人自由的话语，但可以改变自由话语的结构，使"自由"变为："自由，但也须注重公共利益。"在利益多元、文化多元的北美社会中，两种对立理论的相互批判或许有助于把社会维持在一种张力之中。① 正是这种张力可以在某种程度上保持北美社会的活力。

就社群主义的权利观而言，其同样是对自由主义权利观的批判与修正。其实，在自由主义内部，早已经有学者对个人与社群、个人权利与国家权力之间的关系进行了"社群主义式"的思考。格林反对传统自由主义抽象的"天赋人权论"，认为个人权利不是自然权利，而是国家和社会对其成员的一种承认和让步。个人权利来源于人自身，是人类的道德本性。但如果个人不作为国家的一员，权利未受到国家的承认与保护，其权利就是虚无缥缈的。而在现代自由主义的另一个代表霍布豪斯看来，各种自由都是以个人力量为基础的，存在于社会关系的精神性质和公共利益的合理性质。从这种自由的社会道德整体性出发，霍布豪斯认为，国家应当发挥积极作用，为每个人的自由发展提供更多的社会条件，国家与社会通过给予个人更大的安全保障来给予个人更多的自由。他们认为，自由并不意味着为所欲为，为所欲为的自由只是粗糙的消极的压抑他人的自由，事实上起着妨碍自由的作用。基于这样的认识，现代自由主义在一定程度上也提倡积极自由，认为国家不仅要为个人自由提供安全保障，更要为个人自由和公共利益的发展创造条件、扫除障碍。因此，国家的根本目的在于维护社会权利体系，为实现社会"共同之善"或人类"最好的生活"提供一个良好的外部环境。② 不过，这些思想家并没有提出明确的社群观念并以此来统摄其权利和善的观念。

社群主义明确提出了社群观念（相对于自由主义来说，这正是一种强的社群观念），并以社群和共同善来规范个人及其权利。然而从我们在前面的阐述来看，社群主义不是反对个人自由，而是主张把自由放在其适当的位置；它也不主张取消个人权利，而是为个人权利划定适当的

---

① 以上论述参见韩震《公共社团主义的兴起及其理论》，《中国社会科学》1995 年第 2 期。

② 参见袁祖社《西方自由主义批判性考察》，《山东师范大学学报》（人文社会科学版）2002 年第 6 期。

界限；它并非否认自我的个性，而是为这种个性的形成与存在寻找历史和社会的基础。在社群主义看来，个人、自我的认同是依赖于社群的，社群是个人生存的基本条件，没有了相互联结的社会关系中的位置（成员资格），个人就什么也不是。同样，权利也只有在社群的关系中才能存在，离开了具体的社会背景与历史条件，根本就没有什么个人权利可言，而自由主义把个人及其权利视作优先于社会，优先于共同善，视社会为实现个人权利的工具在理论上是站不住脚的。

因此；只有自由主义和社群主义相互借鉴吸收，才能推动自由主义的权利理论的发展。有人认为："一种成功地消化了最有说服力的社群主义思想的政治哲学，几乎肯定会包含比通常与自由主义联系在一起的那种个人权利观更为精致也更为合格的个人权利观，但我相信，可以很有把握地说，它仍然会坚定不移地承诺个人权利的观念。这种理论的发展将意味着自由主义与社群主义中最好部分富有成果的汇合，而不是一方对另一方的胜利。"①

当然，在现实层面，自由主义还在当代西方社会的政治实践中起主导作用，社群主义的社群式政治哲学在某种程度上仍然处于抽象的理论层面，它在政治实践中的建构作用并不太大。"但什么是社群？它是什么模样？有什么问题？社群主义者在这些问题上有分歧。有些将社群定位在过去，另一些将它看作属于将来。……但是，谁也没把我们所缺少的社群说得更明确一些。"② 不仅如此，而且社群主义者的"社群的概念相当莫测。它可包含家庭、村落、社区、社团、国家、种族等，范围有大有小，很难清楚界定，有位社会学家甚至列出过九十四种'社群'概念指涉的意义"。③ 所以，有学者认为，社群主义者"可以心驰神往抽象地谈论自由、平等、公正，但是一个自由、平等、公正的社会却不是谈论出来的。所以关键不在于纸上的理论有多么完善，而在于它有多少可行性，理论的价值在于它们对人类社会意味着什么。倘若一种理论

---

① Allen E. Buchanan, "Assessing the Communitarian Critique of Liberalism", *Ethics*, Vol. 99, 1989, p. 882.

② ［美］斯蒂芬·霍尔姆斯：《反对自由主义剖析》，曦中等译，中国社会科学出版社2002年版，第249页。

③ 参见顾忠华《民主社会中的个人与社群》，载刘军宁等编《自由与社群》，生活·读书·新知三联书店1998年版，第101页。

不能解决现实问题，甚至不能解释现实，那么人类只能放弃这种理论，而决不可能放弃现实"。[①] 在这个意义上，有人评论社群主义者们只不过是一种空想性的怀旧乡愁。另有学者认为："社群主义给予当代人的只能是一些纲领性的启发，一种对现代性的反思，而无法对社会生活和个体的生活给予实际的指导。"[②] "只要西方社会的经济、社会结构不发生重要变更，就不可能对作为西方社会之基石的自由主义和个体主义在实践层面构成实质性的全面挑战。"[③] 这表明："社群主义主要是一种批判性的和否定性的思想，而不是一种建设性的和肯定性的理论。在关于政治价值和政治制度等一系列问题上，社群主义拿不出像样的系统主张。另外也需要指出，尽管社群主义在中国学术界受到了高度的重视，但是在西方，目前新自由主义处于绝对的统治地位，而社群主义仅仅是流行于学术界的一种思潮，它既不是主流，对社会的政治生活也没有重要的影响。"[④] 由此可见，现今社群主义的主要意义在知识层面，如果期望社群主义理论在现实的政治实践中发挥出其理论本身的作用，恐怕还有相当长的路要走。

当然，社群主义的理论本质上也并非要颠覆自由主义在西方社会的政治实践中的主导地位。迈克尔·桑德尔以"善优先于权利"批驳罗尔斯的"权利优先于善"而闻名遐迩。然而，从其所著《自由主义和正义的局限》一书中，我们看出桑德尔并非否定自由主义的权利理论，而只是试图弥补自由主义的理论缺陷，认为自由主义的权利理论需要强调社群，否则罗尔斯的"个人"就不符合其正义理论的所提出的要求。由此可见，桑德尔的社群主义理论是一种补充性的思想，而非已经成熟了的理论的体系，至少在他本人的论述中是这样。

而且，包括桑德尔、泰勒、麦金太尔和沃尔泽等人都把自己放在社群主义阵营之外或认为自己从来不是社群主义者。我们知道，查尔斯·泰勒在评论社群主义和自由主义之争时曾经把自己归属在 C 组之外

---

①　钱满素：《美国自由主义的历史变迁》，生活·读书·新知三联书店 2006 年版，第 3—4 页。

②　参见苏力《社群主义构成一种挑战吗?》，载刘军宁等编《自由与社群》，生活·读书·新知三联书店 1998 年版，第 12 页。

③　同上书，第 9 页。

④　姚大志：《现代之后——20 世纪晚期西方哲学》，东方出版社 2000 年版，第 12—13 页。

（社群主义者被称为 L 组，自由主义者被称为 C 组）；沃尔泽在其《社群主义对自由主义的批判》一文中还批评了当今美国社会中的社群主义理论。他认为，社群主义对自由主义的批判无论有多么犀利，它最多也不过是自由主义的一个变化无常的特征。麦金太尔更是明确指出："我不是，也从来不曾是一个社群主义者。因为我的判断是，这个国家先进的现代化的政治经济与道德结构，像其他地方的一样，排除了建立有价值的任何类型的社群（这种社群过去不同的时候曾经实现过，尽管形式并不完善）的任何可能性。我还相信，以系统的社群方式重建现代社会的尝试永远是无效的或灾难性的。"① 一位新社群主义者说："社群主义者并不想取代自由主义，而是要保全它……社群主义者是这样的自由主义者，他们想在人们中间重建对于这些问题的常识：国家的目的是什么，及其人民在历史中有什么共同的东西，他们应该争取达到什么目的。"② 古特曼也认为，指社群主义者"没能瓦解自由主义并不表示没有一种共同体的价值，而是表示人们恰当的认为共同体价值补充了而不是取代了自由主义价值"。③

因此，西方学者对二者的关系进行了明确的界定："今天的社群主义者并不是反对自由主义的人，如果自由主义意味着强烈支持政治自由、社会公正、宪政权利、法治、充分的公民权、特别关心穷人和受压迫者的话。如果社群主义者批评特定的自由主义学说，这并不说明他们否定或不欣赏自由主义的主要理念和制度……我们是，或应该是'社群式'自由主义者，或者——如果你更喜欢这么叫的话——自由式社群主义者。"④

综上所述，正是因为有了自由主义的极端发展及其所引发的各种问题，强调社会精神和社群价值才有了现实意义和可能性空间。应该说，在相当长的时间里，社群主义都会处在自由主义的对立面进行批判和反

---

① 参见 ［美］丹尼尔·贝尔《社群主义及其批评者》，李琨译，生活·读书·新知三联书店 2002 年版，第 22 页，注释 14。

② Frohnen, Bruee, *The New Cornrnunitarians and the Crisis of Modern Liberalisrn*, Lawrence, University Press of Kansas, 1966, pp. 22 – 23.

③ ［美］爱米·古特曼：《共同体主义的批判》，载罗尔斯等《政治自由主义：批评与辩护》，万俊人等译，广东人民出版社 2003 年版，第 230 页。

④ Amitai Etzioni (ed.), *The Essential Communitarian Reader*, Rowman and Littlefeild Publish, Inc., 1998, pp. x – xiv, 3. 转引自徐友渔《重新理解"自由主义—社群主义"之争》，《社会科学论坛》2003 年第 11 期。

驳，而这种批判和反驳不是颠覆自由主义的大厦，而是可以使自由主义逐渐意识到自身的问题，并在理论和现实实践中进行修正和补充，这样的思路应该会更符合社群主义理论的发展要求。

二　马克思主义与社群主义的比照

马克思曾经提出这样一个科学研究的方法论原则："一个时代所提出的问题，和任何在内容上是正当的因而也是合理的问题，有着共同的命运：主要的困难不是答案，而是问题。因此，真正的批判要分析的不是答案，而是问题。""问题就是公开的、无畏的、左右一切个人的时代声音。问题就是时代的口号，是它表现自己精神状态的最实际的呼声。"① 从某种意义上来说，社群主义就是针对当今现实社会的问题给予的一种解决问题的可能路径。

应该说，当代西方社群主义的兴起源于西方社会固有的矛盾和问题，这些矛盾和问题只靠自由主义的理论和实践已经难以解决。对此，安东尼·吉登斯明论述道："对新自由主义政策的失望，加上刚刚谈到的政府管治的诸多问题导致了近年来社群主义（Communitarianism）思想的崛起。对社群主义者而言，社群和整个市民社会的巩固能够克服市场的支配地位带来的社会的分裂。社群主义者不但已对新民主党和新工党产生了直接和明显的影响，也影响了其他国家的社会民主党。社群主义代表了一种'恢复公民美德'（civic virtues）和'振兴社会道德基础'的呼声。"② 也就是说，社群主义认为，自由主义的理论中应该加入社群价值观，或者用桑德尔的话说，要有强的社群理论弥补自由主义的理论缺陷并形成自由化的社群观，才可以发挥理论解决现实生活中的诸多问题的能力和作用。

而且，在现实的实践层面，社群主义高度关注不平等的社会现实，对社会的道德沦陷给予深刻的反思，并在理论上提供支撑。虽然社群主义在理论上还不足以对抗在西方社会长期占据统治地位的自由主义，但是他们在对自由主义的批驳过程中的一些理论已逐渐彰显其意义并被社

---

① 《马克思恩格斯全集》第 40 卷，人民出版社 1982 年版，第 289—290 页。

② ［美］安东尼·吉登斯：《第三条道路及其批评》，孙相东译，中共中央党校出版社 2002 年版，第 64 页。

会大众所认可。按照社群主义的立场就是"必须用社群主义的观点处理我们这一时代所有重大的社会的、道德的和法律的问题"。①

如果拿马克思主义理论与社群主义理论进行比较，我们可以得出这样的结论：马克思主义着眼于对资本主义宏观状况的批判，因此表现为一种"宏大叙事"，而社群主义着眼于对资本主义微观领域的分析，因此热衷"小型叙事"；马克思主义着眼于对资本主义经济基础和社会制度的批判，其目的在于从根本上推翻资本主义制度，而社群主义则是对新自由主义这一资产阶级理论形态进行批判，而较少涉及这种理论形态赖以滋生的经济基础，尤其是其所有制关系。这是一种不触及资本主义根本制度前提下对新自由主义的批判，从这里也可以看出社群主义与新自由主义在本质上是一致的。在一定意义上，社群主义看到了资本主义自由理论会带来贫富差距拉大、阶级矛盾激化的危险，却不能找到正确地解决问题的方法；而马克思主义理论不仅看到了资本主义社会的矛盾，而且正确指出解决这一矛盾的正确方法——进行社会革命。②

此外，虽然社群主义的个别观点与社会主义有相似之处，且早期社群主义在对自由主义的批判中所借用的理论资源部分来源于马克思主义对自由主义的批判思想。所以，有人认为："社群主义者是社会主义者。当然，这种看法并不可取。如果一定要说社群主义者是社会主义者，那么至少也是对马克思主义经过重大加工、'修正'的'社会主义'，不一定'伪'，但一定'不同'。"③ 但是，由于社群主义所产生的社会基础是生产资料的资本主义私人占有制，理论基础是反思自由主义理论在西方政治中所固有的缺陷及其所面临的难以解决的新问题。所以，即使这种思想具有社会主义的因素，但是，由于其不想动摇资本主义私有制的社会现实而建立起新的社会制度。因而，这种思想仍然没有走出资本主义理论的视域，只是主张在资本主义制度范围内进行调整和改革，这与马克思主义的理论有着本质的区别。

---

① *The Responsive Communitarian Platform*：*Rightand Responsibilities*，*Responsive Community*，1991，Winter.

② 刘化军：《当代西方政治哲学中的社群主义研究》，硕士学位论文，华中师范大学，2003年，第31—32页。

③ 彭中礼：《论社群主义对罗尔斯正义观的挑战与批判》，《时代法学》2008年第3期。

第五章　现实中国社会"个人与群体"
良性互动模式构建的可能性

　　当代社群主义虽兴起于美国社会，但这并不等于社群主义的作用领域只限于美国社会。在文化全球化的今天，社群主义理论的启迪和意义必然具有现代性和世界性。具体到当今中国，有这样几个现实背景：我们正在进行社会主义和谐社会的构建，其中的核心理念就是如何处理个人与群体的关系问题；中国传统社会的主导文化价值观是群体相对于个体具有优先地位；中国的主导意识形态是马克思主义。把这几个问题综合在一起思考就可以引发出这样一个现实问题：在转型的中国社会，如何建构起个人与群体的良性互动模式？本章围绕这一核心问题，以马克思主义为视角，借鉴社群主义的理论资源，反思中国传统文化中的个人与群体关系，力图探索一条可能的个人与群体之间良性互动的中国社会发展路径或模式。

第一节　中国传统文化下的个人与群体

　　中国小农经济孕育出来的社会结构是一种以家庭和宗族为基本单元的宗法制度。这样的制度决定了个人对家庭和宗族必然会产生依赖关系。因而，这种社会文化背景下的群体具有价值的主导和优先地位，而其所形成的个人只是他所属群体的依存者或派生物。也就是说，个体的人没有独立的自我价值和意义，个体的价值和意义是在社会群体中被赋予并得到实现的。应该说，中国社会的群体优先价值观与古希腊的城邦公民价值观有诸多的相似性。

一　中国传统文化下的经济与社会

自古以来，中国就是一个农业型国家，自给自足的小农经济在中国的生产方式中长期占据统治或主导地位。在这种生产方式下，人们使用简单的生产工具，并在分散的土地上耕作，日出而作，日落而息，凿井而饮。人们与土地之间结成了基本稳固的"重土轻迁"依存关系，鸡犬之声相闻，民至老死而不相往来。美国学者金（King）在《五十个世纪的农民》一书中这样描述，中国人"像是整个生态平衡里的一环。这个循环就是人和土的循环。人从土里出生，食物取之于土，泻物还之于土，一生结束，又回到土地，一代又一代，周而复始，靠着这个自然循环，人类在这块土地上生活了五千年。人成为这个循环的一部分。他们的农业不是和土地对立的农业，而是协和的农业"。① 从这一论述可以看出，中国传统的小农经济社会，人们在和土地的自然循环和周而复始中维持着自己的生存和发展，而农业却把人变成土地的囚徒了。可以这样说，在传统的中国社会里，土地就意味着生存和生命，而土地的丧失则意味着生命权的剥夺。

同时，在以家庭为主体的小农经济条件下，家庭劳作和小规模经营为其主要特征，生产和分配是在狭小的规模和范围内进行的。在这种社会生产结构下，个人必须以家庭或宗族为单位协同劳动，通过群体的方式增强自身力量，抵御自然灾害的侵扰，从而维持自身的生存和发展。应该说，最初的人类生活只有靠群体力量才能得以延续，在面对大自然的挑战时不得不进行迎战。在此过程中，人类只有继续从事有组织、有纪律的艰苦劳动，才能够获得可靠的生活保障。

相应地，中国小农经济所孕育出来的社会结构是一种以家庭和宗族为基本单元的宗法制度。这样的制度决定了个人对家庭和宗族所产生的具有必然性的依赖关系。因而，个人的社会生活的起点应该是家庭和宗族，而不是"个人"或"自我"。在家庭和宗族内，个人一方面可以实现自身的生存、安全、秩序等自然或社会需要，另一方面也对家庭和宗族尽到必要的义务。这样，每个人的生活就被固定在家族和宗族的"家"的关系或网络中。冯友兰先生说，这样的社会生活中，"一个人

---

① 转引自费孝通《费孝通选集》，天津人民出版社 1998 年版，第 161 页。

的家是一个人的一切，因为他有了家他才有了一切；他若无家，他即无一切"。① 父子、夫妻、兄弟等关系也都在家庭和宗族中有固定的位置和次序。《国语·晋语四》中说："同姓则同德，同德则同心，同心则同志。"由此可见，个人不能离开其所归属的家庭或宗族，否则，个人的身份、地位都无从谈起。应该说，这种家庭和宗族内的等级关系就是整个社会等级制度的缩影，而社会的等级制度不过是家庭和宗族内的等级关系的延展。

中国古代的宗法制度正式创建于西周初年。王国维在其《殷周制度论》中说，周人制度大异于商者，一曰关系立嫡之制，由是而生宗法及丧服之制，并由是而有封建子弟之制，君天下臣诸侯之制。二曰庙数之制。三曰同姓不婚制。此数者皆周之所以纲纪天下，其旨则在纳上下于道德，而合天子诸侯卿大夫、士庶民以成一道德之团体。三条中，第一条是核心和根本，宗法就源于此。由此周人创制出一套包括政治、道德、宗教、礼仪、经济和日常生活规矩、习俗在内的文化和国家制度，其详尽、系统和严密的规定即是周礼。宗法制的实质在于把人与人的关系确立为统治、服从的君臣关系，但这一些君臣关系却主要依靠家族的血亲、世系、长幼等关系来形成、建立、维系和巩固。宗法制下形成的人伦关系强调父权、夫权，即孝道、悌道。形成了把人为的等级统治秩序同自然的血缘和亲属关系糅合为一的宗法人伦。其特点：

第一，作为维系家族生存和利益的纽带，自然必须顾及家与国（国是统治家族的放大）的整体及其中各个人的生存和利益；第二，它是宗法等级性的纽带，家国中的人伦是分为上下尊卑等级的，所以他们的利益和权利义务分配有时是不平等的，有贵贱之分。这两点有对立，却又调和为一，即就整体性指上下尊卑各得其所，各安其分，并不排斥支配与服从、压迫与剥削。当强调宗法人伦的等级森严时，又以保持家国整体及其所有成员的必要利益，能维持其整体的团结共同对外为限度。②

总之，中国传统社会中的个人是在家族和宗法等级制度下的个人，这是个人所不能选择的，是由社会经济文化背景所决定的。因此，个人

---

① 冯友兰：《新事论》，生活·读书·新知三联书店 2007 年版，第 49 页。
② 杨胜利：《从"群体本位"与"个体本位"看中西文化价值观的差异》，《内蒙古师范大学学报》2001 年第 5 期。

必须在相对确定的家庭关系与社会结构中寻找自身的种种规定性。

二　主导文化下的个人与群体

中国传统文化是一种典型的群体本位文化，这是中国文化的特质。这种群体文化是在中国传统的社会生产生活方式下孕育、形成，并延续至今的。当人类历史上其他几大古代文明已经湮没的时候，中国古代文明却一直发展到现在，这不能不归之于具有独特价值观念和思维方式的"群体本位"文化之生命力。而中国文化所表现的其他特性，都是由群体本位这一本质属性引发而来。所以，深入地探究群体本位文化，就应该首先对文化及中国传统文化给予必要的分析。

有学者从广义上这样理解文化，"文化是人类社会的特征和实质，文化最为突出的特征或最具有根本性的内容是生活方式、行为方式和意识方式，概括说来就是人的活动方式，而在这种活动之中内含着人的价值追求。文化在本质上是相对稳定的人为的程序和为人的取向的统一。文化是一种人为的程序，文化程序由取向引导，文化取向是为人的，文化以人为中心。"① 这是从程序性和取向性角度对文化的界定。以这一文化意涵为基础，我们可以这样来理解中国文化：从某种特定的意义来说，中国文化在本质上是相对稳定的人为的程序和"围"人或自"围"的取向的辩证统一。这一界定除了包含上面所界定的文化内涵外，还增加了这样的内涵：其一，"在某种特定的意义上"意旨儒家文化是中国传统文化的主干，其他文化类型与儒家文化相比处于从属地位，这是概念的背景或前提。其二，"围"人或自"围"是中国文化所具有的独特内涵，"围"人是从宏观意义的概念，指程序性的文化对人的包围、围困或规定，因为文化可以外化为社会政治制度，这种制度对人有规定和制约，即"围"人是对人的外在规定；而自"围"是微观意义的概念，即个体的人倾向于自我克制、自我抑制、自我逃避、自我消解，也即这种程序的文化内化为个人所必须遵从的礼仪规范，自己包围、围困或规定自己。其三，这种人为的程序在中国传统文化的表现即为"礼"，即文化和制度的结合体，文化的制度化或程序化。为此，我们就从"围"人和自"围"两个辩证统一的视角来探究中国传统文化下的群体与

---

① 郭湛：《文化：人为的程序和为人的取向》，《中国人民大学学报》2005 年第 4 期。

个人。

首先，在宏观意义上，制度"围"人，也即中国传统文化中"家国一体"式的宗法制等级观念包围或围困人，从理论上强化了群体和个人关系中的群体本位。我们知道，以孔孟为代表的儒家思想是中国传统文化的主干，在汉代"罢黜百家，独尊儒术"后，它长期在多种文化价值观念中占据主导地位。这种价值观念重视群体价值，个体的价值和意义因其所属群体而存在并借此体现，因而个体对群体具有极强的依赖性。

所谓"家国一体"，意旨在群体与个人的关系上，家、国、天下构成统一的关系体系。其中家族是三者的核心，而社会中的每一个人都被固定在这一关系体系中。于是，对家的"孝"和对国的"忠"就自然成了中国传统文化价值观的核心。"孝"是"忠"的基础，忠孝一贯，家国一体。

我们知道，儒家思想就是从家族社会中孕育出来的。儒家认为，在家庭内部主要有父子关系和夫妻关系，其中父子关系最为重要。这两对关系中，子和妻没有自己独立性的价值和意义，只有作为家（父、夫）的一个成员才能体现自身的价值。可以看出，本应对称的父子关系和夫妻关系在儒家思想中就不对称了，个人被淹没在儒家的伦理纲常规范体系之中。而为了维系这种关系，儒家思想把"孝"作为家庭中的最高伦理准则，从而父子、夫妻之间的不对称关系逐渐成了被社会所接受的儒家伦理观念。有一位西方的思想家这样看待中国人在家族中的不对称性，他说："中国人传统上几乎没有考虑到个人的独立存在。他是他父亲的儿子，他儿子的父亲，他是哥哥的弟弟，弟弟的哥哥，他是他家族中一个不可或缺的成员。他是一个具体的个人，在一个命定的家族环境中活动，生活，存在……每一个家族都有一个权威，妻子、儿子、儿媳、孙子都要对其绝对服从。不知道还有哪种法律体系是如此详尽、细密地规定孝道的各种义务的。"①

应该说，在西周的宗法制道德规范中，"孝"是重要道德观念。周人对"孝"的规定有二：一曰奉养、恭敬父母，二曰祭祀先祖。"孝"

---

① 辜鸿铭：《中国人的精神》，转引自安布罗斯·Y.C.金《儒家学说中的个人与群体：从关系出发的观点》，张海燕译，《国外社会科学》2008 年第 1 期。

的上述规定，具有普适性。因为"庶人工商皂隶牧圉皆有亲昵"（《左传·襄公十四年》）。这种"孝"的伦理实质为个人在家庭中对父母和祖先的依赖性和顺从性，这种关于"孝"的思想，一直为后世所承袭并在儒家思想中得到了不断的升华和发展。在《礼记·礼运》中论道："何谓人义？父慈，子孝；兄良，弟悌；夫义，妇听；长惠，幼顺；君仁，臣忠，十者谓之人义。"（《礼记·礼运》）这种对"人义"的界定中也涵盖了"孝"这一重要的伦理观念。孔子认为："孝悌者也，其为仁之本与？"孟子也认为"孝"是家庭中最高的伦理准则，"入则孝，出则悌，守先王之道"（《孟子·滕文公》下），"孝子之至，莫大乎尊亲"（《孟子·万章》上）。在孟子的眼里，孝是最高的原则："事，孰为大？事亲为大。"（《孟子·离娄上》）宋明理学家朱熹继续发挥"孝"伦理观念。他说："谨身节用，以养父母"（《朱熹文集：卷九十九》）。通过对作为中国传统文化中"孝"这一观念的探究，可以看出，"孝"的这一伦理规则使个人在群体——"家"中首先失去了自己的独立个性和生活。

儒家经典《礼记·大学》中提出齐家、治国、平天下这一"家国一体"的宗法制等级观念。在这一观念中，"家"以"孝"的伦理观念对人的规范只是其中的一个环节，这一环节在逻辑和现实中的进一步展开，就必然要论及以"忠孝"为伦理观念的对"国"和"天下"的关系。可以说，这种家族等级制度就是整个社会等级制度存在的最深厚、最直接的基础。孔子在《论语》中这样讲"仁"："其为人也孝悌，而好犯上者，鲜也；不好犯上，而好作乱者，未之有也。君子务本，本灭而道生。孝悌也者，其为仁之本与？"（《论语》）这样，孔子通过把"忠孝"界定为"仁"的根本和本质，认为如果有了"忠孝"观念，家庭内秩序就稳固了。延伸到国家和社会，君主对臣子、臣子对庶民也具有自然的伦理等级秩序。"所谓治国必先齐其家者，其家不可教而能教人者，无之。故君子不出家，而成教于国。孝者，所以事君也；弟者，所以事长也；慈者，所以使众也。"（《大学》）这就从对"家"的"孝"变为对"国"的"忠"。可见，以儒家思想为主干的中国传统文化锻造了系统的"家国一体"的宗法等级制度，以此规定了作为群体的家和个人、作为整体的君和臣子之间的不对称的关系。个人已经被中国传统文化编制的大网所笼罩，只能通过网的空隙来观察外在的世界。

因此，可以这样说，儒家"把'孝'视为人生践履的根本途径、自我实现的主要内容，使个人不仅在家族的永恒里获得归宿，进而由家到国，注仁于孝，衍孝于忠，将自己的生命系连于民众福祉，发展起一种以天下为己任的崇高道义感，个体由家族统而转变为君国所有。个体的存在就是为了维持群体的正常运转的"。①

当然，统治阶级为了维护和巩固自身的统治地位，从政治社会的角度加速了儒家思想政治化的脚步。这是因为"儒学的尊君、礼制等级和忠孝思想有助于维护君主的权威，儒家的德治教化则是束缚人们思想的重要手段"。② 可见，忠孝思想和德治教化是加速儒家思想政治化的两个重要武器。所谓"天有十日，人有十等，王臣公，公臣大夫，大夫臣士，士臣皂"。（《左传·昭公七年》）就是政治等级秩序的明显见证。此外，"中国封建制的等级是按品级、身份、地位、门第来划分的。……一般来说，在中国封建的等级制度下，品级、家族、尊卑、贵贱、长幼、男女、亲疏等，都从法律上规定了章服和爵位的不同名称……这是一种'婚姻关系'，用中国的史实讲来，即所谓'宗绪之情'"，因此，中国封建统治阶级的结构就是一种对"直接生产者统治的品级联合"。③

李大钊深刻揭示了这一点："看那二千余年来支配中国人精神的孔门伦理，所谓纲常，所谓名教，所谓道德，所谓礼义，哪一样不是损卑下以奉尊长？哪一样不是牺牲被统治者的个性以事治者？哪一样不是本着大家族制下子弟对于亲长的精神？所以孔子的政治哲学，修身齐家治国平天下，'一以贯之'全是'以修身为本'；又是孔子所谓修身，不是使人完成他的个性，乃是使人牺牲他的个性。牺牲个性的第一步就是尽'孝'。君臣关系的'忠'，完全是父子关系的'孝'的放大体，因为君主专制制度，完全是父权中心的大家族制度的发达体。"④

同时，君主为了维护自身统治的权威性和合理性，又借天意给自己披上神秘的外衣，也即，君主的统治和庶人的被统治都是受命于天意。

---

① 李宪堂：《先秦儒家的专制主义精神——对话新儒家》，中国人民大学出版社 2003 年版，第 321 页。

② 刘泽华、葛荃主编：《中国古代政治思想史》，南开大学出版社 2001 年版，第 199 页。

③ 侯外庐：《中国思想通史》第 4 卷（上册），人民出版社 1959 年版，第 37—43 页。

④ 李大钊：《李大钊全集》第 3 卷，河北教育出版社 1999 年版，第 434—435 页。

因此，"天子者爵称也。爵所以称天子者何？王者父天母体，为天子也。"（《白虎通义·爵》）这样，每个人在"家"中应该尽"孝"而事父事夫，在"国"和"天下"中尽"忠"而事君。同时，又加上"天"的神秘意志，这样的"家—国（天下）—天"结成的一体化宗法政治制度基本形成。这样，"忠"、"孝"、"天"就成为宗法等级制度社会运行的三驾马车，缺一不可，并驾齐驱。这样，个人生活和价值彻底被制度所包围，程序化的文化成了人的"围墙"，个人被固定化了、程序化了或制度化了。

总之，"忠"、"孝"观念存在着如下几个方面的特点：一是突出家族在个体与社会中的特殊地位。家族既是个体的依托和归宿，又是社会的基础和中心，所以人们把家族及成员之间的亲情看得很重，亲疏远近成为人们处理、衡量事情的原则和标准。二是以父子关系为主轴，对祖先的崇拜和对父权家长的绝对服从。它一方面增强了家庭成员的归属感和凝聚力，使得每一个个体对家族产生强烈的依赖心理；另一方面家长制的权威和由此造成对长辈的绝对服从，又导致个体锐气的消失和创新精神的缺乏。①

其次，在微观意义上，自我克制和自我包"围"，也即中国传统文化下的个人通过"克己"、"无我"等精神性观念对自己进行控制和约束，这样，更加凸显出群体价值所具有的优先性和绝对性。

儒家思想文化不仅通过"外化"而"他律"的方式通过政治制度强调群体价值相对个人价值的绝对性和有限性，而且，它还通过"内化"而"自律"的方式从而对自我给以种种规范和要求。我们知道，儒家思想内部的思想观点存在着诸多的分歧，但他们都一致强调"克己复礼为仁"。也即，要想实现"仁"或达到"仁"的境界和状态，对自我或个人而言，要通过"克己"和"复礼"这两条路径。"克己"即从内心深处克制自己的欲望和需求；"复礼"指个人要以"周礼"作为行事和做人的标准和规范，不能有任何僭越。通过这种内在的规范和要求，个人从精神到肉体都被放置在特定的宗法制度坐标体系上，个人的独立性和独特价值也就消失了。儒家历代的思想家都积极制定多层级的道德伦理观念，并通过教化的方式把它们转变成个人的自在的自觉要求。应该

---

① 参见陈德峰《群体本位传统的现代价值评估》，《江汉论坛》2002 年第 6 期。

说，在中国传统文化中，作为一种积极性的软控制和内在控制，这种道德伦理观念有时要比外在的法律规范要有效得多。

大体来说，这种"克己"的内在道德要求表现为"为己—克己—正己"几个相互关联的具体方面。

首先，作为起点的"为己"。"古之学者为己，今之学者为人"（《论语·宪问》），其本质要求在于提高自己的道德修养，净化自己心灵，朝着"成仁"、"成圣"的目标努力，当然这只是其中的一个环节。

其次，作为中间环节的"克己"。"克己"就是克制或抑制自己的私欲，把私欲扼杀在萌芽状态，因为"一念发动处便为恶"（王阳明）。在中国思想史上，"公"与"私"是一对辩证统一的矛盾范畴，"公"一般指"公义"，它反映的是社会群体利益的最高道德原则；"私"一般指"私利"，它反映的是社会个体利益要求的道德原则。应该说，义利之辩纵贯了两千多年的中国伦理思想史，其最后的归宿，事实上仍是确定群体和个人关系的规范。孔子以"义以为上"（《论语·阳货》）、"见利思义"（《论语·宪问》）、"君子义以为质"（《论语·阳货》）、"君子喻于义"（《论语·里仁》）、"行义以达其道"（《论语·季氏》）等基本原则来处理义利关系。因此，可以看出，孔子义利观的实质，就是个人必须服从群体，也就是个人必须服从家庭、宗族、国家（君主即其代表）的利益。这正是孔子以及整个儒家在处理群己关系上的基本原则。孔子之后，孟子主张"去利怀义"甚至"舍生而取义"；荀子主张"以义制利"、"先义而后利"；董仲舒提出"正义不谋利"的义利观。在宋代，朱熹视"义"为"天理之所宜"，进而提出"存天理灭人欲"，将个人和群体的关系规范推到个人服从群体的顶峰。从中国思想史上的义利之辩中可以看出，对"礼"的态度是其焦点。在汉代以后，儒家思想逐渐成为中国传统文化的主流，儒家的义利思想也就成为整个社会所遵从的普适性心理法则和道德规范。

最后，作为终点的"正己"，是对外在行为的自我约束和自我规范，即按照社会群体的要求调适自我的行为。

可以看出，正是由于"为己—克己—正己"这种相互连接的个体道德内化进路，所以个体可以从本心出发接受群体在心中的位置。因此，个体在决定自身行为之前，首要的参考框架是群体价值，从而逐渐培育起对所属群体的强烈归属感和责任心，从个体角度认同了群体价值的绝对和优先地位。

　　而且，"克己"的思想进一步引申，就会出现"无我"或自我否定的状态，也即，在儒家文化中，群体中的个体表现出自我克制、自我抑制、自我舍弃等倾向。梁漱溟在《中国文化要义》中这样说，中国没有个人观点，一个中国人似不为其自己而存在，中国遍地都是义务观念，在西洋世界却活跃着权利观念。这一见解对"无我"的阐述非常准确。汉学家孟旦（Donald J. Munro）曾这样论述中国人在社会制度结构中的"无我"意识：它是"中国最远久的价值形式之一。它以各种方式存在于道家和佛学尤其是儒学之中。无我的人总是愿意把他们自身的利益或他所属的某个小群体（如一个村庄）的利益服从于更大的社会群体的利益"。① 应该说，"无我"精神已经作为一种古老的价值形式内蕴到中国人的精神世界中，甚至在现在中国人身上也还有所体现。例如，在社会生活的诸多方面，"我们"一词的出现频率已经远远超出"我"一词，这说明，即使在当今社会，群体文化中的"我们"也具有重要的地位和价值意义。在一定意义上，"无我"已经成为中华民族所具有的重要品格。此外，杜维明认为儒家文化中存在"自我"，但这个自我不是独立性的，而是关系性的，他说："儒家的自我，在诸种社会角色所构成的等级结构背景中，不可避免地会淹没于集体之中。"② 由此，杜维明认为，儒家的自我不是孤立的和封闭的，而是群体中每个个体都可以共享价值和利益的个体。

　　应该说，这种内化的"无我"、"克己"的精神品格已经进一步使个人丧失了自身的独立性，从而变成迎合家庭、宗族和君主所组成的宗法社会制度中的一个纽结。

　　在汉代以后，儒家在中国传统文化中占据了绝对的主导地位，这种文化与制度融合的"礼"经过思想家和社会政治制度的双重作用，渗入社会生活的各个领域并起到普遍的作用。这种"礼是这样一种社会机制，即构造社群，造成其社会政治秩序、传统的、重要的社会机制"同时，"一个社群的记忆、它的文化，是继承来的形式化的活动的总和，

------

　　① Munro, D. J., *Concept of Man in Contemporary China*, Ann Arbor, Mich.：University of Michigan Press, 1979, p. 40.
　　② 杜维明：《儒家思想新论：创造性转换的自我》，曹幼华等译，江苏人民出版社 1995年版，第 10 页。

这些活动显示了在文化传统中人们的前辈的意义和重要性（义）的累积投入。礼既保存了，又传播、传递了文化的意义。由于这个原因，实行和体现礼的传统不仅把一个人社会化，使他成为一个社群的成员，还进一步使此人适应文化。礼将一套共同的价值灌输给特殊的个人，给他提供一种机会。"更确切的说法应该是："礼是以儒家学说和圣人箴规为'心魂'（spirit）的传统中国文化的'对象化'（embodiment），因而礼也构成了传统中国的社会制序的基体。另外值得注意的是，正是基于传统中国文化中的'天人合一'思想以及儒家的正心修身、克己复礼、内圣外王即从自我舍弃、克制、消解向外扩展为一种理想的社会秩序的文化导向，数千年来在中国人的心目中一般向往一种和谐的社群秩序。也正是由于这一文化精神，历朝历代中国百姓们甚至知识分子总是期盼着明君贤相的出现，并期望这些明君贤相和社会上层人士在循礼而治的社会活动中来完善自身，并进而教化世人。传统中国社会民众中普遍存在的这种心理和心态，就为以德为政、依礼而治的施政导向和在'宏观整体上'的一种'有机'社会结构的自我排序（self – ordering）造就了社会基础。从'微观'（即个人道德修养的层面）上来看，传统文化中又有自我舍弃和消解并抑制对个人利益追求的自我约束（self – constraints）导向。在传统中国社会中，这种宏观上的社会的'自我排序'又与微观上个人的内在'自我约束'互相强化，并且在某些程度上二者是同构的。这也就导致近代中国没有向一种制度化社会（a constitutionalized society）过渡的内在冲动。"①

总之，中国传统文化中（儒家文化为主）的文化的二分法，也即，在宏观意义上的程序性的文化对人的"围"、在微观意义上的群体中个人的自"围"及二者融合为文化的制度化的"礼"，共同演绎出中国传统文化中个人与群体的关系。

三 非主流文化下的个人与群体

当然，中国传统文化中除了占主导地位的儒家思想外，还有道家、墨家、法家、佛家等重要的思想派别，它们都从不同的侧面论及个人与

---

① 参见韦森《个人主义与社群主义——西方社会制序历史演进路径差异的文化原因》，《复旦学报》（社会科学版）2003 年第 3 期。

群体的关系，并对中国传统文化的构建具有不可或缺的重要作用。因而，有必要探究一下这些思想流派关于个人与群体关系的思想。

与儒家思想一样，法家也重视探讨个人与群体关系。它也更重视群体秩序而忽视个人的存在，但是理论的出发点与儒家不同。法家认为人的本性是"趋利避害"，因此"舆人乘舆，则欲人之福贵；匠人成棺，则欲人之夭死也。非舆人仁而匠人贼也，人不贵则舆不售，人不死则棺不买。情非憎人也，利在人之死也"（《韩非子·备内》）。"夫卖佣而播耕者，主人费家而美食，调布而求钱易者，非爱庸客也。曰：如是，耕者且深，耨者熟耘也。庸客致力而疾耘耕者，尽巧而正畦陌畦畤者，非爱主人也，曰：如是，羹且美，钱布且易云也"（《韩非子·外储说左上》）。因此，为了保证君主的绝对统治地位，就要抑制人们恶的、自私自利的本性。法家认为，应该以"法"、"术"、"势"的政治主张代替儒家的"礼"，这样才能保证群体秩序的健康发展。

此外，法家还从公与私的关系角度探讨个人与群体的关系。法家认为，"公私相背"（《韩非子·五蠹》），"公私之交，存亡之本也"（《商君书·修权》），强调"废私立公"（《管子·正》），"明于公私之分"、"去私心，行公义"（《韩非子·饰邪》）。可以看出，法家主张君主通过对法和权的操纵来管理国家，让个人去私行公，即注重国家的整体利益而去除个人的私欲。为了去私行公，法家从人的本性出发对人们进行赏罚，主张"因人情、顺人性"去进行赏罚，以达到君主治理国家、维护社会秩序稳定的目的。可以看出，法家思想中的个人完全被淹没在社会或专制制度中，个人的存在只具有工具的性质。

先秦墨家思想提出"兼相爱，交相利"和"尚同"等哲学思想来处理个人与群体、个人与他人的关系。墨子在《兼爱》里，反复提及人们要"兼相爱，交相利"，不能独爱和独利，而应该互爱和互利，否则社会秩序不稳定。因此，在《兼爱（上）》篇中，墨子提出正面的设想："若使天下兼相爱，爱人若爱其身，犹有不孝者乎？视父兄与君若其身恶施不孝？犹有不慈者乎？"（《兼爱（上）》）他又在《兼爱（中）》篇中提出："视人之国若视其国，视人之家若视其家，视人之身若视其身，是故诸侯相爱则不野战，家主相爱则不相篡，人与人相爱不相贼，群臣相爱则惠忠，父子相爱则慈孝，兄弟相爱则和调。天下之人皆相爱……凡天下祸篡怨恨，可使无起者。"（《兼爱（中）》）可见，先秦墨家很注重以兼爱和互利的思想维护个体之间以及群体之间的秩序。当然，这一思想中有泛爱主义的倾向。后期墨学进一步发展了这种思想，要求人们在必要时牺牲个人一己之小利以成全社会整体之大利，"杀己以存天下，是杀己以利天下"（《墨子·大取》），反映了他们思想中的明显的群体价值取向。

此外，墨家还主张"尚同"原则，他们认为，只有"上同而下不比"，才能达到社会秩序的稳定和安宁。墨子在《墨子·尚同（上）》中要求人们"上之所是，必皆是之。所非，必皆非之"，"天下之百姓，皆上同于天子"（《墨子·尚同（上）》）。这里的"上"就是代表统治者的君主（整体），而"下"则是代表普通的个人。墨子对个人的要求就变成了"以上之所是为是"，个人在天子面前的利益和意志就被湮没了。

与儒家、法家和墨家等学派的观点不同，先秦道家以"道法自然"为理论基点，提出了"贵己"、"为我"等思想，其出发点虽具有明显的个人本位的价值取向。然而，其理论最终也不可避免地走向了群体本位的价值取向。

道家认为，个体的人和事物都有自身的存在价值和意义，主张以"道"为行事准则，顺应自然。庄子认为，"物固有所然，物固有所可"（《庄子·齐物论》），"万物殊理"（《庄子·则阳》），因而必须因自然"以辅万物之自然而不敢为"（《道德经》），"依夫天理，因其固然"（《庄子·养生主》），可以看出，由于每一个体事物都有支配其自身存在、发展变化的"道"，因而必须以"自然"为法来处之。同时，道家的个人主张按照事物的自然面貌，顺应事物之道。"例如，由于游心于牛之德，庖丁解牛时能够物我皆忘地刺入自然的结节和窍隙，因此能够成为一名技艺高的屠夫；由于游心于木之德，梓庆对其木料之质与潜在用处有一种特别敏锐的感觉，工作时物我皆忘，因此能够成为一个技艺高的工匠。"①

既然行事的规则是自然之"道"，那么，对个体的人而言，其自身就是目的而非他物。因而，道家提出"贵己"、"为我"等观点。道家

① 郝大维、安乐哲：《汉哲学思维的文化探源》，施忠连译，江苏人民出版社1999年版，第67—68页。

认为，每个人要以"存我以贵"（《列子·杨朱》）为自己的价值观念和生活方式，因为人的身体和生命本身就是目的。然而，要真正做到"存我以贵"，就必须从两个方面努力：其一，反对外力对自己的"异化"性的抑制而导致人的"亏生"、"迫生"；其二，反对个体人为地求生、益生、厚生、贪生导致人的"自丧"。只有做到这两点，才能保持人的自然本性和独立性，否则就异化为工具性的存在了。

同时，老子提倡无为，即以顺乎自然的态度去作为，而不是无所作为。他提出"为无为，事无事，味无味"（《老子》第六十三章）；庄子认为："天无为以之清，地无为以之宁，故两无为相合，万物皆化。"（《庄子·天地》）强调"无为为之谓天，无为言之谓德"（《庄子·至乐》）。可见，道家的"无为"其实也是一种"有为"，即努力摆脱外在对象对自身的限制，而不破坏事物本身的"道"，按自然规律行事。

在政治上，道家也主张"无为而治"的政治理念。老子说："圣人常无心，以百姓心为心"（《道德经》），"不可得而亲，不可得而疏，不可得而利，不可得而害，不可得而贵，不可得而贱"（《老子》第五十六章）。这是对君主的政治要求。同时，老子还认为，"我无为，而民自化，我好静，而民自正，我无事，而民自富，我无欲，而民自朴"（《老子》第五十七章）。也即如果君主和统治者在政治上能够清静无为，不做违反"道"的事情，国家就可以自然安定而有序了。

因此，道家在理论上主张个人按照自然的"道"行事，反对外在的各种限制。然而，这只是道家思想家的一厢情愿，这种理论诉求无法与社会现实接轨，所以道家转而求诸个人。道家主张个人要"无待"、"无己"，要"坐忘"，才能获得完全彻底的自由，达到"独与天地精神往来，而不敖倪于万物"（《庄子·天下》）。应该说，这体现了道家思想与社会现实之间的矛盾冲突，但又没有别的解决办法，只有寻求泯灭自我的精神自由。因而道家思想下的个人仍然难以逃离群体价值规范和控制的牢笼。

佛教也论及个人与群体的关系，但其思想是出世的。我们知道，佛教的宗派众多，其教义也存在诸多差别。但各宗派都主张个人应该从世俗的、功利的现实社会中解脱出来，所以他们开始建构以"空"和"无"为本体的宗教体系。佛教认为一个人的本我不过是现象之我，而不是真我或自我。《金刚经》云："一切有为法，如梦幻泡影，如露亦如电，应作如是观。"①

　　进而，佛教主张个体的人应该从"空"的"无我"出发去寻找"真我"或"自我"，其主要的路径是通过求诸内心的"悟"，也即戒、定、慧三学就可以实现自我。戒是戒律，即对自己的身、口、意的约束；定是禅定，即防止外力的干扰而保持内心的安静；慧是智慧。在三者中，佛教尤其重视通过慧的方式实现解脱。关于慧，楼宇烈先生作过如下论述：这种解脱在原始佛教和南传上座部佛教那里，主要是通过信仰者长期苦行去悟得"诸法无我，诸行无常，一切皆空"的道理，从而达到"涅槃寂静"。大乘中观派那里，主要是信仰者通过把握"色不异空、空不异色、色即是空、空即是色"的道理，去认识诸法实相毕竟空无，诸法自性本来清净，从而达到"实相涅槃"、般若无分别智的境界。大乘瑜伽学派那里，主要是信仰者通过"诸法缘起"的道理，去认识一切"唯识所现"，实无"我"、"法"二境，从而以"依他起性为关键"，去除"遍计所执性"的虚妄执着，达到"圆成实性"的真实境界。②

　　由此可见，在佛教的思想中可能隐含着这一观点：我们的外在世界都是幻想和假象，个体只有通过"无心"、"无我"及"无念"的"自我消解"、"自我否定"等方式才能改变外在世界，众生才可以获得平等。这实际上是通过无限夸张的个体幻想力和思维力，来彻底泯灭"自我"、舍弃主体。而如果个体和主体的自我泯灭了、消失了，个体对社会群体也就没有任何的能动的作用了。个体只有在精神意义上寻找自我，而在社会群体中却只有无条件地顺从和依赖了。

　　通过对处于中国传统文化中占据主流地位的儒家思想及法家、墨家、道家、佛家等派别的历史考察，可以看出，在个人与群体的关系中，"重群轻己"的价值取向应该是主导性的。儒家、墨家和法家以入世的思路来处理个人与群体的关系，而道家和佛家则以出世的态度泯灭自我，力图逃避现实。应该说，入世思想和出世态度可以成为中国传统文化中具有互补性的思想文化，所以，在某种程度上，在处理个人和群

---

　　①　张文修、邸崇仁编著：《金刚经》，燕山出版社1995年版，第96页。
　　②　参见楼宇烈《"无我"与"自我"：佛教"无我"论的现代意义》，《世界宗教研究》2000年第2期。

体关系上它们可以体现出某种一致、统一或和谐。

有学者这样理解中国传统文化所体现出的某种互补性和一致性：

"从比较的角度说，礼治秋序及其道德规范同佛老的宇宙论、人生论大不相同，或者可以说两个极端。前者注重共相的方面，后者注重个相的方面。但它们又构成一个相互补充、相互配合的整体。如果说礼治秩序从强制的外在规范方面取消、压缩、抑制自我和主体的话，那么，佛老的人生理论、人生方式则可以说是从内在个体人生方面取消、压缩、抑制自我和主体。来自外面的压力使人丧失独立人格，对个体来说，根本就丧失可以由个人组织和实现自己生命过程的文化环境和社会条件；来自内面的压力使人丧失主体的意识，对个体来说，根本就丧失个人组织和实现自己生命过程的主体能力。两个方面的默契合作，真是使中国人无所逃于天地之间。"①

第二节　当代中国社会转型中的个人和群体

从当代中国社会的生产方式、生活方式及思维方式等方面的诸多变化就可以看出，中国社会正处在制度转型和结构变迁的过程中。在经济上表现为由前市场经济（自然经济和计划经济）向现代市场经济的转型；在政治制度上表现为由传统的高度集权的专制政治向现代民主政治的转型；在文化观念上表现为由传统文化（个体被淹没在群体中）向现代文化（个体与群体的良性互动）的转型。应该说，当代中国正在进行的社会转型的几种表现形态，其理论基础和焦点在于传统与现代、个人与群体的关系问题，也即社会转型的诸多形态给了个人多大程度的主体性或自主性？抑或随着个人主体性程度的提高，群体的价值应该如何体现和展现？这些都是我们关注的重要理论问题。

一　当代中国的社会转型

所谓"转型"，顾名思义，也即"型"发生转变或转化，事物的运动型式或状态从一种向另一种的转化或过渡。具体到中国社会，我们以"传统社会"与"现代社会"这样的二分法思维方式来界定"中国社会

---

① 刘再复、林岗：《传统与中国人》，安徽文艺出版社 1999 年版，第 259—260 页。

转型"这一概念。二分法的方式虽然简单、笼统。然而，由于它对社会群体的划分具有极大的包容性，所以成为一种重要的社会分型方法并被学者们广为接受和使用。

如果以这种二分法的思维方式来界定中国社会转型，它意指中国社会从传统的依附型、自然型和保守型的存在方式向独立型、自觉性和开放型的转化和过渡。应该说，当代中国正处于并将在很长时期内都处于这种过渡或转化的过程中。这里的"传统"一词大致与落后的、封闭的、保守的、僵化的、不自由的、静止的、受限制的等这样一些观念相联系，而"现代"一词则与先进的、开放的、活泼的、自由的、流动的、发达的等观念相联系。当然，为了研究方便，我们才对传统社会与现代社会进行了简单的区别，它们之间没有不可逾越的鸿沟。这里所做的区别不具有绝对的意义，只具有相对性。从辩证法的角度来说，传统社会和现代社会是辩证统一的，离开传统就没有现代；反之，离开现代，也就无所谓传统。然而，可以确定的是，社会转型是从传统型状态向现代型状态的转变和过渡，是在社会发展和演进的过程中传统因素与现代因素的碰撞、交流及融合的过程。

由于经历了漫长的前市场经济阶段（自然经济和计划经济），中国的社会转型（学界认为中国的社会转型属于迟发展的后发国家的社会转型，其发展速度缓慢，需要外力的作用）经历了一个由表及里即由器物层面、制度层面到思想文化层面的相互连接的三个发展过程。社会学研究认为："中国的社会转型是从1840年的鸦片战争正式开始的，到目前为止，这一转型过程已大致经历了三个阶段：1840—1949年为第一阶段；1949—1978年为第二阶段；1978年至今为第三阶段，这一阶段进入了社会转型的加速期。"[1] 应该说，在这三个阶段的任何一个阶段都经历了从器物到制度再到思想文化层面的由表及里的发展过程。

有学者从名实关系的角度看待中国社会转型，认为："当前中国社会转型正经历一个由名到实的社会发展过程。仅从名实关系的角度看，社会转型即现代因素的生成与发展一般要经历无名无实（传统社会）、有名不完全有其实（转型社会）、有名有实（现代社会）这样三个阶

---

① 郑杭生主编：《中国人民大学社会发展报告（1994—1995）——从传统向现代快速转型过程中的中国社会》，中国人民大学出版社1996年版，第1页。

段，而当前中国社会转型正处于其中间阶段即转型社会阶段。"① 应该说，这一阐释准确地把握了转型社会的可能状态。

对于当代中国社会发生的现实转变，我国的学者主要从以下三个方面来理解：其一，是指从传统的计划经济体制向市场经济体制的转变；其二，是指社会结构整体变动，即社会转型的主体是社会结构，其具体内容包括结构转换、机制转轨、利益调整和观念转变等方面。其三，是指社会形态变迁，即指中国社会从传统社会向现代社会、从农业社会向工业社会、从封闭性社会向开放性社会的社会变迁和发展。应该说，这些学者从不同的理论视角对"中国社会转型"内涵的阐释和把握各具特色，具有重要的理论价值和现实意义。

应该说，"转型社会"可以作为中国社会发展中的一个特殊阶段，在这一阶段，社会的生产方式、生活方式和价值观念都在发生着各种样态的变化。如果从文化的意义来理解，转型社会的文化基础是传统文化和现代文化的碰撞、冲突、交流和融合。

二　主体性、个人主体性层级及主体性困境

在上一节我们论述过，在中国传统文化中，作为主体的个人在整体上被家庭、宗族及社会等群体所束缚和压制。虽然有零星的关于强调个体独立自由和价值意义的思想观点，但最后的理论归宿还是走向群体价值和利益。梁漱溟也这样评价说：缺失个体的人是中国文化的最大积弊。在西方社会，到处都活跃着权利和自由的观念，而在中国，则活跃着义务的观念，个人没有任何地位。德国哲学家黑格尔也说，中国人没有成为主体，自由无从谈起。

那么，具体到当代中国社会也即转型社会，个人的主体性转型是如何生发的？转型期的个人主体性是一种什么状态，抑或在什么层次上呢？

在宏观的意义上，主体指事物相互作用中能动的、主动的一方，主体性指主体在活动的过程中所体现出来的对客体的主观性、自主性、能动性和创造性。这种主体性是以主体为载体的，潜在于主体自身中，其

---

① 刘祖云：《从传统到现代——当代中国社会转型研究》，湖北人民出版社 2000 年版，第 50 页。

展现自身的方式就是活动或实践。

应该说，在自然界和人类社会的各个领域中，都存在着事物间的相互联系和相互作用，也即存在着普遍意义的主体和主体性。在此，我们不一一而论，而是把焦点放在探究现实的人的主体性问题。我们知道，作为一种重要的主体性的存在，作为世界上唯一能够进行自我创造、自我完善、自我发展的能动的存在物，人是全部社会生活和世界历史的主体。在马克思主义哲学看来，人的主体性不是自然发生的，而是在长期的社会实践中历史地形成的。国内有学者从这样两个维度阐释个人主体性的生成问题。"其一，是基于对传统桎梏对人的压迫而生发出来的要求个性解放的意识，其二，是基于族群竞争而产生的以个体自强而求民族富强的意识。这两个方面的合流，就是要求变传统的臣民为独立、自由、平等之公民——也就是要求形成现代社会中的个人。"①

应该说，当代中国的个人主体性已日渐凸显。因为以市场为指向的经济活动超出了家庭和单位等群体所限定的狭隘范围，这样就要求个人成为自主的主体，其主体性也具有了日渐生成并发展的可能性。

在当代转型中国这种多元文化（中国传统文化、西方文化及马克思主义文化等）的背景下，人的个体及其主体性差异是一个明显的事实。因此，要对每一个个体及其主体性进行现实考察是极其困难的。因此，可以这样认为："人们之间在相互比较时所显示的个人主体性的差别，本质上是人的主体性演化的不同阶段在不同人身上的同时体现。""这样，我们就不必对每个人都追踪其主体性发展的全过程，而只需对众多个人在空间中并存的主体性的区别加以分析和综合，即有可能大体把握个人主体性在时间中演化的大致过程。"②

有学者按照历史的和逻辑的顺序，把个人的主体性的发展过程归纳为三个时期、九个阶段："第一个时期，初级期的个人主体性，包括四个阶段，即自在的主体性、自然的主体性、自知的主体性和自我的主体性阶段；第二个时期，转折期的个人主体性，是一个阶段，即自失的主体性阶段；第三个时期，高级期的个人主体性，也包括四个阶段，即自

---

① 刘晓虹：《个人观转型：中国现代性研究中的一个重要问题》，《华东师范大学学报》（哲学社会科学版）2004 年第 6 期。

② 郭湛：《主体性哲学》，云南人民出版社 2002 年版，第 62 页。

觉的主体性、自强的主体性、自为的主体性和自由的主体性阶段。后期个人主体性的演化与前期大体经历同样诸多阶段，只是在退行中演化的顺序与前期相反。"①

如果以这一分类为标准来反观当代中国的个人主体性，就可以大体把握这一时期个人主体性的状态和层级。我们认为，当代中国的个人主体性也处于交叉或转折的过程中。也即，从转折期个人主体性向高级期个人主体性过渡或从自失的主体性向自觉的主体性过渡。

所谓"自失的主体性"，即"个人进入现实的世界，当他或她未真正认识现实，还缺少现实生活的手段和能力时，现实对于他或她乃是异在的，仿佛处处与之对立的力量，物的客体性压抑着人的主体性"②。也就是说，个人迷失于对象之中而忘记自己。在现实中国，个人已经开始以主体的身份进入社会，但是由于个人不自知或自知而无能为力，因而缺少相应的应对现实的必要能力和手段，所以庞大的现实作为一种外在的必然性带给个人巨大的压力。个体在现实生活中常常会感到处处碰壁、无能为力，就是这种"自失的主体性"的现实体现。

另一种个人主体性的阶段是"自觉的主体性"，它属于高级期的个人主体性，这一主体性阶段才开始进入真正意义的主体性的觉醒。个体的人在他人和客体以及以客体身份出现的别的主体（如金钱、权力、地位、名誉、神等）的压制或摧残下开始觉醒和反抗，并力图重新在主客体的关系中确立自身的主体地位。如果说前一种结果使个体的人处于主体性自失的、异化的状态，那么，这一种结果使人从自失性的苦恼中解脱出来。

总之，我们大致认为，当代中国个人的主体性也是处于转型的过程中，与社会的转型基本是一致的。"自失的主体性"和"自觉的主体性"以非常复杂的方式交织在现实的个人身上，时而一者为主，时而两者并存。当然，我们绝不排除个别的个人的主体性超前或落后于这两个阶段，而且，正因为存在这种情况，才为我们说明个人主体性的总的演化过程提供了清晰的思路。

人的主体性无疑是现代人的重要观念之一。但是在其运用和实现的

---

① 郭湛：《主体性哲学》，云南人民出版社 2002 年版，第 67 页。
② 同上书，第 74 页。

时候，也即其与现实生活结合的时候，难免会产生矛盾和冲突。这种矛盾和冲突就是主体性的困惑。当然，在不同的话语和社会语境下，主体性的困惑是存在着差异的。在当代西方社会背景下所谈及的主体性是一般意义的主体性，也即是在西方的"现代之后"或在"未完成的现代性"中对现代性中的问题所进行的反思，即主体性的负面效应问题。而我们这里所考察的"主体性困惑"是指在转型中国社会下个体的主体性所面临的困惑。因为中国社会还没有形成完整的现代性，所以不存在一般意义上的主体性困惑。它们的内涵不尽相同，不可混淆。

那么，当代中国的"主体性困惑"表现在哪些方面呢？

一般而言，有如下几个方面：

困惑之一，在政治领域，中国社会正处在从集权政治向民主政治的阶段过渡。在这一过程中，政治权利结构必然会发生某种程度上的裂变和重组，所以权力和利益的关系问题会异常突出。而且，由于转型社会所需的、有效的、健全的监督机制还没有完全建立起来，造成社会中的"权力寻租"等社会腐败现象层出不穷，冲击着社会的道德底线。在这种情况下，会产生主体的无奈、无能为力，这种困惑可以被看作政治领域中的主体性困惑。

困惑之二，在经济领域，中国社会正在从前市场经济向市场经济阶段过渡。在这一过程中，一方面，市场经济极大地推动了经济和社会的进步；但同时，在新旧经济体制转轨过程中存在诸多的制度缺陷和不足。这样，一些拥有权力资源者在利益机制的驱动下利用这种缺陷"打政策的擦边球"或"钻法律的空子"。[1] 在这种情况下，市场经济的主体只具有形式上的平等地位而非真正意义的平等。因此，市场经济中的个体部分地丧失了主体性，这种困惑可以被看作经济领域中的主体性困惑。

困惑之三，在思想文化领域，中国社会正在从传统文化向现代文化过渡。这里的"现代文化"主要包括这样一些文化因素：中国传统文化；西方文化；马克思主义文化；其他世界性文化。作为程序性的文化还处于未完成状态，还处于不断交融、冲突、创制和生成过程中。而

---

① 吕耀怀：《越轨论：社会异常行为的文化学解析》，中南工业大学出版社1997年版，第207页。

且，在现实中国，到底应该以哪种文化为根本来建构一种新型的现代文化，都处在争论的过程中。因而，当代中国的个人就是生活在多元文化交织和混杂的背景下。设想一下，当一个个体的人被多种文化所包围、冲击和浸染，那么，这一个体的人是难以界定的，形成大致的文化认同也是困难的。这种现实困惑可以被看作是思想文化领域的主体性困惑。

总之，当代中国的社会转型为个体的主体性发展提供了重要的前提和基础。与此相应，个体的主体性也处在转型的过程中，也必然生成了诸多的矛盾和困惑。

三 转型社会中的个人与群体

上面我们已经从总体上探究了当代中国的社会转型及其表现、个人主体性的层次及困惑等诸多方面，这些考察为我们研究转型社会中的个人和群体关系提供了必要的理论铺垫。接下来，我们将重点探究当代中国社会转型下的个人与群体间的互动关系状态。

首先，与前市场经济形态相比，当代中国的市场经济形态的建立并逐步完善，为个人和群体关系的健康发展提供了现实的可能性。这里所说的前市场经济主要包括这样几种经济形态：自然经济、半自然经济和计划经济等。我们知道，在前市场经济形态下，家庭、宗族和单位等小群体就是个人发展的起点、空间和限度。在这种情况下，由于生产规模狭小、技术水平低下等原因，社会大群体的发展完全受制于家庭、宗族和单位等小群体的发展程度。而市场经济的特点在于把市场作为配置资源的重要手段，这样就把个人从家庭、宗族和单位的小群体中解放出来，这种扩大的交往关系就为个人的发展提供了更大的可能性。同时，市场经济所培育起的竞争机制极大地激发了个人的主体性和主体精神。个人逐渐认识到，"我"可以部分地主宰自己的命运，决定自己的利益和发展方向。因为对个人起决定作用的主体已经从家庭、宗族和单位等群体逐渐转变为市场这只"看不见的手"。因此，形成以市场为中介的个人与他人、个人与群体间的具有普遍性的交往关系就具有了现实的可能性。

其次，与传统社会的高度集权的政治制度相比，当代中国建立并逐步完善的民主政治制度为个人充分而自由的发展提供了政治的前提和保障。我们知道，中国社会具有漫长的高度集权政治的历史，这种集权制度是以家庭为起点，经过宗族，再到君主（国家）这样具有严密层级关系的金字塔式的政治制度。在这种政治制度下，个人被专制制度的网络所包围，被层层枷锁所束缚、压制甚至摧残，个人在政治上没有自由发展的空间。当代中国正处在建构健全的民主政治制度的过程中，这会使个人在很大程度上从社会政治的枷锁中解放出来。它不仅能给个人提供较宽松的政治自由和空间，而且还能为个人日益增长的政治权利和自由提供充分的保障。为此，个人将不再是被动依附于政治或逃离于政治社会，而是在民主政治制度下形成个人与群体间的普遍性的交往关系。

最后，与传统社会的"他主性"的不平等的文化价值观念不同，当代中国正在建构一种"自主性"的平等的文化价值观念。前面我们论述过，以儒家思想为主干的中国传统文化制定了以"仁"和"礼"为理论核心的思想文化系统，即"礼在外，故只讲群体的制裁。礼内化为仁，仁在内，故讲个体修养，但它讲的不是个人的自由与权利。故儒家伦理体系中只有个体而无个性。无个性，个体对群体秩序便只有绝对屈从，只有浑然与其同体。因为个体屈从，群体就君临其上"。[①] 应该说这种"内仁外礼"的不平等的价值观念已经逐渐内化为中国传统社会中个体的人所具有的内在价值观念，逐渐成为传统文化中个体的人的行动准则。在这种不平等的价值观念下，个体的人只能为家尽孝、为国尽忠，个体的人没有独立平等的价值观念。其与群体处于一种僵化的、被动的和谐一致的关系中。而当代中国正在构建"自主性"的平等的文化价值观念，这样可以使个体从思想文化深处涤除传统的"他主性"的不平等的价值观念，从而使个体与他人、个体与群体在文化价值观念平等的基础上建立正向的、积极的联系。

以上我们是从宏观意义上所阐述的转型社会中的"个人与群体"关系的主要的变化。应该说，由于社会转型本身作为一个问题的复杂性，所以"个人与群体"关系也必然更加复杂。当然，我们还可以从一些微观意义上考察"个人与群体"的关系，比如，社会转型过程中个体的人的需要的多样性和丰富性；与传统农业技术主体相比，社会转型过程中的现代性的技术因素的渗入；与传统社会政治、经济、文化等领域处于合一状态不同，社会转型过程中三大领域具有分离的趋向，等等。

---

① 刘再复、林岗：《传统与中国人》，安徽文艺出版社1999年版，第145页。

当然，中国正处在社会转型的过程中，在政治制度、经济体制和文化价值观念上都在不断建构。辩证地看，这种转型社会背景下的"个人和群体"关系除了占据主导性的正面的、和谐一致的方面外，还有诸多的负面的、不和谐的一面。我们期待，负面的、不和谐的"个人和群体"关系可以在社会转型完成后，随着各方面的制度和文化观念的逐渐完备而得以缓解并最终消除。

第三节　中国社会个人与社群的互动模式建构的可能

个人与群体之间的关系是个极其复杂的理论和现实问题。在西方社会，大多数思想家都是先假定个人与群体之间的对立关系占据主导地位，然后试图以个人本位或群体本位的实体性思维方式来解决这种对立；而在中国社会，思想家们则多是把个人与群体之间的统一或一致关系看作主导关系，然后以群体价值优先的思维方式来论证这种统一或一致。梁漱溟这样说："中国与西方有一个根本点，西方认为个人与社会为两对立之本体，而在中国则以家族为社会生活的中心，消纳了这两方面对立的形势。"①

直面当代中国的社会转型，当代中国的学者这样阐释个人与群体之间的辩证关系。大体来说，有这样一些思路和视角：保持个人与群体间的张力关系；在个人与群体之间增加"实践"这个中介；个人与群体间辩证的关系思维，等等。应该说，这些论述对我们探究"个人与群体"间的关系富有启发性和建设性，但过于简单、笼统和模糊。所以，有必要具体深入到理论和现实中寻找更切近的个人与群体间的互动方式。

从上面的分析可以看出，转型社会的"个人与群体"关系是一个复杂的理论问题和现实问题。一方面，社会的进一步转型或转型完成、各种制度和观念的完善和发展有助于形成良性互动的"个人与群体"关系；另一方面，"个人与群体"良性建构和生成也有助于社会的转型及制度、观念的进一步完善。这是一个双向互动的过程。在这里，我们把理论的聚焦点放在后一个问题上，也即，为了建构起良性互动的"个人

---

① 梁漱溟：《中国文化要义》，上海人民出版社 2003 年版，第 21 页。

与群体"关系，我们可以从以下几方面考察："个人与群体"间的中介或中介系统；群体的主体性的形成和建构；良性互动模式建构的可能路径。

一　中介和社会中介系统

从词义本身来看，"中介"意指中间人或媒介，马克思主义哲学认为中介是客观事物转化和发展的中间环节。很显然，"双方发生关系是中介的核心要素，而中介组织是使双方发生某种关系的组织。"[①] 即指具有居间性的一种特殊的社会组织。后来又引申出"居中介绍"的意义，认为"中介"具有连接事物的"桥梁"和"纽带"作用，表现为转化或发展的中间环节。恩格斯指出："一切差异都在中间阶段融合，一切对立都经过中间环节而互相过渡……并且使对立互为中介。"[②] 列宁指出："一切 vermittelt ＝ 都经过中介，连成一体，通过过渡而联系的。"[③] 列宁还指出："要真正地认识事物，就必须把握住、研究清楚它的一切方面、一切联系和'中介'。"[④] 通过以上论述，可以看到中介在认识事物之间、现象之间相互作用、相互联结和相互转化过程中的重要作用。

这里借用"中介"这一概念，其目的是为了阐释个人与群体之间的联结问题，也即如何通过"中介"建构起个人与群体之间的良性互动的模式。如果把个人、中介和群体三个事物看作组成一个大的系统的基本构架，那么，这一大系统的动态稳定态的形成就取决于这样几个关键因素：个人和群体间的连接；个人和中介间的连接；群体和中介间的连接；个人间的连接、中介内的连接、群体内的连接；整个大系统内的要素、层级间的线性和非线性的连接，等等。可以看出，这些连接关系都要通过中介来实现。当然，我们在这里所探究的只是这样宏观意义上的"个人—中介—群体"的连接关系。因此，"中介"不仅仅是单一的事物或现象，它也可能是一个具有内在层级关系的系统。

---

① 沈杰、刘宝春、孙学江：《社会中介组织研究的三维框架》，《中国经济评论》2004年第5期。

② 《马克思恩格斯全集》第20卷，人民出版社1971年版，第554—555页。

③ 《列宁全集》第55卷，人民出版社1990年版，第85页。

④ 《列宁选集》第4卷，人民出版社1995年版，第419页。

这样，联结个人与群体关系的问题就转化为：如何建构起健康的、有序的中介或中介系统问题。因为作为桥梁和纽带的中介或中介系统，既与个人相连接，可以把个人的意志、愿望和要求等通过这样的中介集中起来；同时，又与群体相连接。所以，可以依靠中介或中介系统把集中起来的个人意志、愿望、要求经过转化而形成更高级的意志、愿望、要求，传递到群体中。当然群体内部的传递也是这样进行的。反之，从群体到中介，再到个人，也是一样的连接和传递过程。这样就形成了通过中介所构建起的个人与群体间的正向运行和逆向反馈机制。这种机制就可以促使个人与群体不断调适自身，以形成相互间的良性互动循环机制。

上面我们所说的中介或中介系统也是一些或大或小的社群或共同体。即小到家庭、邻里、社区，大到阶级、民族、社会和国家等。在共同体内，人与人之间在各种实践活动中发生的相互联系，仅仅是人与人之间的交往关系。它们只有规模的区别，而没有等级的区别。共同体内的成员共享某种共同的利益或价值，也就是说，是共同的利益或共同的价值才使他们凝聚在一起。

二　群体主体性的培育及生成

个体的人是社会生活的基本单元，而个人的社会生活又离不开诸多的群体。我们以前阐述更多的是个人的主体性问题，认为中国传统社会的家庭、宗族和君主（国家）压制、摧残甚至扭曲了个人的主体性。既然现在核心的问题是要探寻如何建构起个人和群体之间的良性互动机制，那么作为与个人相对的群体（对个人而言也是客体）是否也应该具有主体性呢？有人认为，传统文化的个人之所以没有主体性，其原因就在于群体拥有几乎所有的主体性。这种观点恐怕也有问题。我们认为，上述这种压制和控制个人的群体主体性是变态的或者畸形的主体性，而不是真实的主体性。在当代转型的中国社会，要想达到个人和群体之间的良性互动，群体必须建构起自己的真实的主体性。也就是说，如果群体没有主体性，作为中介的群体就不能作为真正的主体把诸多的个体意志、愿望和要求整合并统一起来，并作为一个主体去为个体和群体争取它们应得的利益和权利。所以，群体的主体性的形成和建构就具有了理论和现实上的必要性。

群体的主体和主体性也是群体在与其所面对的对象客体的关系中逐渐确立起来的。在人类形成之初，面对严酷的自然和环境，人们之间必须结成生产和生活的群体才能维持自身的生存和发展，在应对和改造自然和社会客体的过程中展现出群体的主体和主体性。

由于群体是由诸多的个人所组成的，所以其主体性与个人的主体性相比复杂得多，因为这需要考察群体内成员的主体性及其相互关系。尽管如此，作为群体的主体，其最主要的特点应该是整体性，因为它是以整体的方式与客体之间发生关联。而"为了保持群体的主体性，就需要保持群体的凝聚力；而要强化群体的整体性，就需要强化群体的凝聚力。造成一个群体的凝聚力的因素是多方面的。除了群体组织、结构的完整和合理，其功能正常、有效的发挥是首要的因素以外，群体成员利益、需要、目标、思想、情感等的一致性，群体中不同的甚至是矛盾的因素的平衡、协调和互补，群体外部的物质环境和精神环境，包括其他社会群体的压力或刺激等，都能成为保持或强化群体凝聚力的重要因素。这种凝聚力使群体真正成为整体，使整个群体能够作为一个主体参与主体与客体的或主体与主体的相互作用"。①

当然，由于组成群体的个人之间主体性的差异，所以不同群体的主体性也有差异。在中国传统文化中，群体的主体性之所以不是真正意义上的主体性，其原因就在于组成群体的诸多个人都不具有主体性。或者说，在家庭、宗族和君主（国家）的群体中只有极少数的个人具有主体性。如果这属于群体的主体性，就应该归结为变态的或畸形的主体性；如果不属于群体的主体性，就应该归于在群体掩盖下的个体性。真正的群体的主体性应该这样形成和建构：首先，应该是这一群体的成员大多具有主体性，然后这些诸多的个体性互相矛盾、冲突，然后到互补、协调，形成属于群体的真正主体性的可能。其次，这一群体应该在形成自己的主体性的同时，承认其他类型的各种群体所形成的主体性，并使各种群体在平等的基础上进行对话和交往，形成"群体间的主体间性"。这样，群体才能真正形成自己的主体性，并与其他群体共同面对自然和社会客体而展现出共同主体性的特点。

在当代中国，与传统社会相比，个人、中介和群体的主体性有了较

---

①　郭湛：《主体性哲学》，云南人民出版社 2002 年版，第 103—104 页。

大程度的提高。随着现代化进程的全面展开，个人和群体在社会生产和生活、国家建设和创造力等方面正在发挥着我们中国人应有的主体性和主体精神，而且这种主体性的全面展开有可能再次孕育出具有崭新形态的华夏文明。当然，由于当代中国正处于传统文化向现代文化转轨的过程中，对个人和群体的主体性培育是一个漫长的过程，要根据具体的文化语境和社会语境做出积极的、具体的和理智的而不是笼统的、盲目的和感性的选择。只有这样，中国社会才可能在社会转型过程中创制出具有中国特色的、崭新的现代文化，并形成更加良性的、相对稳定的政治、经济和文化等方面的社会调节机制。

三 良性互动机制的文化和制度诉求

从上面的分析可以看出，形成个人与群体关系的良性互动模式需要培育个人与群体的主体性，而要使形成后的主体之间能形成良性的"主体间"或"主体际"的互动关系，就对文化整合和社会制度创新有了理论和现实的诉求。

从一般的意义来说，文化是某种人为的程序和为人的取向，也即文化是"人为"和"为人"、目的和手段的辩证统一。正因为文化的程序既是人创制的，又是塑造人的，所以人自然就成了文化的核心和焦点。

我们知道，以儒家为主干的中国传统文化也是由人所编制又反过来塑造人的某种程序，但它所编制的是群体本位的文化。在这种文化下的个人被塑造为体制中的人，个体的人的主体性被压抑甚至摧残。当代中国正处于从传统文化向现代文化过渡的过程中，也就是说这种"现代文化"正在构建的过程中。那么，当代中国的文化现状如何？应该建成一种什么样的"现代文化"呢？这些问题是复杂的，也是学术界争论的焦点。我们只能尝试给予必要的分析和论证，因为文化是人的根基，它关乎人的主体性实现问题，也关乎个人与群体的良性互动问题。

从最宏观的视角来看，当代中国文化主要包括这样几个部分：以儒家文化为主干的中国传统文化；以西方文化为主的外来文化；马克思主义（社会主义和共产主义）文化或意识形态文化。此外，我们还可以按社会阶层来划分出代表不同阶层生存方式的多阶层文化板块，如工人阶层文化、农民阶层文化、知识分子阶层文化以及新的社会阶层（民营科技企业的创业人员和技术人员、受聘于外资企业的管理技术人员、个体户、私营企业主、中介组织的从业人员、自由职业人员等社会阶层）文化等。我们还可以按满足人的需求层次划分为三大板块：第一，以满足人的生存需要为主的生存文化；第二，以满足人的发展需要为主的发展文化；第三，以满足人的审美需要为主的审美文化等。①

可以说，中国当代文化就是由多样的文化样态共同组成的。之所以存在这诸多的文化样态，有其现实性和必然性。我们还得从文化的概念入手进行分析。既然文化的中心是人，那么从人的需要出发就是必然的进路。在中国传统社会里，大多数的个人没有主体性，因而也没有从主体性出发的需要，即使有，他们的需要也是群体的需要（家庭、宗族、国家等）。因而，个人的需要被群体或少数个体所剥夺和淹没。在当代中国社会，个人开始逐渐从传统的束缚和枷锁里挣脱出来，开始争取个人的现实需要和理想需要。由于我们处于社会转型的过程中，个人和群体的需要层级呈现出多样化的样态，而文化要"为人"，就必须尊重这种多样性的需要，而需要的多样性就为文化样态的多样性提供了前提条件。

当然，当代中国文化样态的多样性除了从现实的人的需要角度论证外，还有其他的原因和视角，比如，中国传统文化的多样性；外来文化的强制输入；政治制度的文化选择；中国走向现代化；等等。这里不再赘述。

那么，接下来的问题就是，我们如何面对当代中国多种文化样态共同存在的现实，以及如何整合或对待这样的文化现状。这些都是我们需要加以阐释的重要的理论问题。

前面已经分析过，多种文化样态的共同存在是当代中国文化的现实状态，也是我们应该面对的现实。由于文化形态的多样性和差异性，所以各种文化样态之间必然会产生矛盾、冲突、和谐、融合等错综复杂的关系。在中国走向现代化的今天，这种文化样态之间的关系将可能长期存在。国内有学者在处理文化多样性的问题时主张采取"以一统多"的一元文化整合形态，也即或者以中国传统文化为根基，吸收其他文化中的合理因素，形成新的文化结构；或者主张以西方文化为根基，吸收中国传统文化中的合理因素，面向现代化，构建现代性的中国文化，等

---

① 付秀荣：《和谐多样：当代中国的文化选择》，博士学位论文，吉林大学，2005年，第142页。

等。我们认为，这种思路尽管在历史的某个特定时期有其理论和现实的意义和价值，但面对今天的社会现实，这种"以一统多"的文化整合方式已经不适应中国现代化的国情。

我们认为，"以一统多"的文化整合方式虽然可以在某种程度上协调文化样态之间的矛盾和冲突，但是，这种文化整合方式的形成却必然以压制或戕害其他文化样态及其所塑型的文化的个人为代价的。而且，这种整合方式现已不能提供中国现代化所需要的文化支撑。因为中国的现代化是后发外生型的现代化，即在西方诸列强的侵略所形成的外在压力下迫使中国走上现代化的道路。这一事实说明，中国的现代化是迫不得已而进行的、非自愿的，而不是建立在民族自觉的基础上而自然生发的。因而，当代中国的现代化虽然不能等同于西化，但由于西方文化的强制入侵，现代化的方面必然要带有诸多的西方文化印记，也即西方现代化的路径在某种程度上被我们所接受、容纳和吸收。同时，中国的现代化是传统向现代的转型，既包括现代因素对传统因素的排斥和冲击，也包括现代因素和传统因素的融合从而形成现代化发展的新的生长点和生长机制。所以，传统文化的某些因素必定会成为现代化的源泉和动力。而西方文化、中国传统文化等文化诸因子也必然成为中国社会转型期的基本文化资源。因此，"以一统多"的文化整合方式不可能与现代化的发展要求相适应。

我们认为，与中国现代化发展的社会现实相适应，中国当代的文化整合方式应该是多种文化样态的动态平衡。文化样态的"动态平衡"不是诸多文化样态的平行发展和同步进行，没有主次之分，而应该根据社会转型和发展的具体情况对互动平衡的文化样态进行具体的和历史的整合和选择。在现代化初期，为了鼓励被群体压抑的个体能够最大限度地发挥自身的主体性和创造性，以更大的热情投身到现代化的建设中去，这时的文化样态整合和选择中应该适当突出西方现代性文化的重要地位，而其他各种文化样态处于辅助和从属地位；在现代化发展进入中后期，个人的主体性和创造性已经有了充分的发展，这时的文化样态整合和选择应该适当突出中国传统文化的重要地位，而其他文化样态处于辅助和从属地位。因此，在中国现代化发展的现实过程中，文化样态的整合和选择不是整合和选择主体的一厢情愿，而是以社会现实为文化样态整合和选择的坐标，对文化诸样态间的关系给予具体的、动态的整合和选择。

当然，由于多种文化样态处在动态的平衡关系中，所以不同的文化个体之间、群体之间、个体与群体之间必然会出现不同程度的矛盾、对抗甚至冲突。从辩证法的角度来分析，对立、冲突与统一、和谐是多种文化样态存在和发展中的两个方面。而且在某种程度上，每一种文化样态的存在都需要与其他文化样态进行某种交流和互动。这样，文化样态自身才能更好地进行自我调整和反省，以形成更新的、更具适应性的文化样态。冲突是走向和谐的冲突，不能因文化样态的冲突而否认诸多文化样态走向和谐的可能。正如汤因比在《历史研究》中所指出的，我们已在无意中将自己陷入一种新的境地，即人类可能不得不在两个极端之间作出一个选择，要么有计划地灭绝和屠杀，要么从此学会像一家人那样生活。

到此为止，我们简要地分析了中国当代文化的现实状况。多种文化样态的动态平衡将伴随着中国现代化进程的始终，我们必须随着现实社会的变动进行具体的文化样态的选择和整合，而没有一劳永逸的统一规则和标准。人是一种文化的存在，文化对人的塑造是一种柔性的力量，是从人的精神深处对人的渗透和塑造。然而，由于中国正处于社会转型的过程中，这种通过文化对人的内在精神的塑造由于其自身的柔性特点很难发挥其应有的塑造作用，因而，就需要具有刚性特点的制度来与文化这种柔性的力量相配合而起作用。

与文化一样，制度作为一种普遍现象广泛存在于社会生活的各个领域。那么如何界定制度呢？制度一直是政治学或社会学中的重要概念。政治学家认为制度是在"有关价值的框架中由有组织的社会交互作用组成的人类行为的固定化模式"。[①] 在《制度、制度变迁和经济绩效》一书中，诺斯认为制度"是用规则或通过规则表述的，规则的任何出现、发展或进化的过程都可能是制度的出现、发展或进化的过程。这要取决于有关的机构将规则的发展或进化加以概念化的方式"。"制度是一个社会的游戏规则，更规范地说，它们是决定人们的相互关系而人为设定的一些制约。"[②] "制度制约既包括对人们所从事的某些活动予以禁止的

---

① ［美］杰克·普拉诺等：《政治学分析辞典》，胡杰译，张宝训校，中国社会科学出版社 1986 年版，第 77 页。

② ［美］道格拉斯·C. 诺斯：《制度、制度变迁与经济绩效》，刘守英译，上海三联书店1994 年版，第 3 页。

方面，有时也包括允许人们在怎样的条件下可以从事某些活动的方面。因此，正如这里所定义的，它们是为人类发生相互关系所提供的框架。"① 在《经济史中的结构与变迁》一书中，诺斯指出，所谓制度"是一系列被制定出来的规则、守法程序和行为的道德伦理规范，它旨在约束追求主体福利或效用最大化利益的个人行为"。制度"提供了人类相互影响的框架，它们建立了构成一个社会，或更确切地说一种经济秩序的合作与竞争关系"。②

　　从上面各个领域的思想家对"制度"的界定中，我们可以对其基本内涵有了一个大致的把握。由于制度也是人根据特定的历史条件制定的，而制定后的制度也是用以规范人的。所以从最一般的意义而言，"制度"即某种规范人类行为的规则体系，诸如政治制度、经济制度、法律制度、教育制度、宗教制度、婚姻家庭制度等。在这个制度所形成的有机体中，政治制度居于核心地位，它可以依靠权力的力量规划整个社会的制度框架。与文化一样，制度的中心也在人，但制度的规约或规范作用更具刚性。

　　当代中国正处在社会转型期，维持现代化所必需的各种规则体系正处在重新构置和生成的过程中。从某种程度上来看，制度设计或制度安排的问题是评价现代社会政治文明的重要标志。为了减少或避免制度缺失、制度僵化、制度失灵等情况的出现，一个民主的政府就要根据社会发展的具体实际对制度进行必要的和必需的维护、修正和改革，当然这是一个相对漫长的过程。

　　为了建设具有中国特色的社会主义，实现社会和谐和科学发展，制度创制是不能缺少的。党的十六届六中全会强调：社会公平正义是社会和谐的基本条件。制度是社会公平正义的根本保证，必须加紧建设对保障社会公平正义具有重大作用的制度，保障人民在政治、经济、文化、社会等方面的权利和利益。全会又指出："要加强制度建设，保障社会公平正义，完善民主权利保障制度、法律制度、司法体制机制、公共财政制度、收入分配制度、社会保障制度。"为了更好地推进中国的现代

---

　　① ［美］道格拉斯·C. 诺斯：《经济史中的结构与变迁》，陈郁等译，上海三联书店、上海人民出版社 1999 年版，第4—5 页。

　　② 同上书，第225—226 页。

化进程，构建个人与群体关系的良性互动模式，也需要良好的制度基础。

　　总之，当代中国正处在社会转型期，各种体制、制度、文化观念等都处在不断的冲突、碰撞和转轨的过程中。要实现个人与群体之间关系的良性互动，我们进行文化选择和整合，也要进行制度完善、创新。一方面，根据现代化发展的实际，多种文化样态可以进一步整合和创新，并以这种文化的柔性力量渗入个人和群体的精神生活，这样个人和群体的社会行为就有了文化的支撑和根基。同时，与社会发展相适应，对体制、制度等具有刚性力量的规则进行完善和创新。当然，这是一个相对漫长的过程，其最终的结果是个人和群体有大体一致的文化认同：个人的文化中内蕴着自觉的群体价值，而群体的文化中体现和维护个人的主体性和自由，这是一个理想的状态。

　　后现代思想家大卫·雷·格里芬以超前性的后现代视野阐述了个人与群体的关系，他说："对于个人、社区和国家的生活来说，对自我实现和贡献性价值的体验，被视为同合理地享受必要的接受性价值的需要一样，具有同等重要的地位。"而认为"自己完全是独立的、自主的个体，这些个体可以离开他人或群体的利益而实现自己的利益"，是不正确的观念。而"后现代观念的一项任务就是要创造一种认为我们彼此相互依存的意识，这种意识深刻地意识到，个人的利益和他（或她）作为其中一个部分的整体利益是分不开的"，"只要拥有这种后现代观念，人们就会立刻意识到：为他人的利益、为整体的（社会的、国家的、世界的）利益工作，就是为自己的利益工作。"① 应该说，格里芬的这一后代性观念是深刻的，他所阐述的就是我们关于个人与群体关系的理想模式。然而，他是把这一后现代观念作为后现代主义努力的方向和目标。而在中国当代社会，我们要通过文化和制度的合力形成"制度文化"的观念，使其以渐进的方式成为个人和群体所认可、接受并内化为思维中的一种习惯意识。这种意识就将会有助于引导中国社会形成现代化的个人与群体的良性互动关系模式。当然，由于东西方社会和文化背景的差别，格里芬和我们的路径不完全一样，但殊途同归。

---

　　① ［美］大卫·雷·格里芬：《后现代精神》，王成兵译，中央编译出版社2005年版，第224—225页。

结 束 语

近年来，国内对社群主义的研究呈现出繁荣的景象，包括基础理论和方法等诸多方面。然而，这些研究主要是在西方政治哲学的视域内进行，而且主要局限于理论自身的论争和辨析，缺乏面对现实的向度。

当前学术界多从与新自由主义的对比这一角度对社群主义进行理论研究。同时，他们也认识到"个人与社群"的关系在社群主义理论中所具有的重要地位，并自觉地把这一问题看作社群主义与新自由主义理论论争的焦点。然而，他们却很少把这一问题放到话语论争的中心或基础地位给予阐述。而且，对社群主义的考察也只是在西方社会的语境中进行，而没有或不愿把其放在马克思主义哲学的视野中给以具体的、批判性的分析，视界的狭窄影响了对社群主义理论本身的深入理解。这种对社群主义进行"顺向"研究的思路可以保证理论研究的纯粹性和方向性，然而，接下来的研究路径似乎应该是一种"逆向"研究或"跨文化"研究。因为"顺向"研究给我们的是理论本身的"所是"问题，而"逆向"或"跨文化"研究给我们的是"应是"问题。而后一种研究路径正是笔者的理论研究兴趣所在，虽然可能存在着一定的风险和偏颇。

在中国语境下探究兴起于美国社会的当代西方社群主义，就是一种"逆向"或"跨文化"的研究。在这里，中国的社会现实就是理论研究的生长点和基础。具体来说，有这样几个现实背景：其一，我们正在进行社会主义和谐社会的构建，其中的核心理念也是如何处理个人与群体的关系；其二，中国传统社会的主导文化价值观是群体相对于个体具有主导和优先地位；其三，中国的主导意识形态是马克思主义。把上述几个问题综合在一起思考就可以引发出这样一个现实问题：在转型的中国社会，如何建构起个人与群体的良性互动模式？本书围绕这一核心问题，以马克思主义为视角，借鉴社群主义的理论资源，反思中国传统文化中的个人与群体关系，力图探索一条可能的个人与群体之间良性互动的中国社会发展模式。

在当代中国，个人与社群之间良性互动模式的建构不是一朝一夕的事情，因为理论本身、理论和现实（政治和社会）的互动关系是极其复杂的问题。但是我们可以立足于中国社会现实，考虑是否可以以这样的理论方略来建构"中国式"的个人与社群良性互动的模式：首先，本书所探究的互动模式的根基是现实的中国社会和文化背景。其次，社群主义提倡发展各种社群组织和团体，构建市民社会，并以其为中介和桥梁来填充个人与社群之间的鸿沟。然而，由于中国的政治体制与西方社会的差异性，所以可以借鉴但不可能照搬社群主义的思路。笔者认为，我们应该积极地、主动地在个人与群体之间建构起多层级的、动态的、相对有序的中介组织和系统。而且，在建构的过程中，必须充分考虑到中国的群体文化和政治制度的因素，否则，这种思考可能只局限在理论自身，或者很难与社会现实相结合并生发作用。最后，构建"中国式"的个人和社群的良性互动模式应有马克思主义哲学这一重要理论维度。马克思主义哲学认为，关于个人与社会的辩证联结关系是非固定的、静止的。因为个人和社会都是未完成的，都是不断发展变化的。这是个人与群体良性互动模式建构的理论前提和基础。

因此，对社群主义进行文化背景的迁移和转换，即站在马克思主义哲学的视角上对社群主义进行辨析，并把其引向中国社会"个人与群体"良性互动模式构建这一问题，就成为本文理论研究的重要逻辑路径。笔者认为，对这个问题的研究不是结束，而只是开始。我相信，今后学术界会更加关注社群主义与马克思主义的关系、社群主义与中国社会的现实结合问题，而本书只不过是做一种尝试而已。

参考文献

一 马克思主义经典著作

1.《马克思恩格斯全集》第 1、2、3、12、19、20、23、27、19、21、40、42、44、45、46 卷，人民出版社 1956、2002 年版。

2.《马克思恩格斯选集》第 1—4 卷，人民出版社 1995 年版。

3.《资本论》第 1—3 卷，人民出版社 1975 年版。

4.《列宁选集》第 1—4 卷，人民出版社 1995 年版。

5.《列宁全集》第 55 卷，人民出版社 1990 年版。

6.《毛泽东选集》第 1—4 卷，人民出版社 1995 年版。

7.《毛泽东文集》第 1—8 卷，人民出版社 1995 年版。

8.《邓小平文选》第 1—3 卷，人民出版社 1993、1994 年版。

二 国内著作

1. 夏甄陶：《人是什么》，商务印书馆 2000 年版。

2. 郭湛：《主体性哲学——人的存在及其意义》，云南人民出版社 2002 年版。

3. 郭湛：《哲学与社会》，中国人民大学出版社 2002 年版。

4. 郭湛：《人的活动效率》，人民出版社 1990 年版。

5. 李淑梅：《社会转型与人的现代化重塑》，山西教育出版社 1998 年版。

6. 王南湜：《从领域合一到领域分离》，山西教育出版社 1998 年版。

7. 阎孟伟：《社会有机体的性质、结构和动态》，天津人民出版社 1995 年版。

8. 丰子义、杨学功：《马克思世界历史理论与全球化》，人民出版社 2002 年版。

9. 俞可平:《社群主义》,中国社会科学出版社 2005 年版。

10. 应奇:《社群主义》,台北扬智文化事业股份有限公司 1999 年版。

11. 何霜梅:《正义与社群——社群主义对以罗尔斯为首的新自由主义的批判》,人民出版社 2009 年版。

12. 梁启超:《饮冰室合集》文集之十,中华书局 1989 年版。

13. 陆谷孙主编:《英汉大词典》,上海译文出版社 1989 年版。

14. 黄平等编:《当代西方社会学人类学新词典》,吉林人民出版社 2003 年版。

15. 袁久红:《正义与历史实践》,东南大学出版社 2003 年版。

16. 陈宝良:《中国的社与会》,浙江人民出版社 1996 年版。

17. 洪涛:《逻各斯与空间——古代希腊政治哲学研究》,上海人民出版社 1998 年版。

18. 余涌:《道德权利研究》,中央编译出版社 2001 年版。

19. 赵敦华:《当代英美哲学举要》,当代中国出版社 1997 年版。

20. 周辅成编:《从文艺复兴到十九世纪资产阶级哲学家政治家有关人道主义人性论言论选辑》,商务印书馆 1966 年版。

21. 周辅成编:《西方伦理学名著选辑》(下卷),商务印书馆 1987 年版。

22. 刘军宁等编:《公共论丛:市场逻辑与国家观念》,生活·读书·新知三联书店 1995 年版。

23. 江怡:《走向新世纪的西方哲学》,中国社会科学出版社 1998 年版。

24. 石元康:《从中国文化到现代性:典范转移?》,生活·读书·新知三联书店 2000 年版。

25. 应奇:《从自由主义到后自由主义》,生活·读书·新知三联书店 2003 年版。

26. 何怀宏:《公平的正义——解读罗尔斯的〈正义论〉》,山东人民出版社 2002 年版。

27. 马德普:《普遍主义的贫困——自由主义政治哲学批判》,人民出版社 2005 年版。

28. 徐向东:《自由主义、社会契约与政治辩论》,北京大学出版社

2005 年版。

29. 俞可平:《权利政治与公益政治》,社会科学文献出版社 2003 年版。

30. 江宜桦:《自由主义、民族主义与国家认同》,台湾扬智文化事业股份有限公司 1998 年版。

31. 钱满素:《美国自由主义的历史变迁》,生活·读书·新知三联书店 2006 年版。

32. 刘军宁等编:《自由与社群》,生活·读书·新知三联书店 1998 年版。

33. 姚大志:《现代之后——20 世纪晚期西方哲学》,东方出版社 2000 年版。

34. 冯友兰:《新事论》,商务印书馆 1943 年版。

35. 辜鸿铭:《中国人的精神》,夏威夷大学出版社 1967 年版。

36. 李宪堂:《先秦儒家的专制主义精神对话新儒家》,中国人民大学出版社 2003 年版。

37. 刘泽华、葛荃:《中国古代政治思想史》,南开大学出版社 2001 年版。

38. 侯外庐:《中国思想通史》第 4 卷,人民出版社 1980 年版。

39. 李大钊:《由经济上解释中国近代思想变动的原因》,《新青年》第 7 卷第 2 号,1920 年。

40. 杨伯峻、杨逢彬:《论语注释》,岳麓出版社 2000 年版。

41. 刘再复、林岗:《传统与中国人》,安徽文艺出版社 1999 年版。

42. 郑杭生主编:《中国人民大学社会发展报告(1994—1995)》,中国人民大学出版社 1996 年版。

43. 梁漱溟:《中国文化要义》,学林出版社 1987 年版。

44. 吕耀怀:《越轨论:社会异常行为的文化学解析》,中南工业大学出版社 1997 年版。

45. 李强:《自由主义》,中国社会科学出版社 1998 年版。

46. 关桐:《古代社会文化探究》,中国社会科学出版社 2005 年版。

47. 陶德麟主编:《当代哲学前沿问题专题研究》,武汉大学出版社 1998 年版。

48. 褚松燕:《个体与共同体——公民资格的演变及其意义》,中国社会出版社 2003 年版。

49. 周志山：《马克思社会关系理论及其当代意义》，齐鲁书社 2004 年版。

50. 刘明合：《交往与人的发展——基于马克思主义的视角》，中央编译出版社 2008 年版。

51. 汪晖、陈燕谷主编：《文化与公共性》，生活·读书·新知三联书店 2005 年版。

52. 张凤阳等：《政治哲学关键词》，江苏人民出版社 2006 年版。

53. 顾肃：《理想国以后》，江苏人民出版社 2006 年版。

54. 许纪霖主编：《共和、社群与公民》，江苏人民出版社 2004 年版。

55. 顾准：《希腊城邦制度——读希腊史笔记》，中国社会科学出版社 1982 年版。

56. 徐友渔：《重读自由主义及其他》，河南大学出版社 2008 年版。

三　国外译著

1. ［美］A. 麦金太尔：《德性之后》，龚群等译，中国社会科学出版社 1995 年版。

2. ［美］迈克尔·J. 桑德尔：《自由主义与正义的局限》，万俊人译，译林出版社 2001 年版。

3. ［美］A. 麦金太尔：《追寻美德》，宋继杰译，译林出版社 2003 年版。

4. ［美］约翰·罗尔斯：《正义论》，何怀宏等译，中国社会科学出版社 1988 年版。

5. ［美］约翰·罗尔斯：《政治自由主义》，万俊人译，译林出版社 2000 年版。

6. ［美］A. 麦金太尔：《谁之正义？何种合理性?》，龚群等译，中国社会科学出版社 1995 年版。

7. ［美］丹尼尔·贝尔：《社群主义及其批评者》，李琨译，生活·读书·新知三联书店 2002 年版。

8. ［加］查尔斯·泰勒：《自我的根源：现代认同的形成》，韩震等译，译林出版社 2001 年版。

9. ［美］约翰·罗尔斯：《政治自由主义：批评与辩护》，万俊人等译，广东人民出版社 2003 年版。

10. ［美］迈克尔·沃尔泽：《正义诸领域：为多元主义与平等一辩》，褚松燕译，译林出版社 2002 年版。

11. ［美］杰弗里·艾萨克：《再思考：共和主义 vs 自由主义?》，郑红译，载应奇、刘训练编《共和的黄昏：自由主义、社群主义和共和主义》，吉林人民出版集团有限责任公司 2007 年版。

12. ［英］雅塞：《重申自由主义：选择、契约、协议》，陈茅等译，中国社会科学出版社 1997 年版。

13. ［美］斯蒂芬·霍尔姆斯：《反对自由主义剖析》，曦中等译，中国社会科学出版社 2002 年版。

14. ［美］丹尼尔·贝尔：《资本主义文化矛盾》，赵一凡等译，生活·读书·新知三联书店 1989 年版。

15. ［美］安东尼·吉登斯：《第三条道路及其批评》，孙相东译，中央党校出版社 2002 年版。

16. ［英］亚当·斯威夫特：《政治哲学导论》，萧韶译，江苏人民出版社 2006 年版。

17. ［美］罗伯特·诺齐克：《无政府、国家与乌托邦》，何怀宏等译，中国社会科学出版社 1991 年版。

18. ［英］乔纳森·沃尔夫：《诺齐克》，王天成、张颖译，黑龙江人民出版社 1999 年版。

19. ［美］弗里德曼：《选择的共和国：法律、权威与文化》，高鸿钧等译，清华大学出版社 2005 年版。

20. ［英］戴维·米勒：《社会正义原则》，应奇译，江苏人民出版社 2001 年版。

21. ［加］威里·金里卡：《当代政治哲学》（下），刘莘译，上海三联书店 2004 年版。

22. ［加］查尔斯·泰勒：《现代性之隐忧》，程炼译，中央编译出版社 2001 年版。

23. ［英］汤因比：《历史研究》，刘北成等译，上海人民出版社 2000 年版。

24. ［美］杰克·普拉诺：《政治学分析辞典》，胡杰译，中国社会科学出版社 1986 年版。

25. ［美］道格拉斯·C. 诺斯：《制度、制度变迁与经济绩效》，刘守英译，上海三联书店 1994 年版。

26. ［美］杜维明：《儒家思想新论：创造性转换的自我》，江苏人民出版社 1995 年版。

27. ［美］大卫·雷·格里芬：《后现代精神》，王成兵译，中央编译出版社 2005 年版。

28. ［美］郝大维、安乐哲：《汉哲学思维的文化探源》，江苏人民出版社 1999 年版。

29. ［美］泰勒：《可靠性伦理学》，韩水法主编，《社会正义是如何可能的：政治哲学在中国》，广州出版社 2000 年版。

30. ［美］亚历克斯·卡利尼克斯：《平等》，徐朝友译，江苏人民出版社 2003 年版。

31. ［英］约翰·密尔：《功用主义》，唐钺译，商务印书馆 1957 年版。

32. ［美］梯利：《西方哲学史》下卷，葛力译，商务印书馆 1995 年版。

33. ［美］约翰·杜威：《道德学》，余家菊译，中华书局民国 24 年 （1935 年）版。

34. ［英］边沁：《道德与立法原理导论》，时殷弘译，商务印书馆 2000 年版。

35. ［德］滕尼斯：《共同性与社会》，林荣远译，商务印书馆 1999 年版。

36. ［美］乔治·霍兰·萨拜因：《政治学说史》，盛葵阳等译，商务印书馆 1990 年版。

37. ［英］W. D. 罗斯：《亚里士多德》，王路译，商务印书馆 1997 年版。

38. ［古希腊］亚里士多德：《尼各马可伦理学》，廖申白译注，商务印书馆 2003 年版。

39. ［古希腊］亚里士多德：《政治学》，吴寿彭译，商务印书馆 1965 年版。

40. ［英］梅因：《古代法》，沈景一译，商务印书馆 1959 年版。

41. ［英］齐格蒙特·鲍曼：《被围困的社会》，郇建立译，江苏人民出版社 2006 年版。

42. ［法］库朗热：《古代城邦》，谭立铸译，华东师范大学出版社 2006 年版。

43. ［美］怀特：《文化科学——人和文明的研究》，曹锦清等译，浙江人民出版社 1988 年版。

44. ［英］吉登斯：《社会的构成》，李康、李猛译，生活·读书·新知三联书店 1998 年版。

45. ［英］艾伦·斯温杰伍德：《社会学思想简史》，陈玮、冯克利译，社会科学文献出版社 1998 年版。

46. ［德］黑格尔：《法哲学原理》，范扬、张企泰译，商务印书馆 1961 年版。

47. ［英］尼古拉斯·布宁、余纪元：《西方哲学英汉对照辞典》，人民出版社 2001 年版。

48. ［美］R. 贝拉等：《心灵的习性——美国人生活中的个人主义和公共责任》，翟宏彪等译，生活·读书·新知三联书店 1991 年版。

49. ［古希腊］柏拉图：《理想国》，郭斌和等译，商务印书馆 2002 年版。

50. ［古希腊］亚里士多德：《政治学》，颜一等译，中国人民大学出版社 2003 年版。

51. ［古希腊］亚里士多德：《亚里士多德选集（伦理学卷）》，苗力田译，中国人民大学出版社 1999 年版。

52. ［法］卢梭：《社会契约论》，何兆武译，商务印书馆 2003 年版。

53. ［德］康德：《纯粹理性批判》，蓝公武译，商务印书馆 1960 年版。

54. ［德］康德：《实践理性批判》，关文运译，商务印书馆 1960 年版。

55. ［英］约翰·密尔：《论自由》，程崇华译，商务印书馆 1996 年版。

56. ［法］托克维尔：《论美国的民主》，董果良译，商务印书馆 2002 年版。

57. ［美］汉密尔顿等：《联邦党人文集》，程逢如等译，商务印书馆 2007 年版。

58.［德］雅斯贝斯：《时代的精神》，王德峰译，上海译文出版社 2005 年版。

59.［德］海德格尔：《存在与时间》，陈嘉映等译，生活·读书·新知三联书店 1987 年版。

60.［美］汉娜·阿伦特：《人的条件》，竺乾威等译，上海人民出版社 1999 年版。

61.［英］齐格蒙特·鲍曼：《共同体》，欧阳景根译，江苏人民出版社 2003 年版。

62.［美］汉娜·阿伦特：《马克思与西方政治思想传统》，孙传钊译，江苏人民出版社 2007 年版。

63.［日］山崎正和：《社交的人》，周保雄译，上海译文出版社 2008 年版。

64.［英］布赖恩·特纳编：《公民身份与社会理论》，郭忠华、蒋红军译，吉林出版集团有限责任公司 2007 年版。

65.［法］爱弥尔·涂尔干：《职业伦理与公民道德》，付德根译，上海人民出版社 2001 年版。

66.［美］杰弗里·亚历山大、邓正来主编：《国家与市民社会——一种社会理论的研究路径》，上海人民出版社 2006 年版。

67.［德］马克斯·韦伯：《韦伯作品集·经济行动与社会团体》，康乐、简惠美译，广西师范大学出版社 2004 年版。

68.［美］菲利克斯·格罗斯：《公民与国家——民族、部族和族属身份》，王建娥、魏强译，新华出版社 2003 年版。

69.［英］亚当·斯威夫特：《政治哲学导论》，萧韶译，江苏人民出版社 2006 年版。

70.［美］列奥·施特劳斯等：《政治哲学史》，李天然等译，河北人民出版社 1993 年版。

71.［美］E.希尔斯：《论传统》，傅铿、吕乐译，上海人民出版社 1991 年版。

72.［美］莫顿：《社会理论和社会结构》，唐少杰等译，译林出版社 2006 年版。

73.［英］安东尼·吉登斯：《社会的构成》，李康等译，生活·读书·新知三联书店 1999 年版。

74.〔美〕本尼迪克特·安德森：《想象的共同体——民族主义的起源与散布》，吴叡人译，上海人民出版社 2003 年版。

75.〔美〕丹尼尔·贝尔：《社群主义及其批评者》，李琨译，生活·读书·新知三联书店 2002 年版。

76.〔加〕威尔·金里卡：《自由主义、社群与文化》，应奇等译，上海世纪出版集团 2006 年版。

77.〔英〕阿米·古特曼：《结构：理论与实践》，吴玉章等译，生活·读书·新知三联书店 2006 年版。

78.〔美〕诺齐克：《无政府、国家与乌托邦》，何怀宏等译，中国社会科学出版社 1991 年版。

79.〔苏〕伊·谢·科恩：《自我论——个人与个人自我意识》，佟景韩等译，生活·读书·新知三联书店 1986 年版。

80.〔德〕诺贝特·埃利亚斯：《个体的社会》，翟三江等译，译林出版社 2008 年版。

四　国内论文

1. 郭湛：《文化：人为的程序和为人的取向》，《中国人民大学学报》2005 年第 4 期。

2. 郭湛：《论社会群体及其主体性》，《社会科学战线》2001 年第 6 期。

3. 郭湛：《公共领域的哲学：新的生长点》，《中国人民大学学报》2000 年第 2 期。

4. 郭湛、王维国：《哲学对公共活动领域的关注》，《北京大学学报》2003 年第 3 期。

5. 郭湛、谭清华：《公共利益：唯物史观的解读》，《哲学研究》2008 年第 5 期。

6. 郭湛：《从主体性到公共性》，《中国社会科学》2008 年第 4 期。

7. 陈晏清、李淑梅：《个人和社会的关系问题是社会观念的核心问题》，《天津大学学报》1999 年第 1 期。

8. 李淑梅：《意识形态与人的社会认同》，《学习与探索》2005 年第 5 期。

9. 李淑梅：《当代西方政治哲学的理性建构方式及其启示》，《求是学刊》2006 年第 3 期。

10. 陈晏清、王新生：《政治哲学的当代复兴及其意义》，《哲学研究》2005 年第 6 期。

11. 韩震：《公共价值观——当代西方社群主义的主要观点》，《江海学刊》1998 年第 3 期。

12. 常成宝：《自由主义传统下的社群主义》，《南京师范大学学报》（社会科学版）2000 年第 5 期。

13. 徐友渔：《当代西方政治哲学中的若干新问题和新动向（上、下）》，《国外社会科学》2002 年第 6 期、2003 年第 1 期。

14. 顾肃：《当代自由主义对社群主义理论挑战的回应》，《哲学动态》2002 年第 11 期。

15. 何霜梅、胡军：《社群主义对新自由主义的批判》，《中共中央党校学报》2005 年第 1 期。

16. 胡伟希：《"社群主义"析义》，《新视野》2006 年第 1 期。

17. ［加］贝淡宁、石鹏：《社群主义对自由主义之批判》，《求是学刊》2007 年第 1 期。

18. 彭中礼：《论社群主义对罗尔斯正义观的挑战与批判》，《时代法学》2008 年第 3 期。

19. 刘化军：《一种后自由主义的话语——当代西方政治哲学中的社群主义思潮的批判性分析》，《国外理论动态》2009 年第 4 期。

20. 徐友渔：《公共伦理：正义还是美德——自由主义和社群主义之争》，《江海学刊》1998 年第 3 期。

21. 顾肃：《全面认识个人与社群的关系——评自由主义与社群主义的争论》，《南京大学学报》（哲学社会版）2001 年第 2 期。

22. 姚大志：《平等：自由主义与社群主义》，《文史哲》2006 年第 4 期。

23. 王维先、郑炳心：《个人优先还是社群优先？——评自由主义与社群主义之争》，《东方论坛》2006 年第 3 期。

24. 姚大志：《社群主义的两副面孔——评沃尔策的正义理论》，《天津社会科学》2007 年第 1 期。

25. 龚群：《自由主义的自我观与社群主义的共同体观念》，《世界哲学》2007年第5期。

26. 宁乐锋：《社群主义与自由主义之间本体论差异的辨析——基于泰勒与柏林自由观的比较分析》，《四川大学学报》（哲学社会科学版）2008年第6期。

27. 应奇：《正义还是德性——自由主义/社群主义之争的一个侧面》，《哲学动态》2000年第2期。

28. 姚大志：《何谓正义：自由主义、社群主义和其他》，《吉林大学社会科学学报》2008年第1期。

29. 蒋先福、彭中礼：《善优先于权利——社群主义权利观评析》，《北方法学》2007年第5期。

30. 王云萍：《人的规定性：个人还是社群——评自由主义与社群主义的"人"概念之争》，《福建论坛》（人文社会科学版）2004年第9期。

31. 程立涛、曾繁敏：《社群主义与集体主义之比较》，《河北师范大学学报》（哲学社会科学版）2005年第5期。

32. 何霜梅：《论社群主义与构建和谐社会》，《北京教育》（高教版）2009年第1期。

33. 陈占友、陈燕：《西方社群主义与新型集体主义价值观的确认——以麦金太尔为例》，《求索》2008年第5期。

34. 李培德：《动物的生存之道》，《科学之友》2009年第3期。

35. 金观涛、刘青峰：《中国个人观念的起源、演变及其形态初探》，《二十一世纪》2004年第8期。

36. 姜芃：《社区在西方：历史、理论与现状》，《史学理论研究》2000年第1期。

37. 池忠军、刘立柱：《社会建设的人学考量和推进路径——基于个人、社会与国家关系的思考》，《理论探讨》2008年第3期。

38. 王中宪：《试论社会与社群的概念界限》，《学习与探索》2000年第5期。

39. 吴玉章：《亚里士多德论公民》，《读书》2000年第11期。

40. 苗力田：《思辨是最大的幸福》，《哲学研究》1998年第12期。

41. 贺宾：《功利主义辩难》，《延边大学学报》（社会科学版）2008年第4期。

42. 山风编译：《法国〈信使〉周刊谈"社区主义"》，《国外理论动态》1995 年第 14 期。

43. 俞可平：《当代西方社群主义及其公益政治学评析》，《中国社会科学》1998 年第 3 期。

44. 韩震：《查尔斯·泰勒对自由主义的批判》，《新视野》1997 年第 5 期。

45. 孙云峰、安克娴：《批判新自由主义视野中的社群主义自我观》，《唯实》2005 年第 1 期。

46. 秦龙：《马克思对"共同体"的探索》，《社会主义研究》2006 年第 3 期。

47. 赵家祥：《关于人与社会的关系的几个问题》，《江淮论坛》1993 年第 1 期。

48. 贾中海：《个人与社群——马克思主义对社群主义与自由主义的批判与超越》，《长白学刊》2005 年第 5 期。

49. 韩震：《公共社团主义的兴起及其理论》，《中国社会科学》1995 年第 2 期。

50. 袁祖社：《西方自由主义批判性考察》，《山东师范大学学报》（人文社会科学版）2002 年第 6 期。

51. 徐友渔：《重新理解"自由主义—社群主义"之争》，《社会科学论坛》2003 年第 11 期。

52. 杨胜利：《"群体本位"与"个人本位"看中西文化价值观的差异》，《内蒙古师范大学学报》2001 年第 5 期。

53. 韦森：《个人主义与社群主义——西方社会制序历史演进路径差异的文化原因》，《复旦学报》（社会科学版）2003 年第 3 期。

54. 楼宗烈：《"无我"与"自我"：佛教"无我"论的现代意义》，《世界宗教研究》2000 年第 2 期。

55. 刘晓虹：《个人观转型：中国现代性研究中的一个重要问题》，《华东师范大学学报》（哲学社会科学版）2004 年第 6 期。

56. 高懿德、肖龙航：《论当代中国社会结构转型对个人与社会发展的影响》，《山东社会科学》2003 年第 2 期。

57. 沉杰、刘宝春、孙学江：《社会中介组织研究的三维框架》，《中国经济评论》2004 年第 5 期。

58. 池子华:《中国古代流民综观》,《历史教学》1999 年第 2 期。

59. 韩水法:《权利的公共性与世界正义——世界公民主义与万民法的比较研究》,《中国社会科学》2005 年第 1 期。

60. 何怀宏:《公共哲学的探索》,《哲学动态》2005 年第 8 期。

61. 秦晖:《"大共同体本位"与传统中国社会(上)》,《社会学研究》1998 年第 5 期。

62. 贺国安:《关于人们共同体与民族共同体的思考》,《民族研究》1988 年第 5 期。

63. 康健:《共同体主义的兴起及其意义》,《理论前沿》1997 年第 2 期。

64. 陈周旺:《论共同体主义对当代自由主义的批判》,《现代哲学》2000 年第 2 期。

65. 秦龙:《马克思对"共同体"的探索》,《社会主义研究》2006 年第 3 期。

66. 俞可平:《马克思论民主的一般概念、普遍价值和共同形式》,《马克思主义与现实》2007 年第 3 期。

67. 周国文:《"公民社会"概念溯源及研究述评》,《哲学动态》2006 年第 3 期。

68. 荣剑:《马克思的国家和社会理论》,《中国社会科学》2001 年第 3 期。

69. 叶昌友:《论马克思、恩格斯"个人与社会关系"思想的逻辑起点》,《科学社会主义》2006 年第 4 期。

70. 陈勇:《功利主义:历史与现实的沉思》,《徐州师范学院学报》1993 年第 4 期。

71. 李伟:《正义与公共善孰为优先——论桑德尔与罗尔斯政治观的分歧》,《苏州大学学报》(哲学社会科学版)2008 年第 3 期。

五 国内硕士、博士论文

1. 李先桃:《当代西方社群主义正义观研究》,博士学位论文,湖南师范大学,2008 年。

2. 张天上:《社群主义权力观研究》,博士学位论文,吉林大学,2008 年。

3. 谭清华：《论人的公共性及其发展——一种唯物史观的解读》，博士学位论文，中国人民大学，2009 年。

4. 胡群英：《人的共同体的公共性——以社会域为例的哲学分析》，博士学位论文，中国人民大学，2007 年。

5. 刘化军：《当代西方政治哲学中的社群主义研究》，硕士学位论文，华中师范大学，2003 年。

6. 方群：《社群主义伦理学考辨》，硕士学位论文，苏州大学，2005 年。

7. 彭中礼：《论社群主义对罗尔斯正义观的挑战和批判》，硕士学位论文，湖南师范大学，2007 年。

8. 付秀荣：《和谐多样：当代中国的文化选择》，博士学位论文，吉林大学，2005 年。

9. 李新娟：《社群主义视野下的社区建设——焦作市解放区社区建设的个案研究》，硕士学位论文，郑州大学，2006 年。

10. 赵晶：《亚里士多德的公民观》，硕士学位论文，吉林大学，2006 年。

六　英文参考资料

1. Amitai Etzioni(ed.) , *New Communitarian Thinking* , University Press of Virginia , Charlottesville and London , 1995.

2. Hubert Campfens , *International Review of Community Development : Theory and Practice* , in Hubert Campfens ed. , *Community Development Around the World* , Toronto , 1997.

3. David Miller , *Community and Citizenship* , *from Communitarianism and Individualism* , Oxford University Press , 1992.

4. Shlomo Avineri and AvnerDe-shalit , *Communitarianism and Individualism* , Oxford University Press , 1992.

5. Allen E. Buchanan , "Assessing the Communitarian Critique of Liberalism" , *Ethics* , Vol. 99 , 1989.

6. A. Macinture , *The Concept of a Tradition* , in M. Daly ed. , Communitarianism : A New Public Ethics , 1981.

7. Charles Taylor , *The Ethics of Authenticity* , Cambridge , Massachusetts :

Harvard University Press, 1991.

　　8. Joseph Raz, *The Morality of Freedom*, Oxford: Clarendon Press, 1986.

　　9. Charles Taylor, *The Ethics of Authenticity*, Cambridge, Massachusetts: Harvard University Press, 1991.

　　10. Miller David, *Market, State and Community: Theoretical Foundation of Market Soeialism*, Oxford: Clarendon Press, 1989.

　　11. Michael J. Sandel, "The Procedural Republic and the Unencumbered Self", *Political Theory*, Vol. 12, 1984.

　　12. Alan Gewirth, *The Community of Rights*, The University of Chicago Press, 1996.

后　　记

　　本书是在我博士论文的基础上修缮而成。我是幸运的，经历了几多波折之后，终于在2007年如愿来到中国人民大学哲学院，师从郭湛教授攻读博士学位。我非常珍惜这来之不易的学习机会，用心去听每一次课，读每一本书，感受每一位老师和同学所传达出的对社会、人生的洞察和见解。可以说，我在人大的收获就是这些点点滴滴细节的积累和凝结，我部分地生成于我生活和学习的人大"社群"。对此，我充满了感激。

　　在人大三年的学习生活中，最难忘的是导师郭湛教授对我的言传身教。老师身上体现出的深厚的理论功底、宽广的学术视野、严谨的治学态度、敏锐的现代思维和温文尔雅的学术气质深深地吸引并感染着我。课堂、办公室、春游的郊外、聚餐的餐桌，在每一个与老师接触过的地方，我都感受着老师的睿智与儒雅，体会着思想在时间的积淀中酿造出的平易和深远。如今，我的论文能够顺利完成，更是离不开老师的帮助和引领。论文从选题到最后定稿，无论是题目、框架还是研究视角、文献注释，无处不凝聚着老师的点滴心血。我想，没有老师给我的学习和生活上的关心和鼓励，没有老师的辛勤指导，论文是不可能完成的。在博士学习期间，师母王晓东老师也在生活中给予我诸多的关怀和支持。我无以回报，只有铭记于心。老师和师母将是我一生学习的榜样。最令我感动的是，郭老师在百忙中为本书作序，这使我有勇气使本书能尽快出版，并成为引领我坚定地沿着学术之路前行的不竭动力。

　　在本书即将出版之际，回首往事，胸中有无尽的情谊难以割舍，无法尽言。感谢马俊峰教授、安启念教授、段忠桥教授、王南湜教授、吴元梁教授、丰子义教授、陈新夏教授、张文喜教授、张立波教授给予我的指点和为论文提出的宝贵建议；感谢我的硕士导师南开大学李淑梅教授的启发和指导使我对"社群主义"这一问题由产生兴趣到深入思考直到完成了硕士论文；感谢人大、南开、内大各位良师益友的无私支持和真诚友爱为我留下的校园生活的美好回忆；感谢我的原单位北方工业大学的领导、同事及学生给我关心和帮助使我能够安心学习、踏实工作。正因为拥有这一切，我才能够得到今天的一点收获。

在我整个的求学生活中，我的父母家人、我的爱人以及和这篇论文共同诞生成长的翘翘宝贝是我心灵的依靠和精神的家园。他们无私博大的爱和始终如一的默默支持，为我的前行注入了不竭的动力。

三年的求学之路，有忙碌充实的快乐，也有意料之外的艰难。在我的精神和身体遇到双重焦虑的时候，是我身边的亲人、师长和朋友帮助我勇敢面对、理性选择，并最终渡过难关。这些都是我一生的宝贵的财富，我会珍藏在心底，一直到永远。

真诚感谢中国社会科学出版社对本书出版的大力支持，特别是感谢徐申博士、朱华彬博士的热情帮助和付出的辛勤劳动。

王洪波

2015 年 10 月